Violência ou Diálogo?

Coleção Estudos
Dirigida por J. Guinsburg

Este livro teve o apoio da *Revista Brasileira de Psicanálise*

Equipe de realização – Tradução: Tânia Mara Zalcberg; Edição de texto: Newton Cunha; Preparação de texto: Luiz Henrique Soares; Revisão: Jonathan Busato; Sobrecapa: Sergio Kon; Produção: Ricardo W. Neves, Sergio Kon e Raquel Fernandes Abranches

Sverre Varvin e
Vamik D. Volkan (orgs.)

VIOLÊNCIA OU DIÁLOGO?

REFLEXÕES PSICANALÍTICAS SOBRE TERROR E TERRORISMO

International Psychoanalytical Association | Federação Brasileira de Psicanálise | Revista Brasileira de Psicanálise

 PERSPECTIVA

Título do original em inglês
Violence or Dialogue? Psychoanalytic Insights on Terror and Terrorism

© IPA (Trust) Limited, 2003

Dados Internacionais de Catalogação na Publicação (CIP)
(Câmara Brasileira do Livro, SP, Brasil)

Violência ou diálogo?: reflexões psicanalíticas sobre terror e terrorismo / Sverre Varnin e Vamik D. Volkan, (orgs.); [tradução Tânia Mara Zalcberg]. – São Paulo: Perspectiva, 2008. – (Estudos ; 255 / dirigida por J. Guinsburg)

Título original: Violence or dialogue?
Vários autores.
Bibliografia.
ISBN 978-85-273-0825-0

1. Ataques terroristas de 11 de setembro de 2001
2. Psicanálise 3. Terrorismo – Aspectos psicológicos
4. Terrorismo – Psicologia 5. Vítimas do terrorismo
– Psicologia I. Varvin, Sverre. II. Volkan, Vamik D.
III. Guinsburg, J. IV. Série.

08-04912   CDD-303.625

Índices para catálogo sistemático:

1. Terror e terrorismo: Reflexões psicanalíticas:
    Sociologia   303.625

Direitos reservados em língua portuguesa à
EDITORA PERSPECTIVA S.A.

Av. Brigadeiro Luís Antônio, 3025
01401-000 São Paulo SP Brasil
Telefax: (011) 3885-8388
www.editoraperspectiva.com.br

2008

Sumário

AGRADECIMENTOS IX
PREFÁCIOS
   À Edição Inglesa
      Daniel H. Widlöcher XI
      John, Lord Alderdice XIII
   À Edição Brasileira
      Marcelo Coelho XIV
INTRODUÇÃO
   Vamik D. Volkan XIX

Parte I:
ANTECEDENTES: HISTÓRIA E CONCEITOS

1. Quando a Violência se Disfarça de Virtude: uma breve história do terrorismo – *Shankar Vedantam* 3
2. O Terror na Vida Cotidiana: revisitando Mr. Kurtz – *Leopold Nosek* 27
3. Terrorismo e Vitimização: dinâmicas individual e de grandes grupos – *Sverre Varvin* 47

4. Primatas Assassinos na American Airlines, ou: como a religião foi o principal seqüestrador em 11 de setembro – *J. Anderson Thomson Jr.* 67
5. Globalização e Identidade – *Abdülkadir Çevik* 79
6. Ódio, Humilhação e Masculinidade – *Nancy J. Chodorow* .. 87

Parte II:
O QUE LEVA AO TERRORISMO?

7. Fantasmas Coletivos, Destrutividade e Terrorismo – *Werner Bohleber* 103
8. Desumanização: origens, manifestações e soluções – *Salman Akhtar* 123
9. Reflexões sobre a Mente Terrorista – *H. Shmuel Erlich* 139
10. As Mentes e as Percepções dos "Outros" – *George A. Awad* 147

Parte III
CONSEQÜÊNCIAS DO TERROR

11. As Vozes do Silêncio – *Geneviève Welsh-Jouve* 171
12. Terror na Infância – *Abigail Golomb* 187
13. O Trauma e Suas Conseqüências – *Sverre Varvin* 199
14. Sociedades Traumatizadas – *Vamik D. Volkan* 209

CONCLUSÃO

Enfrentando o Terror: um apelo a favor da reflexão e do diálogo – *Sverre Varvin* 231

BIBLIOGRAFIA. 237
ORGANIZADORES E ENSAÍSTAS 253
ÍNDICE REMISSIVO 257

Agradecimentos

Este volume representa um esforço coletivo do Grupo de Trabalho sobre Terror e Terrorismo da IPA. Gostaríamos de agradecer a todos os membros por seus esforços e apoio constante. Contudo, o livro não poderia ser realizado também sem a orientação profissional de Cesare Sacerdoti. Seu trabalho árduo e sua experiência em assuntos editoriais foram a espinha dorsal desse processo. O Comitê de Publicações da IPA, sob a direção de Emma Piccioli, prestou apoio e bons conselhos. Cindalee Allan prestou auxílio na preparação inicial dos manuscritos. Finalmente, gostaríamos de agradecer a Klara e Eric King pelo valioso trabalho final dos manuscritos, corrigindo e revisando a linguagem, o que foi especialmente necessário para os ensaístas cuja primeira língua não é o inglês, além da ajuda com a edição que, afinal, transformou todos os nossos esforços em um livro.

Sverre Varvin e Vamik D. Volkan

Prefácios

À EDIÇÃO INGLESA

Daniel H. Widlöcher

A dimensão dos eventos de 11 de setembro de 2001 foi tal que seria impossível para nossa comunidade internacional de psicanalistas deixar de promover reflexões no sentido de compreender essa nova expressão de violência humana. Assim sendo, por solicitação do Comitê Executivo da Associação Psicanalítica Internacional (IPA, em inglês), um pequeno grupo de psicanalistas, que já estudara situações de guerra e de agressões individual e coletiva, que em certos aspectos são comparáveis, decidiu responsabilizar-se por essa tarefa. Eles consultaram tanto políticos como historiadores, e o presente volume representa o fruto desse trabalho.

Assim como, em 1932, Einstein propôs a Freud a questão "Por que a guerra?", nós agora podemos nos perguntar: "Por que o terrorismo?" A resposta de Freud, como sabemos, foi prudente: "Apesar de ter ficado frustrado, eu teria prazer em seguir a sua linha de pensamento e contentar-me em confirmar tudo o que o senhor disse, analisando-o com o melhor de meus conhecimentos e de minhas conjecturas"[1]. Contudo, tanto durante a Primeira Guerra Mundial

---

1. S. Freud, *Why War?*, p. 203.

como quando esta já declinava, ele já tinha prestado testemunho do que a psicanálise podia oferecer ao nosso entendimento da violência coletiva. Freud tinha especial interesse pela averiguação de como a violência coletiva pode nos ajudar a compreender as forças motoras e a psique inconsciente. Einstein questionou a psicanálise mais diretamente – se esta poderia nos ajudar a entender o "porquê da guerra".

Dessa maneira, ainda que saibamos até que ponto o pensamento de Freud foi influenciado pela violência coletiva, continuamos a nos surpreender com o silêncio da comunidade psicanalítica e suas instituições internacionais em relação a esse assunto, desde a Segunda Guerra Mundial. É fato que psicanalistas já escreveram sobre guerra atômica, genocídio, terrorismo de Estado e racismo, mas com freqüência a identidade dos psicanalistas se confunde com sua identidade de cidadãos e seu compromisso com esse papel.

A psicanálise enquanto ciência é, sem dúvida, incapaz de fornecer uma explanação de um processo tão complexo quanto o terrorismo. Contudo, os próprios psicanalistas, cada um a seu modo, podem prestar testemunho do que sua prática psicanalítica lhes permite compreender sobre esse processo. O que eles absorvem de suas práticas depende, é claro, de suas identidades como cidadãos e de suas inclinações culturais e políticas. Eles não têm o mesmo ponto de vista. Em face desses fenômenos de massa tão complexos, eles se apoiarão em diferentes elementos de suas referências teóricas e de suas práticas clínicas.

A questão do terrorismo reside, de fato, em contextos específicos, históricos e políticos. Ela toma a forma de violência coletiva, que realmente é uma coisa antiga, e no passado foram feitas várias tentativas de dar legitimidade ética e justificação política a essa violência. Atualmente, somos capturados pelo alcance com que essa forma de violência se impôs ao mundo, e como isto se relaciona com a situação política mundial. Este livro oferece idéias – ou melhor, uma reflexão psicanalítica – sobre a prática vigente de terrorismo e de suas tentativas de dar-lhe legitimidade.

Observemos ao menos alguns pontos de convergência – o "terror benéfico", do qual falavam os revolucionários franceses em 1793, só pode ser entendido como uma expressão entre outras de violência e de agressão. Mencionemos a importância dada aqui à desumanização, presente não só na ética do agente do ato terrorista como também nos efeitos sobre a vítima. Notemos também a ênfase posta por muitos autores sobre a função de demonstração exemplar. O ato terrorista não é apenas um gesto destrutivo, mas também a expressão dramática (alguns diriam "teatralizada") de uma mensagem de justiça, ou até de redenção coletiva. A isso é possível opor o ato de genocídio, cujo intuito é aniquilar o outro, fazer a lembrança dele desaparecer e, finalmente, possibilitar a negação. Contudo, podemos também sentir que não é grande a distância entre o que incita a ideologia terrorista e a ideologia de genocídio.

O objetivo deste livro é não só nos permitir uma compreensão melhor dos mecanismos psicológicos e dos efeitos dos atos terroristas mas também propor formas de proteger as pessoas e os grupos sociais da fascinação pelo ato terrorista e dos seus efeitos destrutivos para a psique. Encontramos aqui o que me parece ser um dos frutos da psicanálise para a ética: não só respeito ao outro, mas a compreensão do processo de desenvolvimento desde a "ansiedade ao estrangeiro" até o que ouso chamar de "amor ao estrangeiro", o investimento libidinal na alteridade radical do outro.

John, Lord Alderdice

Quaisquer que tenham sido as outras idéias dos mentores do 11 de Setembro, eles abrigaram um objetivo comum a qualquer outro estrategista do terror. A intenção deles era provocar emoções extremamente intensas. Assim, como pensadores versados em psicologia de todos os lugares, eles sabiam que reações guiadas por sentimentos devastadores de ódio e de medo quase inevitavelmente resultarão em ações ineficazes. Nesse sentido, premeditaram usar o poder do oponente em benefício próprio. Este excelente livro é a resposta psicanalítica mais substancial surgida até hoje aos eventos e aos objetivos de 11/09.

Kant, ao escrever sobre o assunto, disse: "A guerra não precisa de qualquer motivo particular. Parece ter suas raízes no cerne da natureza humana, surgindo como missão nobre que traz tanto amor quanto glória, mas sem qualquer benefício especial a alguém". Essas "origens profundamente arraigadas" concedem à comunidade psicanalítica a responsabilidade social de tomar para si o estudo rigoroso do terrorismo – a evolução tática de guerra mais significativa dos últimos tempos. Merece crédito a comunidade psicanalítica, que responde à altura ao construir um espaço em que pode haver pensamento. Este livro, e o processo de consulta e de discussão do qual é parte importante, tem significado genuíno. Minha própria experiência na Irlanda do Norte diz-me que refletir e entender é mais difícil, porém, muito provavelmente, mais importante para se lidar com o terrrorismo do que com qualquer outra tática de guerra.

Um *insight* comum ao livro é a recusa dos ensaístas a interpretar o terrorismo em simples termos morais. Não se trata de uma luta do bem contra o mal (ou do mal contra o bem), ainda que seja esse exatamente o modo como ambos os lados do conflito o vêem. As dinâmicas conduzidas pela humilhação e o ódio são nomeadas e investigadas; exploram-se as contribuições das histórias árabe e islâmica;

examinam-se gênero, religião e desvantagem econômica; comparam-se e distinguem-se outros contextos em que o terrorismo tem sido praticado; e as compreensões psicanalíticas vigentes são examinadas para melhor esclarecimento. É impressionante descobrir tudo isto em um texto estimulante para os iniciados em psicanálise, mas bastante acessível ainda ao leitor comum.

Este livro dá orientação suficiente para estrategistas de governo de maneira a torná-lo muito útil para diplomatas e planejadores militares. Auxilia estudantes, conselheiros políticos e membros de "usinas de idéias" a ampliar seus recursos. Tenho certeza de que também promoverá avanços na teoria e na prática da comunidade analítica.

O livro demonstra que a psicanálise tem uma contribuição vital a dar ao mundo objetivo, externo, tanto quanto ao mundo subjetivo.

À EDIÇÃO BRASILEIRA

Marcelo Coelho
[articulista do jornal *Folha de S. Paulo*]

Se excetuarmos as reações de entusiasmo verificadas em alguns setores visceralmente anti-americanos – mesmo no Brasil houve quem as expressasse –, o mundo inteiro assistiu horrorizado à cena dos aviões colidindo com as torres do World Trade Center no dia 11 de setembro de 2001. As imagens voltariam às telas da TV incontáveis vezes a partir de então, sem deixar de provocar o mesmo choque e o mesmo fascínio.

Continuarão a ser repetidas, sem dúvida, do mesmo modo que as dos antigos filmes de desfiles nazistas, ou dos discursos vociferantes de Hitler nos documentários históricos. Conhece-se, diante do trauma, a clássica reação humana de reencená-lo infinitamente. Sem dúvida, o incompreensível, o aberrante, o monstruoso se impõe a cada um de nós como um enigma que se repete à exaustão, e nosso horror nada mais é do que a impossibilidade de resolvê-lo.

"Decifra-me ou te devoro", dizia a esfinge, e Édipo soube dar resposta ao seu enigma. É provável, entretanto, que o próprio espetáculo monstruoso paralise, muitas vezes, qualquer esforço de decifração. Não apenas a violência de alguns atos nos deixa interditos, mas também a sua força de convicção, a inabalável certeza com que foram cometidos.

Com variadas doses de ironia, a frase "Freud explica" passou ao uso cotidiano, simultaneamente reconhecendo e denunciando as pretensões da psicanálise no sentido de oferecer motivos satisfatórios para os mais estranhos e acidentais comportamentos de cada um de nós.

Será que Freud explica tudo? Este livro representa o esforço conjunto de vários psicanalistas e psiquiatras no sentido de responder ao que há de inexplicável, traumático e revoltante nos atentados do 11 de Setembro. Prevalece, nos ensaios aqui reunidos, mais a modéstia que a pretensão.

E, sobretudo, pode-se ver na própria organização deste volume uma resposta prática ao espírito de intolerância e fundamentalismo que dirigiu os atos terroristas. Reuniram-se aqui ensaios de autores das mais diversas partes do mundo, representantes de várias correntes teóricas e tributários de diferentes tradições culturais.

Um psiquiatra americano, J. Anderson Thompson Jr., discorre sobre as constantes da agressividade humana a partir de uma ótica neodarwinista; nascido na Índia, Salman Akhtar é analista e psiquiatra nos Estados Unidos e compara a "desumanização por estratégia" presente no terrorismo com outras formas de desumanização, como as do autismo, dos assassinos seriais ou das crianças selvagens. George Awad, refugiado palestino e psicanalista em Toronto, expõe com dramática lucidez os antecedentes políticos e sociais do extremismo islâmico. A história e as dificuldades inerentes à conceituação do terrorismo são discutidas por Shankar Vedantam, jornalista indiano. As relações entre masculinidade e violência ocupam, de um ponto de vista feminista, a americana Nancy Chodorow, enquanto Leopold Nosek, psicanalista brasileiro nascido na Polônia, considera o próprio termo "terrorista" impróprio para a reflexão.

Um conjunto de ensaios tão diversos resulta, sem dúvida, numa saudável advertência contra a tentação de reduzir a alguma explicação psicanalítica esquemática a atitude daqueles que, movidos por ódio desesperado ou fanatismo frio, arremeteram-se contra um edifício onde trabalhavam milhares de pessoas de diversas nacionalidades, matando-as e matando-se com elas.

Ninguém teve acesso ao inconsciente de Ali Atta e seus companheiros. O psicanalista H. Shmuel Erlich, nascido na Alemanha e agora professor em Jerusalém, sintetiza com vigor as dificuldades do presente livro:

"Podemos delinear os fatores necessários que tornem uma pessoa capaz de cometer o tipo de ato hediondo que ocorreu em 11 de setembro? [...] Podemos ter certeza de que jamais seremos essa pessoa?"

Sem dúvida, este livro é pródigo em descrições a respeito do que todos nós somos, talvez, capazes de fazer em situações de desamparo. Diante do fato concreto, irreparável, do atentado ao World Trade Center, é natural que alguns esquemas explicativos sejam invocados *in extremis*.

O terrorista sente sua "identidade de grande grupo" ameaçada numa situação de imigração; é sua identidade masculina que está em jogo; um *self* ameaçado entra em cisão esquizoparanóide; respostas agressivas são típicas da estrutura psíquica masculina; ideologias radicais fascinam adolescentes; da doutrinação sistemática nenhum jovem é imune...

Entre a generalidade de um mecanismo psíquico e a ação concreta de um homem-bomba persiste, mesmo assim, um abismo que temos dificuldade em atravessar.

Para George Awad, palestino radicado no Canadá, a óbvia condenação aos atentados do 11 de Setembro não significa, todavia, que se deva encará-los a partir de uma ótica que enfatize sua incompreensibilidade radical. O "ódio furioso" de muitos árabes ao Ocidente americano, diz Awad, contrapõe-se a um tipo de "ódio frio", representado, por exemplo, pela figura de uma autoridade americana como Madeleine Albright, secretária de Estado durante a administração (que hoje nos parece incomparavelmente mais branda) de Bill Clinton. Em 1996, Albright justificava o boicote econômico ao Iraque numa entrevista à CBS News, cujos termos Awad transcreve.

> CBS News: Sabemos que meio milhão de crianças morreu no Iraque. Ou seja, mais do que as crianças que morreram em Hiroxima. E você acha que esse é o preço a se pagar?
> Madeleine Albright: Acredito que é uma escolha muito difícil, mas o preço? Achamos que esse é o preço a se pagar.

Para usar os termos de Salman Akhtar, eis aí um caso de "desumanização" sem dúvida mais próximo de nós mesmos que as hediondas intenções de um Bin Laden, e haveria sem dúvida um outro longo volume a ser escrito que tratasse, a partir de um enfoque psiquiátrico e psicanalítico, das atitudes de um Donald Rumsfeld ou de um George W. Bush.

Seja como for, das ações inicialmente invisíveis de um boicote econômico ao Iraque, ou da assepsia computadorizada da primeira Guerra do Golfo, para a teatralidade horripilante do 11 de Setembro, as diferenças de impacto, de estratégia e de "linguagem", por assim dizer, são patentes. Não seria forçar demais a nota psicanalítica, talvez, se indagássemos, a respeito de formas diferentes de violência e morticínio, que tipo de *fantasia,* que tipo de *desejo* se optou por encenar: não por acaso, compararam-se a um videogame os bombardeios americanos sobre o Iraque, e a um filme-catástrofe hollywoodiano os atentados em Nova York. As fotos dos torturados em Abu Ghraib tinham o aspecto de produção pornográfica barata, e os vídeos de "mártires" da *jihad** alugam-se cotidianamente no mundo árabe.

Se "terrorismo é teatro", como diz Shankar Vedantam no primeiro ensaio deste livro, talvez caiba situar os atentados no contexto daquilo que Shmuel Erlich considera típico, na mente terrorista, de uma "necessidade de atuar". Tarefa ainda mais urgente, sem dúvida, na

---
* Guerra santa. (N. da E.)

medida em que a capacidade do sonho, da interpretação, e da própria psicanálise ameaça se perder no mundo contemporâneo.

Não têm outro sentido as preocupadas frases de Leopold Nosek num dos ensaios deste livro: "a grande diferença é a passagem da fantasia para o ato", diz ele; e talvez possamos dizer, depois de ler este volume, que a fantasia, com certeza, permite múltiplas decifrações – mas o ato, como a esfinge real, está permanentemente pronto a nos devorar.

Introdução

Vamik D. Volkan

Logo depois de 11 de setembro de 2001, a Associação Psicanalítica Internacional (IPA) organizou um Grupo de Trabalho sobre Terror e Terrorismo, e seus membros – Sverre Varvin, presidente, Salman Akhtar, Werner Bohleber, Simon Brainsky, Abigail Golomb, Leopold Nosek, Vamik Volkan e Geneviève Welsh-Jouve – vieram de todas as partes do mundo, do Oriente Médio à América do Sul. O Grupo de Trabalho já teve duas reuniões, uma em Londres e outra em Esmirna, na Turquiado*. Durantes essas reuniões, ficou bem claro para nós que, a fim de contribuir para a compreensão do que é chamado de terrorismo e de terror individual ou compartilhado, precisávamos ultrapassar as questões específicas associadas aos horríveis atos do 11 de Setembro, como o fundamentalismo islâmico e a personalidade de pessoas como Osama bin Laden e o mulá Omar. Começamos a discutir algumas questões essenciais:

1. Em que a psicanálise pode contribuir para a tentativa de compreender os atos agressivos referidos como terrorismo e que aspiram a criar terror coletivo?
2. O Grupo de Trabalho tem algo novo a dizer que ultrapasse as contribuições psicanalíticas anteriores para esses tópicos?
3. Dado o fato de as pessoas rotuladas como terroristas religiosas, étnicas ou ideológicas praticarem seus atos em nome de seus

---

* Isto à época da primeira edição do livro, 2003. (N. da T.)

respectivos grandes grupos, podemos explicar como se mesclam a psicologia individual e as psicologias de grupos religioso, étnico e ideológico?
4. Podemos, enquanto psicanalistas, ir além de nossas funções específicas e examinar realidades políticas e sociais compartilhadas e suas representações mentais?
5. As conseqüências de atos agressivos massivos incluem processos psicológicos e/ou políticos compartilhados? Nesse caso, o que fazem os analistas para identificá-los?
6. Por fim, o Grupo de Trabalho pode transmitir suas descobertas ao público em geral, particularmente aos responsáveis pelo desenvolvimento de estratégias que lidem com o terrorismo, o terror, e com suas conseqüências?

O Grupo de Trabalho tinha certas vantagens. Primeiro, porque seus membros eram de diferentes nações e de diferentes credos (cristianismo, judaísmo, islamismo e hinduísmo) e, desse modo, sujeitos a diferentes influências políticas, sociais, culturais e religiosas, podendo olhar para o terrorismo – um termo difícil de definir – de diferentes perspectivas. Essa grande gama de influências seria um antídoto para os preconceitos que nós, como indivíduos, podemos ter ao examinar o terror e o terrorismo, tópicos que naturalmente trazem afetos e sentimentos profundos à superfície. A diversidade do grupo também o protegeu da influência de distinções entre "nós" e "eles". Ainda que possamos pensar que nossas análises pessoais e nossas identidades como psicanalistas nos protegem de tais preconceitos, isto não é verdade. Em segundo lugar, alguns membros do Grupo de Trabalho têm muitos anos de experiência, por terem participado de atividades diplomáticas não-oficiais, por terem estudado questões de direitos humanos e trabalhado intensamente não apenas com crianças e adultos traumatizados, mas também com as próprias sociedades traumatizadas, desde o período posterior à invasão do Kuwait até o período posterior do conflito entre a Geórgia e a Ossétia do Sul. Por fim, o grupo estava ávido por pesquisar com acadêmicos e profissionais de outras disciplinas – diplomatas, historiadores, jornalistas e assim por diante – a fim de adquirir uma perspectiva mais ampla a respeito do terror e do terrorismo.

O Grupo de Trabalho atribuiu a si duas tarefas iniciais: primeiro, produzir o presente volume e, depois, promover encontros em todo o mundo em colaboração com organizações psicanalíticas locais, cujo objetivo era trocar idéias com colegas e ter a oportunidade de apresentar essas idéias ao público. Acreditávamos que essas duas tarefas poderiam propiciar oportunidades de expandir *insights* psicanalíticos sobre o comportamento agressivo humano em indivíduos ou em grupos. Essas tarefas também poderiam desempenhar o papel de expansão do conhecimento psicanalítico para tópicos alheios às suas funções habituais. Muitos membros do Grupo de Trabalho colaboraram neste volume, assim como outros analistas, psicólogos, e um jornalista. Não queríamos dar forma ao livro como expressão de uma visão unificada: nosso objetivo era abrir o debate sobre terror e terrorismo. Para esse fim, queríamos permitir que os autores expressassem suas idéias, mesmo que provocassem controvérsias ou forte reação emocional. Portanto, cada autor é responsável pelo conteúdo de suas idéias ou descobertas.

Este volume é dividido em três partes: a Parte I fornece um pano de fundo sobre o terrorismo, tanto definindo-o quanto investigando que papéis a religião, as questões de gênero e os processos político-sociais, tais como a globalização, desempenham em sua criação e estimulação. A Parte II fornece perspectivas psicanalíticas sobre conceitos como vitimização, desumanização e representações mentais da história. Os psicanalistas já haviam lidado com esses conceitos anteriormente, assim como acadêmicos de outras disciplinas. Contudo, achamos que os leitores deste volume irão encontrar novos *insights* que ampliarão sua compreensão do terror e do terrorismo. A Parte III consiste, primeiro, de dois ensaios, um de um analista israelense e outro de um analista de origem árabe, ambos examinando o que acontece na mente de pessoas que realizam uma violência aparentemente desumana a serviço da psicologia de seu grande-grupo. A isto se seguem dois capítulos mais que lidam com as conseqüências do terrorismo massivo e do terror. É natural que examinemos indivíduos traumatizados, mas as contribuições a essa seção ultrapassam a observação clínica e as tarefas terapêuticas e dizem respeito também ao silêncio da coletividade, à modificação de processos sociopolíticos existentes ou à iniciação de novos processos depois de eventos traumáticos, à transmissão transgeneracional de trauma e iniciação de "traumas escolhidos".

Ao escrevermos este livro tínhamos em mente o público em geral. Queremos compartilhar nossos *insights* psicanalíticos com o público e ilustrar como a natureza humana se mescla com questões do "mundo real" (por exemplo, econômicas, políticas e militares). Os homens que cometeram o violento ato do 11 de Setembro, assim como aqueles que, em qualquer parte do mundo, são conhecidos como terroristas, não são inumanos. São seres humanos que se envolveram em atos inumanos. Nós, psicanalistas, não temos outra escolha a não ser estarmos interessados e atuantes para contribuir para a compreensão do que motiva esses seres humanos e o que há na natureza humana que proporciona uma plataforma para o terrorismo e para o terror.

Parte I

**Antecedentes:
História e Conceitos**

1. Quando a Violência se Disfarça de Virtude:
uma breve história do terrorismo

Shankar Vedantam

Na manhã de 11 de setembro de 2001, James Gartenberg, um corretor de imóveis da Julien Studley*, foi trabalhar em seu escritório no 86º andar do World Trade Center. Seria seu último dia de trabalho na empresa: avisara amigos e familiares que planejava mudar para um novo emprego, com escritórios no centro de Manhattan.

Na mesma manhã, Mohamed Atta, egípcio de 33 anos, embarcava, a trabalho, em Portland, Maine, com destino a Boston. Ex-aluno de engenharia civil na Universidade Técnica da Universidade de Hamburgo, Alemanha, Atta não atraiu a atenção da segurança: ajudou o fato de ter antes embarcado em seu vôo em uma cidade sem muito tráfego aéreo. Em Boston, Atta transferiu-se para o vôo 11 da American Airlines, para Los Angeles. Como já passara pela segurança em Portland, ficou fora do perímetro de segurança em Boston. O avião decolou do aeroporto de Boston Logan por volta das 8 horas da manhã, com 92 pessoas a bordo. Alguns minutos depois, armado com um estilete, Atta e um pequeno grupo seqüestraram o avião. Às 08h20, o vôo 11 da American Airlines desviou seu curso, em direção a Manhattan, ignorando as instruções dos controladores de vôo em solo. Quase simultaneamente, em outros pontos do país, outros homens como Atta haviam embarcado e seqüestrado três outros vôos. Muito do que aconteceu nesses vôos permanece desconhecido, mas

---

* Companhia imobiliária de Nova York. (N. da T.)

é provável que os seqüestradores tenham feito antes uma demonstração de força, matando as comissárias de bordo. A tripulação e os passageiros, em quase todos os aviões seqüestrados, decidiram provavelmente cooperar com os planos dos seqüestradores, que freqüentemente significam mudança de rota do avião para um novo destino e ouvir demandas políticas. A suposição geral era de que tanto os seqüestradores como os passageiros queriam viver e, então, compartilhavam o desejo de fazer os aviões pousarem. Uma vez estacionados no aeroporto, as equipes de resgate iniciariam as negociações. A SWAT estaria preparada para ataques-surpresa. Mas tudo dependia de fazer os aviões pousarem. Na ensolarada manhã de 11 de setembro, com céu aberto na maior parte do nordeste americano, ninguém sabia que a mente de Atta estava concentrada na morte, não na vida. Ao fazer colidir seu avião na torre em que Gartenberg trabalhava, assim como os outros que se chocaram contra a segunda torre, o Pentágono e na região central da Pensilvânia, os seqüestradores não deram espaço algum para negociações, nem para acordos.

Por volta de três mil pessoas morreram naquela manhã. A maioria americanos, mas o resto do mundo estava representado em grande número. Um quinto das vítimas no World Trade Center, por exemplo, era de estrangeiros, que representavam 115 países[1]. Depois dos americanos, a maior parte das vítimas era da Inglaterra, com 53 mortos, e da Índia, com 34 mortos. Muitos muçulmanos estavam entre as vítimas. James Gartenberg, abrigado debaixo de uma mesa no World Trade Center, foi um dos milhares que morreram. Por mais de sessenta agonizantes minutos, ele falou com colegas de trabalho, amigos e com a família, usando seu telefone e seu celular, perguntando-lhes o que causara aquele enorme fogo no prédio e quando os bombeiros viriam salvá-lo. Por toda a parte, centenas de oficiais da polícia e bombeiros corajosamente se precipitavam pelas torres em chamas e, minutos antes de os prédios caírem, quebraram algumas portas e libertaram milhares de pessoas. O resgate não chegou até James Gartenberg.

Escrevi uma matéria para o *The Washington Post* sobre Gartenberg e a angustiante série de conversas que ele teve com amigos e com a família durante a hora que se passou após o avião de Atta ter colidido contra seu prédio e antes do mesmo cair[2]. Talvez o maior sofrimento para os sobreviventes e familiares que perderam pessoas amadas nos ataques – acredita-se que por volta de dez milhões de americanos e incontáveis milhares pelo mundo todo tenham ligação pessoal com alguma das vítimas ou dos sobreviventes – tenha sido a aparente falta de sentido da ação de Atta. As vítimas dos seqüestradores poderiam

---

1. E. Lipton, In Cold Numbers, a Census of the Sept. 11 Victims, *The New York Times*, p. A14.
2. S. Vedantam, Fear on the 86th Floor, *The Washington Post*, p. A01.

muito bem ser outro americano, outro indiano ou mesmo uma mulher inglesa, que trabalhavam nas torres ou simplesmente, por acaso, embarcaram nos aviões naquele dia. Diferente de crimes como roubo ou estupro, em que os perpetradores querem algo de pessoas específicas e usam a força para obtê-lo, os seqüestradores usaram James Gartenberg como respaldo. Os milhares de vítimas passaram de seres humanos individuais a símbolos. "Tratamos aqueles que matam nossas mulheres e inocentes do mesmo modo", disse depois Ramzi Binalshibh, que era para ter sido o vigésimo seqüestrador, à rede de televisão Al Jazira no Catar: "Mataremos suas mulheres e inocentes até que eles parem"³.

Nos meses seguintes, os especialistas e o público em geral tentaram explicar o que Atta e os outros seqüestradores fizeram. Pouco se pôde dizer de importante a respeito dele. Ainda que inspirado pela militância islâmica, a motivação de Atta para os ataques ainda permanece obscura. Pode ter sido um motivo tático: quaisquer exigências podiam ter sido vinculadas às sombrias figuras por trás de Atta que planejaram a tragédia. Alguns comentaristas disseram que, como Atta não fez exigências, sua intenção era a destruição pura e simples. As ações de Atta, por essa explicação, não teriam maior sentido do que um ato de guerra – bombardear uma ponte inimiga, derrubar um avião inimigo. Mas, ao mesmo tempo em que Atta escolheu suas vítimas indiscriminadamente, escolheu os alvos com cuidado. O World Trade Center e o Pentágono eram símbolos do prestígio ecocômico e militar americanos, e muitos comentaristas disseram que seria bobagem achar que os seqüestradores não tentavam fazer uma declaração. Sem dúvida, ao não fazer uma declaração explícita, talvez Atta tenha encorajado que muitas declarações fossem feitas em lugar dele. Muitos americanos viram os ataques como um convite à guerra. Outros apontaram para exigências de que os Estados Unidos retirassem suas tropas das bases militares da Arábia Saudita e tentassem resolver a crise entre Israel e os palestinos. Alguns militantes islâmicos viram os ataques como uma investida em nome de suas causas diversas, ligados a uma série de outros ataques aos símbolos americanos de poder pelo mundo. Alguns que sofreram pelos americanos também sugeriram que os ataques tenham sido conseqüência de uma política internacional americana mal conduzida. Ao transformar Gartenberg e outras milhares de vítimas em símbolos, Atta obteve o poder dos símbolos – eles podem ter significados diferentes para pessoas diferentes. É o que diferencia o terrorismo de outras formas de violência. O terrorismo é uma violência política calculada, premeditada para ter efeito máximo nas pessoas não atingidas, de fato,

---

3. S. Schmidt; D. Eggen, Suspected Planner of 9/11 Attacks Captured in Pakistan after Gunfight, *The Washington Post,* p. A01.

pelos ataques. Brian Jenkins, um especialista em terrorismo, define de modo simples: terrorismo é teatro.

HISTÓRIA E OBJETIVOS

Por toda a história, os usos do terrorismo têm sido múltiplos – na verdade, relatar a história do terrorismo é primeiro perguntar o que se quer dizer com o termo. Como veremos em uma seção posterior, definir terrorismo há muito tem sido motivo de desacordo, com muitos comentaristas oferecendo definições divergentes e, às vezes, mudando a regra-base a fim de incluir grupos que desejem rotular como terroristas ou mesmo para excluir outros cuja violência acreditam ser justificada. Poucos estadistas – ou Estados – têm definições consistentes, e a maioria, seja implícita ou explicitamente, escolheu a técnica usada por Potter Stewart, juiz da Suprema Corte norte-americana, para definir pornografia: "Eu sei o que é, quando vejo". Desse modo, muitas definições suscitam a crítica de que se beneficiam de sistemas de poder existentes tanto dentro das nações como em contexto internacional, uma vez que permitem aos que representam o *status quo* a decisão de quando a violência é terrorismo. Como veremos adiante, o único aspecto consistente que perpassa todas as definições de terrorismo é que ele se estrutura na noção do pejorativo: definir um ato violento como terrorismo, argumenta Jenkins, é um modo de designá-lo como imoral e de persuadir outros a que adotem o ponto de vista de quem formulou a definição.

Tendo em mente essa dificuldade com as definições, nenhum registro histórico de terrorismo pode ter abrangência ou concordância universal. Ainda assim, tanto a palavra como o conceito têm sido amplamente aplicados a certos movimentos – e muitos grupos adotaram os termos para si mesmos. Diversos movimentos recorreram explicitamente ao terrorismo. Esses autodenominados terroristas, alguns deles em luta contra regimes racistas, coloniais ou feudais, retomam a questão que mais atormentou organizações como as Nações Unidas, que por muitos anos se esforçam para definir o terrorismo: justifica-se a violência calculada e premeditada contra sistemas de grande injustiça? Se for este o caso, as comportas da violência se abririam, visto que os exemplos de tais injustiças são numerosos e a maior parte dos atos violentos se baseia em registros cuidadosamente planejados de vitimização. Mas, se não for esse o caso, classificaremos como terrorismo a revolta dos escravos em 1859, de John Brown, em Harper's Ferry, na Virginia, que buscava derrubar a escravidão, ou mesmo, em 1943, o levante da resistência judaica no Gueto de Varsóvia, que lutou contra os nazistas usando coquetéis Molotov e pistolas. Em seu trabalho seminal que conclamou à violência sistemática contra os colonizadores franceses na Argélia, o psiquiatra Frantz Fanon inspirou militantes anti-racistas por todo o mundo, incluindo o combate em grande parte não-violento de Nelson Mandela contra o *apartheid* na África do Sul, e os Panteras Negras nos Estados Unidos[4]. Fanon foi a principal voz da Frente de Liberação Nacional (FLN) argelina e em seu livro, *Os Condenados da Terra*, escreveu: "o colonialismo não é uma máquina pensante, nem um corpo dotado de capacidades de raciocínio. É violência em seu estado natural, e só vai recuar quando confrontado com uma violência maior"[5]. Chamando os violentos ataques contra os colonizadores franceses de "uma força de limpeza"[6], ele continua: "o homem colonizado encontra sua liberdade na e pela violência"[7]. Ponderando sobre Fanon e pensando na miríade de aplicações de tal filosofia, consideremos uma das mais potentes marcas do terrorismo: ele sempre reivindica a virtude. Confrontado com terrível violência, repressão e crueldade, Fanon assume estas mesmas técnicas para destruir um sistema injusto. Em declaração similar, John Brown, a caminho da execução pelo levante dos escravos – um levante que seria caracterizado como terrorismo pela maioria das definições – declarou que "agora tinha quase certeza de que os crimes dessa terra culpada jamais serão expurgados a não ser com sangue. Penso agora que me iludi em vão, achando que se poderia fazer sem muita carnificina." A maioria dos movimentos de independência no mundo busca argumentos parecidos, e até aqueles que não buscaram o terror sistemático têm sido freqüentemente estigmatizados como terroristas pelos regimes que tencionavam derrubar.

O hoje famoso discurso do herói americano Patrick Henry, "Dême a liberdade ou a morte", em 23 de março de 1775, por exemplo, ajudou a liderar a Revolução Americana – e soou misteriosamente similar às palavras de Fanon dois séculos mais tarde. Listando uma série de injustiças cometidas pelos colonizadores britânicos, ele trovejou:

> Nossas petições foram desdenhadas; nossas objeções produziram insultos e mais violência; nossas súplicas foram desconsideradas; e fomos desprezados, com desdém, pelo trono. Em vão, depois dessas coisas, cedemos à ingênua esperança de paz e reconciliação. Não há mais espaço para a esperança. Se quisermos ser livres... devemos lutar! Eu repito, senhor, devemos lutar![8]

A reivindicação da maior parte dos terroristas modernos de serem guerrilheiros pela liberdade tornou-se um pouco clichê, ainda que a história mostre que não há um modo simples de distinguir um do outro. Enquanto nações continuarem a ser atormentadas por movimentos

---

4. A. Parry, *Terrorism from Robespierre to Arafat*.
5. F. Fanon, *The Wretched of the Earth*, p. 61.
6. Idem, p. 94.
7. Idem, p. 86.
8. P. Henry, Give Me Liberty or Give Me Death.

separatistas em todos os continentes, enquanto nações se dividirem e se redividirem, esse clichê cada vez nos assustará mais.

Muitos que escrevem sobre terrorismo iniciam seu relato da história moderna do terrorismo com a Revolução Francesa e o breve, porém sangrento, reinado de Maximilien Robespierre no fim do século XVIII. O Grande Terror de Robespierre, de 1793-94, popularizou o termo "terrorismo" e pela primeira vez recomendou sua aplicação sistemática para atingir objetivos de Estado. A violência não foi descoberta por Robespierre, claro, mas houve uma importante diferença em sua escolha. Se a violência tinha sido principalmente o meio de conquista e de saque, ou de fuga e de sobrevivência, Robespierre advogou a aplicação sistemática do terror a serviço da virtude. Robespierre, em outras palavras, declarava-se um idealista. O Grande Terror foi mais do que uma luta pela independência. Foi muito utilizado depois que os revolucionários obtiveram os bastões do poder – um exemplo antigo, talvez, de terrorismo bancado pelo Estado. Robespierre buscava livrar a França feudal de sua ideologia errada, um objetivo muito mais ambicioso do que a mera mudança de comandantes. Demonstrando quão facilmente o terror podia ser aplicado a serviço da virtude, Robespierre declarou:

> Se a origem de um governo popular em tempo de paz é a virtude, as origens de um governo popular em revolução são, ao mesmo tempo, virtude e terror: virtude, sem a qual o terror é fatal; terror, sem o qual a virtude é impotente. O terror nada mais é do que justiça, imediata, severa, inflexível; portanto, é uma emanação de virtude; não é tanto um princípio especial, mas a conseqüência do princípio geral de democracia aplicado às necessidades mais urgentes de nosso país[9].

O reino de terror de Robespierre levou milhares de pessoas à morte – a maioria na guilhotina – em questão de meses. Começando com Luís XVI e a rainha Maria Antonieta, e expandindo para círculos de suspeita cada vez mais amplos, emergiam novas listas de traidores, encontravam-se constantemente novos inimigos. As ruas de Paris literalmente jorravam sangue humano. Os revolucionários se dividiram em facções entre eles e, finalmente, o próprio Robespierre foi arrastado pela desordem instaurada e mandado para a guilhotina.

Aqueles que facilmente classificariam o terrorismo como mau, ou como produto de um desarranjo, fariam bem em lembrar que o terror de Robespierre era uma extensão do nascimento da democracia. A Revolução Francesa ajudou a inspirar o surgimento de uma ordem popular contra as estruturas feudais em todo o mundo: diversos países ainda celebram o dia da Queda da Bastilha, 14 de julho de 1789, quando uma multidão revolucionária irrompeu prisão da Bastilha adentro, em Paris, e iniciou a Revolução Francesa. A noção

---

9. M. Robespierre, *Justification of the Use of Terror.*

de terrorista-como-idealista de Robespierre ecoa nas bem recentes palavras de Bruce Hoffman, um especialista em terrorismo da Rand Corporation, que entrevistou terroristas contemporâneos. Em seu grande livro, *Inside Terrorism* (Por Dentro do Terrorismo), de 1998, Hoffman diz:

ao invés de fanáticos com olhos arregalados ou assassinos enlouquecidos que estamos condicionados a esperar, muitos (terroristas) são, na verdade, indivíduos pensantes e altamente articulados para quem o terrorismo é (ou era) uma escolha inteiramente racional, freqüentemente adotada com relutância e, ainda assim, só depois de considerável reflexão e debate[10].

O Grande Terror de Robespierre foi indiretamente ligado à Revolução Americana que acabara de precedê-lo, pois a enfraquecida monarquia francesa quase fora à falência financiando o movimento de independência americana contra os ingleses, ao mesmo tempo em que os revolucionários franceses eram inspirados por seus colegas americanos. Depois que Robespierre foi executado e seu Grande Terror se encerrou, a busca da ordem para substituir o caos propiciou a ascensão do ditador, Napoleão. Quase sempre o terrorismo tem raízes estranhas e conseqüências acidentais.

O século XIX presenciou outros defensores da violência política sistemática, ainda que alguns sejam reprovados no teste de terrorismo-é-teatro de Jenkins. Entretanto, sobressai um nome. Mesmo que seja pouco lembrado nos dias de hoje, Sergei Nechaiev merece menção em qualquer história do terrorismo. Nascido em 1847, em Ivanovo, uma pequena cidade a milhas de distâncias de Moscou, Nechaiev buscou derrubar a monarquia russa. Assim como Mahatma Gandhi e o reverendo Martin Luther King Jr., que se seguiriam a ele, Nechaiev acreditava que leis injustas devem ser desobedecidas – a diferença era que Nechaiev abraçou a violência absoluta para alcançar seus fins. Seu alvo principal era o tsar Alexandre II e sua tática era a aplicação sistemática do terror. Como resultado, ainda que ele tenha comandado apenas um pequeno bando de seguidores quando foi preso e levado a julgamento em 1873, era tão temido que o tsar acreditou ter ele um séquito de milhões de terroristas armados. Nechaiev sintetiza a habilidade dos terroristas de parecerem mais poderosos do que são[11]. Em seu influente livreto, *Catecismo do Revolucionário*, Nechaiev[12] propõe uma série de regras que poderiam ser o código de valores de muitos futuros terroristas. Nechaiev declarou que o verdadeiro revolucionário é "um homem condenado. Sem interesses próprios, nem negócios, sentimentos, vínculos, pertencimento, nem mesmo um nome

---

10. B. Hoffman, *Inside Terrorism*, p. 7.
11. R. Payne, *The Life and Death of Lenin*.
12. S. Nechaiev, *Catechism of the Revolutionary*.

[...] ele rompeu todos os laços com a ordem civil e com todo o mundo cultivado, com todas as suas leis, propriedades, convenções sociais e suas regras éticas [...] ele só conhece uma ciência, a ciência da destruição". Desprezando a opinião pública e a ética social, Nechaiev disse a seus seguidores: "tudo o que ajuda o triunfo da revolução é moral. Imoral e criminoso é tudo o que permanece em seu caminho". Parentesco, amizade, amor e gratidão eram apenas impedimentos sentimentais no caminho do verdadeiro revolucionário, declarou Nechaiev, já que havia "somente um deleite, um consolo, uma recompensa e uma gratificação – o sucesso da revolução". Aqueles que ficaram chocados com os propósitos dos seqüestradores em 11 de setembro – que se perguntaram como dezenove homens puderam viver entre os americanos por meses ou anos e ainda carregarrem consigo o poder do ódio – fariam bem em lembrar que o panfleto de Nechaiev foi escrito em 1869. Em 1881, o grupo que o seguiu, o Narodnaia Volia (Vontade do Povo), assassinou o tsar Alexandre II. Enquanto, após o assassinato, o grupo foi perseguido mesmo na clandestinidade, seus pensamentos e ideais iriam inspirar, poucas décadas depois, outro revolucionário, alguém que teve sucesso bem maior: Vladimir Lênin freqüentemente prestava tributo à trilha que Nechaiev lhe mostrou. Reprimir o terrorismo muitas vezes também tem conseqüências inadvertidas.

Outros terroristas poderiam mapear trilhas similares às de Nechaiev e abraçar as idéias de terroristas como máquinas de matar, a glória do martírio, a fixação na morte. Em 1903, V. D. Savarkar, um nacionalista na luta pela independência da Índia contra o regime colonial britânico, disse a um de seus seguidores, que pedira para ser enviado para assassinar um oficial britânico: "Quando um mártir está determinado e pronto, o fato em si geralmente quer dizer que deve ter chegado a ocasião do martírio"[13]. As idéias de Savarkar chegaram até os nacionalistas hindus que finalmente vieram a governar a Índia, provando que, como Israel e os Estados Unidos, a lista de governos modernos com origens revolucionárias violentas é excessivamente longa. Muitos desses governos, por sua vez, enfrentaram revolucionários violentos – batizando-os de terroristas.

O século XX viu a explosão do uso do terrorismo, possivelmente porque a crescente sofisticação das munições tornou possível a grupos cada vez menores infligirem danos maiores. Se o Grande Terror de Robespierre não poderia ter sido realizado sem o aparato de um Estado rudimentar – listas tinham que ser preparadas, alvos apreendidos e trazidos um a um à execução pública na guilhotina, em uma espécie de versão de morte a varejo –, o desenvolvimento de tecnologias de guerra extremamente destrutivas no século XX tornou possível que indivíduos agindo em pequenos grupos pudessem infligir danos enormes. Um

13. R. Payne, *The Life and Death of Mahatma Gandhi*.

desenvolvimento igualmente importante citado por muitos acadêmicos é o crescimento da tecnologia da mídia no último século, que fez com que incidentes isolados de terror fossem transmitidos a um grande número de pessoas, fazendo-as sentirem-se também atacadas – o objetivo primário do terrorista é o terror, não a destruição. Enquanto o terrorismo mais antigo tinha o modelo de Robespierre, com Estados infligindo o máximo terror, o terrorismo mais recente revela grupos cada vez menores utilizando o aparato de violência em massa. Deve-se atribuir ao menos um pouco disso ao crescimento da televisão, culminando na transmissão ao vivo dos ataques do 11 de Setembro para todos os Estados Unidos e para grande parte do globo terrestre. Alguns críticos do terrorismo acusaram a mídia de encorajá-lo, por cobrirem bem de perto os ataques terroristas. Hoffman cita Benjamin Netanyahu ao dizer: "atos terroristas não divulgados seriam como a árvore do provérbio que cai na floresta silenciosa"[14].

Acadêmicos notaram a estranha relação simbiótica entre o desejo dos terroristas de divulgarem sua mensagem e o desejo dos jornalistas de cobrirem o terrorismo, já que ele garante audiência instantânea. Enquanto se pode questionar a exigência de que jornalistas não cubram grandes catástrofes, censurar a mídia – pelo menos em termos de sua exatidão – pode provavelmente reduzir as repercussões do terrorismo. A exatidão da mídia pode ser mais difícil de ser atingida *depois* de um ataque terrorista. Em 13 de setembro de 2002, por exemplo, estações de televisão divulgaram que uma mulher na Geórgia havia ouvido três homens, aparentemente do Oriente Médio, conversando em um jantar sobre o que ela achou que poderia ser um ataque terrorista. Depois de a polícia ter apreendido os homens na estrada para a Flórida, o *The Miami Herald* noticiou que muitos âncoras da televisão haviam anunciado – sem qualquer evidência – que os homens estavam a caminho de detonar Miami. Eles eram médicos residentes, não terroristas. Reputações e carreiras foram arruinadas, e boa parte da Flórida ficou paralisada de terror – talvez um exemplo de terrorismo patrocinado pela mídia.

Em todo caso, na medida em que Estados-nações se tornavam cada vez mais poderosos na segunda metade do século XX, constituições, judiciários e o sufrágio universal forneceram meios mais pacíficos para efetuar mudanças sociais, e o terrorismo passou de uma forma de violência patrocinada pelo Estado a técnica favorita de grupos subnacionais. Assim, o terrorismo tem sido descrito como "uma estratégia do fraco contra o forte"[15] – em que nações avançadas com exércitos e forças aéreas não precisam recorrer à criação sistemática do medo para atingir seus fins. Obviamente verdadeiro, mas,

---

14. B. Hoffman, *Inside Terrorism*, p. 143.
15. National Research Council, *Discouraging Terrorism*, p. 29.

como veremos adiante, tentar diferenciar terroristas com base no fato de serem eles responsáveis ou não por um Estado produz resultados estranhos e até mesmo absurdos. De fato, mesmo que os Estados tenham argumentado que suas ações militares não podem ser igualadas ao terrorismo, em parte porque geralmente não têm civis como objetivo e seguem certas regras de guerra, terroristas condenados geralmente argumentam que são soldados: Timothy McVeigh, o arquiteto da explosão na Cidade de Oklahoma em 1995, por exemplo, igualou seu ataque ao Alfred P. Murrah Federal Building aos serviços prestados enquanto soldado do exército americano na Guerra do Golfo, e chamou a explosão, que matou 168 homens, mulheres e crianças, de "ação militar"[16]. Em 1998, ele escreveu: "A administração admitiu ter conhecimento da presença de crianças dentro ou perto dos prédios do governo no Iraque. Mesmo assim, ainda continuaram com seus planos de ataque – dizendo que não podiam ser responsabilizados caso elas morressem... Quem são os verdadeiros bárbaros?"[17]. A racionalização de McVeigh trouxe pouco consolo às famílias das 168 vítimas, mas vozes menos violentas fizeram a mesma pergunta em outros contextos. Se a morte de civis por grupos sub-estatais é terrorismo, por que a morte de civis por Estados é dano meramente colateral? Em um recente editorial do *The Washington Post*, por exemplo, o diretor do Instituto de Estudos Africanos da Universidade de Columbia, Mahmood Mamdani, escreveu: "Os Estados Unidos controlaram, e até mesmo cultivaram, o terrorismo na luta contra movimentos que consideravam agentes russos [...] O que os Estados Unidos hoje chamam de dano colateral não era um infeliz subproduto de guerra; era o ponto principal do terrorismo"[18].

Os dois exemplos mais claros de uso do terrorismo na primeira metade do século pertencem a proponentes de filosofias radicalmente opostas – o comunista Joseph Stalin e o nazista Adolf Hitler. O que os uniu foi uma crença, aos moldes de Robespierre, no aprimoramento das pessoas através da violência; tanto Stalin como Hitler exerceram o terror para moldar vastas faixas de humanidade na imagem de suas respectivas utopias. Os conseqüentes horrores dos campos de concentração nazistas e o longo reino de terror da polícia secreta soviética prestam testemunho sobre o perigo das utopias instituídas na mira de uma arma. Enquanto a filosofia nazista pode ser inextricável do terror e da violência, talvez seja instrutivo notar que as idéias socialistas, muitas vezes, têm estado na vanguarda de campanhas contra regimes coloniais, feudais e racistas. Embora tais lutas tenham sido

---

16. L. Romano; W. Claiborne, Facing Death, Mcveigh Unyielding, *The Washington Post*, p. A01.
17. B. Broadway, Challenges of Waging a "Just War", *The Washington Post*, p. B09.
18. M. Mamdani, Turn off your Tunnel Vision, *The Washington Post*, p. B03.

reconhecidamente responsáveis por muito terrorismo nos séculos passados, somente uma leitura absurdamente limitada poderia culpar os ideais de liberdade e igualdade que inspiraram muitos revolucionários violentos. O problema de Robespierre não foi sua crença na democracia, mas sua convicção de que o assassinato em massa era o único meio de alcançá-la.

A era pós-Segunda Guerra Mundial, similarmente, viu a emergência de numerosos grupos que usaram o terror a fim de se libertar de regimes coloniais decadentes. Hoffman cita a organização sionista de Menachem Begin, Irgun Tzvai Leumi (Organização Militar Nacional), como uma das primeiras a alvejar sistematicamente o "opressivo mandato britânico da Palestina"[19]. Begin atacou símbolos de prestígio britânicos e demonstrou de maneira convincente a habilidade do terrorismo de minar psicologicamente um inimigo muito mais numeroso e poderoso. A opinião pública foi o verdadeiro campo de batalha, e Begin escreveu com satisfação: "os relatos de nossas operações, sob aberrantes manchetes, cobriram as primeiras páginas de jornais do mundo todo, particularmente dos Estados Unidos"[20]. Em uma sinistra lembrança das muitas ironias nos anais do terrorismo – onde aqueles que usaram o terror para se libertar são confrontados, depois, por outros que usam o terror para libertar-se *deles* –, Begin planejou a explosão do Hotel King David, em Jerusalém, em julho de 1946, matando dezenas de árabes, judeus e ingleses. Quartel general do Exército Britânico em Jerusalém, o alvo expôs a vulnerabilidade da força de ocupação. Begin e outros teóricos do terrorismo da metade do século – como Fanon – projetaram uma estrutura de terrorismo contra governos que foi seguida como fórmula por grupos posteriores.

O *primeiro passo* é atacar símbolos de prestígio do governo – para demonstrar que são vulneráveis e atrair a atenção das câmeras de todo o mundo. Fazer as platéias ficarem chocadas com a violência e comovidas com o sofrimento das vítimas, e também tomarem conhecimento da difícil situação do grupo oprimido. Os terroristas aprenderam a equilibrar-se em uma linha tênue ao causar dano para atrair atenção, mas não a ponto de afastar as platéias da causa em jogo. Contudo, enquanto o terrorismo cresceu, os terroristas tiveram que competir entre si por atenção, resultando em uma constante escalada de violência. Uma vez que os escoadouros midiáticos mais influentes do mundo têm seus quartéis-generais nos Estados Unidos e na Europa Ocidental, os grupos terroristas que procuram a intervenção do Ocidente aprenderam a atacar alvos ocidentais. Tal atenção é uma faca de dois gumes, que pode resultar em sanções econômicas e congelamento de contas bancárias. Alguns grupos, como os Tigres de

---

19. B. Hoffman, *Inside Terrorism*, p. 50.
20. Idem, p. 53-54.

Libertação de Tâmil Eelam (TLTE), no Sri Lanka, que reinou supremo nas décadas de 1980 e 1990 como os praticantes mais mortíferos de ataques terroristas através de explosões suicidas, tomou uma decisão tática de *não* atacar os ocidentais – eles temiam que os governos ocidentais pudessem "ser mais rígidos com expatriados do Tâmil envolvidos em arrecadação de fundos fora do país"[21]. Como resultado, o extraordinário derramamento de sangue nessa ilha do oceano Índico recebeu, comparativamente, pouca atenção mundial. Se terrorismo é teatro, esses macabros roteiristas planejam suas cenas dependendo da audiência que desejem atrair – ou manter distante – para a produção.

Um importante aspecto – o *segundo passo* no planejamento dos terroristas – é provocar retaliação. De fato, se o ataque não produzir resposta, um dos objetivos centrais do terrorismo falhou. O terrorismo geralmente ignorado conduz à irrelevância do movimento terrorista ou a um ataque mais dramático – um processo de escalada que, em algum momento, vai engatilhar uma resposta. Confrontado por um inimigo invisível, que não usa uniforme e pode ser de dezenas, centenas ou milhares, as respostas governamentais a movimentos terroristas subnacionais às vezes tomam como alvo um grande número de pessoas, incluindo inevitavelmente pessoas que não fazem parte da rede terrorista. Quanto mais brutal o ataque terrorista inicial, maior o risco da resposta do governo ser indiscriminada.

Dessa maneira, atingem-se os objetivos imediatos do ataque terrorista: aliciados com freqüência dos extremos mais distantes de grupos enfurecidos ou humilhados, uma platéia primária do terrorismo é o grupo ao qual os próprios terroristas pertencem. Uma vez que depois do ataque haja retaliação do governo, membros moderados do grupo se sentirão provavelmente afiliados aos terroristas, pois seus algozes mais imediatos não são os terroristas, mas os sobreviventes do ataque original. Ao provocar medidas rígidas e repressão do governo, os terroristas tentam comunicar a partidários pacíficos que neutralidade não é uma opção. Nesse sentido, tanto estrategistas do governo como dos terroristas estão unidos – querem que todos tomem partido. Depois dos ataques do 11 de Setembro, o presidente George W. Bush fez uma famosa declaração: "Ou vocês estão conosco, ou estão com os terroristas"[22].

Se a repressão faz partidários passivos unirem-se aos terroristas, é possível cometer mais ataques; haverá mais retaliações, mais espectadores serão afetados e mais moderados de todos os lados considerarão a violência como única opção. Nesse processo de agravamento,

---

21. U.S. Department of State, *Patterns of Global Terrorism*. O relatório diz: "O TLTE deixou de usar turistas ocidentais como alvo com medo de que governos estrangeiros pudessem tomar medidas rígidas contra expatriados do Tâmil envolvidos em arrecadação de fundos fora do país".

22. G. W. Bush, Discurso no Congresso, 20 de setembro de 2001.

o terrorismo destrói o espectro de opinião usualmente presente na maioria das sociedades. O terrorismo, por vezes, cria uma sociedade de vítimas feita à imagem do mundo do terrorista – com a supressão da discordância, do medo, e de uma mentalidade de guerra. O agravamento do nível de terrorismo deixa os sobreviventes sem opção alguma a não ser a de juntar-se contra um inimigo invisível e desconhecido. Moderação e nuança são as primeiras vítimas de todos os lados. Nesse sentido, elementos extremos, com ataques esporádicos de violência, podem fragmentar o mundo em "eles" e "nós". Tanto no grupo discriminado como no grupo alvo do terrorismo, o medo unifica o senso de *nós* e o ódio unifica como cada grupo se sente em relação a *eles*. No caso do terror argelino contra os colonizadores franceses, por exemplo, o ataque provocou uma resposta brutal do exército francês. Segundo Hoffman, tornaram-se comuns interrogatórios e tortura em massa até de suspeitos de terrorismo. A princípio, o posicionamento foi eficaz para suprimir o terror, mas Hoffman escreve que "a brutalidade da ação do exército isolou completamente a comunidade muçulmana argelina. Até então quase passiva ou apática, foi levada às armas na FLN, inchando as fileiras da organização e aumentando seu apoio popular"[23]. Posicionamentos brutais do governo também criam fissuras na sociedade civil em Estados democráticos, criando oposição interna a essa repressão. Um relatório da Academia Nacional de Ciências dos EUA, de agosto de 2002, concluiu que:

> A política de repressão do Estado tem sido freqüentemente tanto contraproducente como efetiva [...] a repressão gera movimentos de resistência e tende a radicalizá-los. Também pode fazer os movimentos se dirigirem para fora do país, para meio-ambientes mais hospitaleiros [...] o aprisionamento de líderes e outros, às vezes, transformam as próprias prisões em bases que concebem novas idéias radicais [...] A repressão freqüentemente também radicaliza o regime repressivo, que generaliza seu medo de oposição incluindo formas mais moderadas, e assim faz o regime transigir em uma direção antidemocrática[24].

O terrorismo é uma especialidade de organizações sub-estatais, como sugeriram alguns comentaristas depois dos ataques do 11 de Setembro? (O Conselho de Relações Internacionais norte-americano cita Paul Pillar, um ex-representante principal do Centro de Contraterrorismo da CIA, dizendo que o terrorismo "é realizado por grupos subnacionais – não pelo exército de um país".) Como veremos adiante, esta pode ser uma definição por conveniência. Em muitos casos descritos até o momento, e especialmente com os nazistas, o terror foi usado como instrumento tanto para vencer o poder estatal como para depois exercê-lo. Por toda a década de 1920, o sub-estado hitleriano Sturmabteilung, ou SA, realizou muitos atos de violência e de terror

---

23. B. Hoffman, *Inside Terrorism*, p. 63-64
24. National Research Council, *Discouraging Terrorism*, p. 28.

contra judeus, contra o clero e contra comunistas. No que só pode ser descrito como terrorismo – já que seu objetivo era inspirar medo e submissão aos fins políticos nazistas –, a SA pintou suásticas em lojas de judeus e levou inúmeras vítimas à tortura, espancamento e fome. Mudando de face assim que subiu ao poder, Hitler eliminou as fileiras caóticas da SA pelos quadros mais disciplinados da SS, um grupo paramilitar armado, originalmente concebido como sua guarda pessoal. A SS então instituiu um sistema extremamente organizado de terror e extermínio patrocinado pelo governo, que durou até os últimos dias da Segunda Guerra Mundial, matando milhões de pessoas.

Alguns grupos terroristas não oficiais, como a Ku Klux Klan (KKK) do sul dos Estados Unidos, já tiveram laços estreitos com altos escalões do poder político. Em alguns casos, políticos e oficiais de polícia vestiam à noite as temidas máscaras e capas brancas para aterrorizar negros, criando uma ligação ininterrupta entre oficiais do Estado e terroristas não oficiais. No Haiti, o "presidente vitalício" Papa Doc Duvalier montou o temido Tonton Macoute, organização paramilitar que combinava superstição vodu com as técnicas mais recentes de tortura, para suprimir todos os oponentes, espalhar o terror e fortalecer seu poder[25]. No início de 2002, na Índia, fundamentalistas hindus – informalmente aliados com os governos estadual e federal nacionalista hindu – mataram entre oitocentos e dois mil muçulmanos no que pode ser considerado um pogrom: diversos grupos de direitos humanos acusaram oficiais do Estado de terem sido cúmplices do terror, já que não intervieram para pôr fim ao derramamento de sangue. Assim como as ligações da KKK com os políticos segregacionistas brancos, as ligações dos oficiais do Estado com aqueles que perpetraram o terror caem em uma área tão obscura que torna impossível separar uma da outra. No Sri Lanka, o movimento separatista Tigre Tâmil conduziu simultaneamente ataques terroristas no sul enquanto se fazia de administrador nas áreas do norte sob seu controle, onde cobrava impostos e fornecia serviços municipais. Nas linhas de frente, que nenhum lado controlava totalmente, o governo do Sri Lanka e os Tigres alternavam-se no poder estatal quase diariamente – algumas localidades eram controladas pelo governo de dia e pelos Tigres à noite. O terror praticado pelos tigres não pode ser exatamente descrito como violência patrocinada pelo Estado ou pelo sub-Estado. Mais recentemente, muitos Estados usaram o terrorismo e os terroristas para atacar outras nações ao invés de travar uma guerra – o apoio americano aos sagrados guerreiros muçulmanos para dar fim à ocupação soviética no Afeganistão nos anos de 1980, o patrocínio subseqüente do Talebã às redes de terrorismo global em todo o mundo e o apoio amplamente divulgado do Paquistão ao terrorismo

---

25. J. R. Nash, *Terrorism in the 20th Century*.

na Caxemira são apenas alguns exemplos[26]. De fato, para tristeza de muitos acadêmicos como Hoffman, que busca fazer uma distinção entre violência militar e terrorismo, alguns comentaristas argumentam que uma guerra entre Estados-nações pode ser também terrorismo – já que atos calculados de violência durante a guerra têm o intuito de criar um teatro de intimidação e forçar oponentes políticos à submissão. Essa crítica radical poderia apagar totalmente as distinções entre atos de violência calculada e premeditada individuais, extra-oficiais e os patrocinados pelo Estado. Na crítica de Martin Luther King Jr., em 1967, ao envolvimento americano na Guerra do Vietnã, por exemplo, o líder dos Direitos Civis e o ganhador do Prêmio Nobel da Paz disse que sua oposição à guerra nasceu

de minha experiência nos guetos do Norte nos últimos três anos – especialmente nos três últimos verões. Enquanto andava entre jovens desesperados, rejeitados e raivosos, eu lhes disse que coquetéis Molotov e rifles não solucionariam seus problemas. Tentei oferecer minha mais profunda compaixão enquanto mantinha minha convicção de que a mudança social surge mais significativamente através da ação não-violenta. Mas eles perguntaram – e com razão – e o Vietnã? Perguntaram se nossa nação não estava usando doses enormes de violência para solucionar seus problemas, para fazer as mudanças que queria. Suas questões me atingiram em cheio, e eu soube que jamais poderia levantar minha voz novamente contra a violência dos oprimidos dos guetos sem primeiro ter falado claramente ao maior provedor de violência no mundo hoje – o meu próprio governo. Pelo bem daqueles garotos, pelo bem desse governo, pelo bem de centenas de milhares que sofrem com nossa violência, não posso manter-me em silêncio[27].

Há muitos movimentos terroristas não discutidos aqui: as constantes acusações e contra-acusações em relação aos homens-bombas suicidas contra Israel; as explosões contra bases e embaixadas americanas em todo o mundo por militantes islâmicos; o movimento separatista IRA (Irish Republican Army) na Irlanda do Norte; a gangue Baader-Meinhof na Alemanha e as Brigadas Vermelhas na Itália nos anos de 1960 e 1970; grupos separatistas violentos no Quebec; os assassinatos de inúmeros líderes de Estado, dos presidentes americanos William McKinley em 1901 e John F. Kennedy em 1963, passando pelo presidente egípcio Anwar al-Sadat e a primeira-ministra Indira Gandhi nos anos de 1980, até Yitzhak Rabin em 1995. O jingoísmo* tribal e étnico produziu outros grupos violentos, assim como anarquistas e ideólogos de todas as estirpes. O bioterrorismo está emergindo como a última ferramenta no arsenal dos movimentos terroristas – a letalidade da técnica, combinada com a facilidade que dá aos perpetradores de cobrirem seus rastros, tem motivado muitos especialistas a advertir em relação ao fato de que não falta muito para que mais

---

26. I. Hilton, The General in his Labyrinth, *The New Yorker*.
27. M. L. King Jr., Beyond Vietnam.
* Nacionalismo exacerbado, belicoso e expansionista, que se originou na Inglaterra no século XIX. (N. da T.)

terroristas se voltem para esse tipo de agente. Em suma, por toda a história, a lista dos que escolheram a violência calculada, premeditada, é extraordinariamente longa. No período subseqüente ao 11 de Setembro, a discussão sobre terrorismo aumentou em todo o mundo, com acusações de terrorismo proferidas muitas vezes por ambos os lados em muitos conflitos. Isso significa alterar o uso do termo e as respostas ao terrorismo.

DEFINIÇÕES DE TERRORISMO

Ninguém escolhe a violência política sem ao menos expressar, superficialmente, uma relutância em recorrer a armas. Quase todo ato de violência tem um lado – geralmente o da vítima – gritando terrorismo. Similarmente, cada ato é tomado por seus perpetradores como resposta justa ao mal. É esse "efeito Rashomon"*, em que diferentes pontos de vista mostram impressões diferentes sobre o uso de violência, que cria a maior parte da dificuldade de definir o terrorismo.

Terrorismo não é apenas o nome de um fenômeno. Enquanto especialistas como Hoffman tentam usar a palavra com certa objetividade – traçando paralelos entre a luta da FLN contra os franceses na Argélia, a campanha de Menachem Begin contra a Grã-Bretanha e a sucessão de homens-bombas palestinos que hoje atacam Israel – o uso geral da palavra "terrorismo" é pejorativo. Terrorismo é, por definição, mau; terroristas são, por definição, pessoas más. Atribuir valores a fenômenos é, certamente, o caminho mais óbvio para controvérsias em definições. A maioria das pessoas que empregam descrições do terrorismo influenciadas por opiniões pessoais poderiam ver uma diferença entre, digamos, a violência usada pelo Congresso Nacional Africano de Nelson Mandela (CNA), que combinava técnicas violentas e não-violentas para superar o *apartheid*, e o uso do terror de Hitler para intimidar e submeter judeus e outras minorias. A diferença não se dá apenas em função do montante de violência utilizada em cada caso: Mandela é respeitado porque a maioria das pessoas concorda que sua causa era justa; Hitler é considerado um monstro porque suas idéias racistas e anti-semitas têm sido amplamente rejeitadas. Mandela e Hitler são extremos modernos do bem e do mal. Porém, na maioria dos casos, as coisas se tornam mais complicadas. No período imediatamente subseqüente ao 11 de Setembro, inúmeras nações entraram na onda do terrorismo e procuraram identificar a luta norte-americana contra os terroristas do 11 de Setembro com suas próprias batalhas contra grupos separatistas. A Rússia há muito chamava de terroristas os separatistas da Chechênia; a China fez o mesmo com os uigurs; e

---

* *Rashomon*, filme de Akira Kurosawa de 1950, explora um crime de múltiplos pontos de vista, mostrando versões radicalmente diferentes dos eventos. (N. da T.)

a Índia com os separatistas da Caxemira. Cada uma dessas lutas pela definição era intensamente contestada antes do 11 de Setembro, inclusive com alguns governos divergindo de grupos de direitos humanos em relação a como lidar com os separatistas. Um exemplo clássico do efeito Rashomon nas definições de terrorismo foi visto depois que o Paquistão ajudou os Estados Unidos a demolir o regime Talebã, em 2001: o Paquistão era aclamado pelos Estados Unidos como nação pioneira na guerra contra o terror, ao mesmo tempo em que a Índia o acusava de ser um Estado patrocinador de terrorismo por ajudar os separatistas da Caxemira. Assim como a Rússia avaliou se apoiaria a intervenção militar norte-americana no Iraque, em setembro de 2002, seus líderes deram a entender que o apoio poderia ocorrer em troca de os Estados Unidos reconhecerem que a luta contra os separatistas da Chechênia, na Geórgia, fazia parte de uma guerra internacional contra o terror da administração Bush[28]. Exatamente no mesmo mês, a China ganhou uma ajuda norte-americana que declarou terroristas os separatistas uigurs em Xinjiang, ainda que se levantassem algumas desconfianças de que tal ajuda vinha em troca do apoio chinês aos planos americanos de guerra contra o Iraque[29]. Apesar de alguns acadêmicos terem tentado diferenciar de forma mais clara terrorismo, insurgência, guerrilhas e guerra franca, os usos retóricos de terrorismo dispararam: em uma conferência global em dezembro de 2001, em Yokohama, cujo propósito era deter o comércio sexual infantil, Carol Bellamy, diretora executiva do Fundo das Nações Unidas para a Infância (Unicef), disse que "a exploração comercial sexual e o abuso infantil nada mais é do que uma forma de terrorismo"[30]. Em outubro de 2002, como o mercado financeiro impunha penas à economia brasileira por ter sido eleito um socialista para governar o país, o presidente eleito Luiz Inácio Lula da Silva classificou a crise financeira como "terrorismo econômico"[31]. E depois de terem sido descobertas tramóias na América corporativa em 2002, em titãs como a Enron, WorldCom e Arthur Andersen, Dick Grasso, presidente e diretor executivo da Bolsa de Valores de Nova York, declarou: "temos que travar uma guerra contra o terrorismo na sala de reunião, contra investidores enganadores"[32].

Enquanto se concorda – ou discorda – facilmente a respeito de alguns usos da palavra terrorismo, continuam discussões intermináveis, pelo mundo todo, para discriminar quais os atos de violência que podem ser chamados de terrorismo. Essas discussões chegam ao âmago

---

28. P. Baker, Russia Still Opposed to Iraq Attack, *The Washington Post*.
29. K. De Young, U.S. and China ask U.N. to List Separatists as Terror Group, *The Washington Post*.
30. Reuters; CNN. *U.N.*: Child Sex Trade "a Form of Terrorism".
31. S. Wilson, Brazil's President-elect Pledges to Fight Poverty but Pay Debts, *The Washington Post*, p. A13.
32. NBC News, *Meet the Press*.

da questão de quando a violência sistemática é exigida, tratanto-se, portanto, de justiça ou auto-defesa, e não de terrorismo. As discussões sobre terrorismo que mais causam discórdia ocorrem quando as pessoas discordam em quando, se e até que ponto a violência se justifica por situações específicas: os homens-bombas palestinos em Israel são equivalentes aos assassinos em massa do 11 de Setembro? Enquanto os tanques israelenses adentravam cidades palestinas e campos de refugiados em retaliação, confinando milhares de pessoas e procurando células terroristas, alguns comentaristas igualaram as ações de Israel ao terrorismo de Estado. Seguiram-se discussões intermináveis, condenações e contra-condenações. Discutir a respeito do terrorismo como substituto de uma discussão sobre quando a violência é exigida geralmente leva a discussões circulares.

Nas Nações Unidas, as discussões mais discordantes sobre a definição de terrorismo têm sido entre os membros permanentes do Conselho de Segurança da ONU com os numerosos países em desenvolvimento, muitos dos quais antes já combateram algum desses membros do Conselho de Segurança para se libertarem do colonialismo ou do *apartheid*. Muito se debateu nas Nações Unidas a respeito de quando a luta violenta se justifica, e quando deve ser condenada. Sem nenhuma surpresa, países recentemente independentes têm sido mais simpáticos aos movimentos violentos, vistos como anticolonialistas; os países poderosos e ricos geralmente têm buscado condenar tais movimentos como terrorismo.

Após palestinos armados terem seqüestrado nove atletas israelenses nas Olimpíadas de Munique, em 1972, por exemplo, uma proposta de resolução patrocinada pelo governo norte-americano que condenava o terrorismo foi rejeitada por países do Movimento Não-Alinhado, que afirmava o "direito inalienável de auto-determinação", apoiando a "legitimidade" da "luta" de liberação nacional, e condenando "atos terroristas e repressivos de regimes colonialistas, racistas e estrangeiros"[33]. Os membros permanentes do Conselho de Segurança da ONU acusaram os países mais pobres de relativismo moral e apontaram para o fato de que assassinos e ditadores geralmente praticam terrorismo enquanto se declaram guerreiros pela liberdade. Nações que sofrem ataques terroristas com regularidade criticam a forma como a mídia costuma descrever os terroristas, chamando-os de militantes ou insurgentes ou separatistas. Ao mesmo tempo, porém, países mais pobres têm pedido na ONU às nações mais poderosas do mundo que "condenem todos os atos de exploração econômica, servidão política, políticas ofensivas de *apartheid* e de discriminação racial em todas

---

33. N. Haffey, *The United Nations and International Efforts to Deal with Terrorism*, p. 1.

as suas formas e formatos"³⁴. Usando essencialmente o argumento central de Fanon, esses países disseram que "identificar a resistência a esse terror como terrorismo só pode ser interpretado como uma tentativa de defender relações sociais e internacionais obsoletas e de desconsiderar e impedir a justa e legítima luta do povo oprimido por liberdade e independência"³⁵. A definição de terrorismo estabelece a moral em um nível bastante elevado e as polaridades de bem e de mal. Dados os enormes benefícios em persuadir outros a adotarem suas visões de mundo, poucas nações têm consciência de quanto suas definições de terrorismo estão intimamente ligadas com suas histórias e necessidades mais imediatas, e não com ideais atemporais.

Isso significa cada vez mais que a comunidade mundial concorda amplamente com o terrorismo em retrospectiva. Como bem notado pelo professor de direito da Universidade de Georgetown, David Cole, o Departamento de Estado norte-americano, durante os anos de 1990, incluiu o CNA de Nelson Mandela como grupo terrorista³⁶. O resto do mundo quase sempre acompanha as definições das nações mais poderosas, mas com relutância. Como veremos na próxima seção, em que discutimos respostas ao terrorismo, esses seguidores relutantes têm um preço a pagar. O mundo seria um lugar mais seguro se todas as nações – e todos os povos – concordassem a respeito de quando a violência é necessária. A ex-primeira-ministra do Paquistão, Benazir Bhutto, escreveu recentemente:

> O terrorismo ainda está por ser definido coletivamente pela comunidade mundial. A menos que haja um acordo de que o terrorismo não reconhece religião nem civilização alguma, estaremos à beira de um mundo muito mais perigoso [...]. Sem um mecanismo compartilhado de segurança e uma definição de terrorismo, o mundo podia realmente se encontrar em uma guerra santa entre o Islã e o Ocidente. É uma guerra que ninguém quer – exceto os extremistas³⁷.

RESPOSTAS AO TERRORISMO

No período subseqüente aos ataques do 11 de Setembro, inúmeros acadêmicos e homens de Estado argumentaram que os dezenove seqüestradores responsáveis pelo ataque representavam uma forma completamente nova de terrorismo – uma forma que não fez exigências nem permitiu acordos. O terror em nome da *jihad*, segundo esses acadêmicos, foi uma versão extrema do ataque anti-governamental de 1995 no Alfred P. Murrah Federal Building, na Cidade de Oklahoma, ou das várias cartas-bombas antitecnológicas de Ted Kaczynski, o *Unabomber*. Diferente dos terroristas de outrora, cujos seqüestros e

---
34. Idem, p. 9
35. Idem, ibidem.
36. D. Cole, Enemy Aliens, *Stanford Law Review*.
37. B. Bhutto, Commentary, *The Indian Express*.

raptos de avião eram meios de forçar os Estados a abrirem negociações – seqüestradores buscavam, por exemplo, liberdade para aliados presos em troca de reféns –, essa nova casta de terroristas considerou os ataques violentos como fins em si mesmos. Ele não tentaram negociar, quiseram simplesmente destruir.

Ainda que longe de ser uma forma radicalmente nova de terrorismo, os dezenove seqüestradores talvez tenham se baseado nas regras de Nechaiev para o revolucionário escritas em 1869. O teórico russo organizou seus seguidores fanaticamente devotos em células secretas, cada uma com com cinco ou seis membros, e encarregou-os de agir autonomamente a fim de que um não implicasse o outro, caso fossem presos. Nechaiev declarou explicitamente: o objetivo era "erradicar todo o sistema estatal e exterminar todas as tradições estatais do regime"[38]. A doutrina do século XIX de Nechaiev, que conduziu indiretamente ao sistema totalitário do Estado soviético, o terror do século XVIII de Robespierre, que planejava eliminar todos os oponentes da democracia, os genocídios dos nazistas a serviço da pureza racial, no século XX, e os proponentes da *jihad* internacional, no século XXI, que louvam o retorno a um Estado islâmico medieval, têm muito mais em comum do que, a princípio, parece a partir de suas filosofias radicalmente divergentes: todos são violentamente utópicos. Os adeptos desses movimentos acreditam tão fervorosamente em sua virtude que quebram impunemente todas as leis morais de compaixão para atingir seus fins. Alguns especialistas sugeriram que o esforço para lidar com esse tipo de terrorismo deve dirigir-se às filosofias utópicas que formam sua base – e à crença de que grupos de pessoas, unidos por ideologia, religião ou por nacionalidade, têm todas as respostas para a humanidade. Muitos comentaristas argumentam que uma guerra de estilo militar ao terror não consegue ser eficaz contra o terrorismo. O relatório de agosto de 2002 feito pelo National Research Council (Conselho Nacional de Pesquisa dos Estados Unidos), intitulado *Discouraging Terrorism* (Desencorajando o Terrorismo), diz:

é necessária uma abordagem mais contextualizada e com prazo maior [...] nem grupos políticos radicais nem organizações religiosas extremistas estão para sempre congelados no tempo como forças perigosas, destrutivas. Reprimi-los enquanto tal – ao invés de reconhecer que eles têm cursos próprios e respondem positivamente a seus ambientes políticos – não os tira de cena e pode contribuir para as condições mesmas em que eles são bem-sucedidos[39].

Neil Smelser, professor emérito de sociologia da Universidade da Califórnia, em Berkeley, e presidente da comissão que desenvolveu o relatório, disse em uma entrevista que a resposta dos Estados Unidos

---

38. S. Nechayev, *Catechism of the Revolutionary*.
39. National Research Council, *Discouraging Terrorism*, p. 29

ao terrorismo, logo após o 11 de Setembro, "foi realmente algo monolítico [...] entendendo-se o terrorismo como um tipo de mal anti-americano, mais do que um fenômeno que precisa ser compreendido". Ao invés de se pensar em termos da platéia dos terroristas e tentar afastar apoiadores passivos dos elementos radicais, uma outra estratégia bem poderia ser a de buscar alianças com formadores da opinião pública, tanto em Estados parceiros como não parceiros. Smelser diz que "tem havido uma espécie de componente vigilante à nossa resposta"[40].

Assim como as ações terroristas aspiram chamar a atenção de grandes platéias, o relatório sugere que intervenções eficazes do governo também devam tentar atingi-las para ganhar os radicais moderados e isolados, drenando, assim, o suprimento de novos recrutas terroristas. Usando um argumento parecido, o ganhador do prêmio Pulitzer e colunista do *The New York Times*, Thomas Friedman, recentemente traçou uma distinção entre a rua árabe – aqueles que pertencem a grandes platéias passivas – e o porão árabe – elementos radicais ligados ao terrorismo. Friedman escreveu:

> A única resposta sensível é derrotar os que estão no porão árabe, fora do alcance da política e da diplomacia, enquanto, ao mesmo tempo, trabalha-se para aliviar as queixas, o desemprego e o senso de humilhação sentido na rua árabe, fazendo assim com que menos jovens troquem a rua pelo porão, ou simpatizem com os que estão lá embaixo – como milhões de árabes fazem atualmente[41].

O relatório constatou que enquanto uma ação militar convencional pode desencorajar o terrorismo, um verdadeiro retrocesso, como o que houve no impasse da Guerra Fria entre os Estados Unidos e a União Soviética, está baseado em ter de cada lado oponentes de força comparável e que tenham algo a perder. Talvez o mais importante, a Guerra Fria se baseou em acordos implícitos entre os antagonistas – algo próximo da confiança –, devido aos quais as ações muito provavelmente tinham conseqüências previsíveis. Essas condições não existem quando se trata de lidar com grupos terroristas e proteger Estados, que representam uma vasta gama de ideologias, forças e estratégias. Quando se trata do terror islâmico contra o Ocidente, fala mais alto uma desconfiança mútua, e pode ser difícil para o Ocidente fazer ameaças críveis a grupos profundamente radicalizados, com os direitos cassados e alienados dentro de seus próprios países. O relatório diz que enquanto "é tentador para os Estados Unidos assumirem principalmente uma postura ameaçadora ou punitiva diante desses Estados", uma abordagem mais realista utilizaria a influência que os Estados protetores têm contra grupos terroristas[42]. Mais fundamentalmente,

---

40. N. J. Smelser, entrevista com o autor, 1998.
41. T. Friedman, Under the Arab Street, *The New York Times*, p. A23.
42. National Research Council, *Discouraging Terrorism*, p. 14-15.

segundo o relatório, encontrar formas de trazer os movimentos terroristas para a corrente da vida política – no contexto da democracia – pode dar conta das causas que estão alicerçando o terrorismo e da oferta de novos terroristas: "Os Estados Unidos, ao lidarem com regimes de países onde se desenvolveu o terrorismo, têm de trabalhar o mais perto possível desses regimes, mas devem resistir à tentação – forte, dada a ameaça terrorista – de reprimir simplesmente os grupos radicais terroristas, por causa da contra-produtividade de uma repressão simples e brutal"[43].

EPÍLOGO

Ao relatar e escrever esta história do terrorismo e as respostas ao fenômeno, voltei ao discurso proferido por Martin Luther King Jr., no dia 18 de setembro de 1963. Os membros da KKK haviam acabado de explodir uma igreja negra em Birmingham para protestar contra o movimento recente da cidade para acabar com a segregação nas escolas. A Klan, assim como muitos grupos terroristas aqui descritos, acreditava-se virtuosa e vira o ataque como parte de uma luta justa em favor dos brancos. Quatro crianças negras – Addie Mae Collins, Cynthia Wesley, Carole Robertson e Denise McNair, com idades entre onze e catorze anos – foram mortas. Por qualquer avaliação que se faça, as crianças eram vítimas inocentes e os atacantes eram terroristas. Em maio de 2002 – quase quatro décadas depois do ataque –, Bobby Frank Cherry, um senhor de 71 anos de idade membro da KKK, foi levado a tribunal, acusado de assassinato em primeiro grau e sentenciado à prisão perpétua. Os sobreviventes do ataque acharam tanto o julgamento como a sentença muito brandos e tardios[44].

Porém, três dias depois do ataque em 1963, com a tragédia das jovens vítimas ainda latente, o reverendo Martin Luther King Jr. manteve a perspectiva ao dizer:

não devemos apenas nos preocupar com quem os matou, mas com o sistema, o modo de vida, a filosofia que produziu os assassinos [...] apesar da escuridão desse momento, não devemos nos desesperar. Não devemos ficar amargos nem devemos nutrir o desejo de retaliar com violência. Não, não devemos perder a fé em nossos irmãos brancos. De alguma maneira, devemos acreditar que o mais equivocado dentre eles pode aprender a respeitar a dignidade e o valor de toda personalidade humana[45].

Tanto King como seu mentor, Mahatma Gandhi, eram políticos que às vezes pareciam estar em outro mundo, quase sempre mais interessados em questões do espírito do que em questões de Estado.

---

43. Idem, p. 28.
44. E. Lindsay, Dispatches, *The Observer*.
45. M. L. King Jr., *Where Do We Go From Here?*.

Embora sejam freqüentemente desconsiderados como idealistas pouco práticos – ambos passaram grande parte de suas vidas públicas lutando contra essa acusação de seus aliados mais próximos –, alguns críticos fazem uma pausa para avaliar que o enorme sucesso do Movimento de Direitos Civis e da luta pela independência da Índia se deu por causa de sua natureza não-violenta (com uma população de cerca de 330 milhões de pessoas antes da independência, a luta indiana pela liberdade continua sendo o movimento de independência anti-colonial mais bem sucedido de toda a história). À parte suas dimensões morais, a não-violência tornou possível a muitos americanos brancos verem o Movimento de Direitos Civis como sua luta também, e a muitos patriotas britânicos se posicionarem contra o colonialismo. Lutas violentas, por outro lado, incluindo as que combateram a escravidão ou o colonialismo, invariavelmente forçaram os moderados dos diferentes lados aos campos de batalha. Movimentos violentos bem-sucedidos produziram depois mais derramamento de sangue: armas usadas para obter liberdade raramente são abandonadas uma vez atingido o objetivo. A justiça pode ter vindo muito lentamente para Bobby Frank Cherry, mas a rapidez da retaliação poderia ter sido pior: "Através da violência", disse King, "pode-se matar um assassino, mas não se pode matar o assassinato. Através da violência, pode-se matar um mentiroso, mas não se pode estabelecer a verdade. Através da violência, pode-se matar o odioso, mas não se pode matar o ódio. A escuridão não pode apagar a escuridão. Somente a luz pode fazê-lo"[46].

***

Trabalhar no *The Washington Post* em 11 de setembro de 2001 me permitiu uma visão dos ataques ao World Trade Center e ao Pentágono que foi ao mesmo tempo íntima e aterrorizante. Para este capítulo contei com o extraordinário jornalismo produzido pelo jornal naquele dia e depois; também agradeço aos amigos e à família de James Gartenberg, que me permitiram entrevistá-los longamente logo após o falecimento dele no World Trade Center. Agradeço também a Ashwini Tambe o apoio e a inspiração.

---

46. M. L. King, Eulogy for the Young Victims of the Sixteenth-Street Baptist Church Bombing. Pronunciado na Igreja Batista da Sexta Avenida, Birmingham, Alabama, em 18 de setembro de 1963.

2. O Terror na Vida Cotidiana:
revisitando Mr. Kurtz

> *As histórias de marinheiros têm uma singeleza direta e todo seu significado cabe numa casca de noz. Mas Marlow não era típico (exceto em seu gosto de contar patranhas) e para ele o significado de um episódio não estava dentro como um caroço, mas fora, envolvendo o relato que o revelava como o brilho revela o nevoeiro, como um desses halos indistintos que se tornam visíveis pelo clarão espectral do luar.*
>
> JOSEPH CONRAD, *O Coração das Trevas.*

Leopold Nosek

O episódio dramático de 11 de setembro de 2001 nos colocou imediatamente diante de uma demanda de respostas. A perplexidade e o horror nos impõem temas como a psicologia do terrorista, as conseqüências do terror, a psicologia da situação de vítima etc. Somos chamados a opinar como se fôssemos externos aos acontecimentos sociais, ou seja, espera-se de nós que sejamos capazes de adotar um ponto de vista positivista: em si, um sinal dos tempos. Mas temos diante de nós o mistério das questões atuais de nosso tempo histórico, que nos assombra tanto quanto a nossos pacientes e aos comentaristas de outras áreas do conhecimento. Podemos nos manter, enquanto psicanalistas, no enquadramento específico de nossa disciplina? E se assim for, quais os limites desse enquadramento para a psicanálise? Deveríamos ter um enquadramento interdisciplinar? Se assim for, quais serão as condições para que não se perca a especificidade de nossa pesquisa?

É motivo de comemoração o fato de que psicanalistas ligados à IPA naturalmente queiram discutir questões atuais do seu tempo. Às vezes, devido a nosso alheamento, respondemos passivamente aos grandes movimentos sociais – como se na intimidade de nossos consultórios estivéssemos imunes à nossa comunidade, rastreando apenas movimentos de pulsionalidade ou do mundo interno. Em outros momentos, tendo ficado inertes diante de tendências que têm impacto em nós, acabamos sendo levados a atuar sem reflexão consistente. Não é difícil observar, por exemplo, que pressões do mercado, de políticas sociais de saúde, de marketing farmacêutico e tantas outras nos mobilizam.

Creio que os psicanalistas não devam se ater a uma resposta que atenda simplesmente às demandas, já que, consensualmente, em nossa prática clínica, temos o cuidado de não satisfazer desejos, mas, ao contrário, de mantê-los em suspenso, e assim criar caminhos abertos para construções civilizatórias. Também pretendemos alcançar uma eficácia ao não nos ater a sintomas e ao pesquisar raízes e componentes relativos a aspectos que nos surpreendem. Na intimidade de nossas sessões, traçamos o tortuoso trajeto do campo pulsional ao campo civilizatório.

Esta reflexão pode eventualmente tomar direção inversa se, ao perscrutarmos o horizonte social, formos capazes de encontrar formulações que fertilizem nossa reflexão metapsicológica, permitindo que novos trajetos clínicos se revelem. A amplitude de associações possíveis ao tema nos faz buscar ao menos um recorte para iniciar. Recordando a idéia de *mot juste* de Flaubert: ao contrário de outros realistas-naturalistas, cuja intenção era alcançar a verdade descrevendo perfeitamente todos os pormenores, Flaubert propunha que, a partir de observação e reflexão cuidadosas, se encontrasse o pormenor significativo que tornaria visível o que se queria revelar. O máximo de revelação é alcançado pela limitação do raio de observação. Assim, creio que, pelas razões seguintes, terrorismo é um rótulo – um termo impróprio para reflexão.

1. O termo "terrorismo" não tem definição consensual, a qual é objeto de discussão nos diferentes organismos internacionais.
2. É possível atribuir-se facilmente conotações ideológicas ao termo; portanto, a escolha da situação a ser definida como "terrorista" tende sempre a ser parcial. Além disso, manifestações de oposição a determinado regime são freqüentemente taxadas de terroristas: conforme o poder vigente, movimentos anti-colonialistas, de libertação nacional, anti-ditatoriais, de resistência a invasões são combatidos com essa acepção difamatória e repressiva.
3. Um grande número de antigos "terroristas" tornaram-se heróis ou chefes de Estado; eles inspiram respeito, e ninguém sugere seriamente que se deva fazer um estudo psicanalítico de suas personalidades.
4. Em algumas regiões – por exemplo, na América Latina – torna-se visível a diferença nas reações emocionais a episódios recentes: movimentos de oposição a ditaduras militares nessa região foram acusados de terrorismo, mas hoje assistimos a uma ampla reavaliação desse período.
5. Corremos o risco de considerar os fenômenos abarcados como fruto apenas de vontades individuais; desse modo, desconhecerí-

amos suas raízes culturais, sociológicas, econômicas, políticas e ideológicas.
6. O tema pode se tornar ainda mais amplo ao encontrarmos definições de Estados terroristas, povos terroristas, religiões terroristas, partindo dos diversos pontos de conflito.

Assim, creio que o termo "terror" fornece a proposta para o trajeto a seguir: evitando a expansão ampla demais do tema, deveríamos centrar nossas reflexões no estado de alma – tema mais adequado à especificidade de nossa competência. Se por um lado é fundamental nos posicionarmos em relação aos grandes temas da humanidade, nada nos autoriza a falar, enquanto analistas, com autoridade pretensamente científica acerca de temas ideológicos. Por outro lado, termos como terror, horror, estranho, sinistro, são do âmbito tradicional de nossa reflexão. Isto cria elos para que mais uma vez exploremos conceitos como neurose traumática, barreira de contato, representação onírica e tantos outros. Outra vantagem é que o termo "terror" permite também que não nos agastemos com questões que a contemporaneidade nos propõe. Finalmente, deve-se considerar que a própria prática psicanalítica pode ser vista como a busca do *mot juste*. A partir desse enfoque, a prática clínica não se centraria mais na interpretação do escondido, do inconsciente mas, ao contrário, na criação de linguagem, na passagem da barbárie para a civilização. Um deslocamento do enfoque de "onde havia inconsciente haverá consciente" para "onde havia o *id* pode haver o ego". Estamos focados no surgir do civilizado, na passagem de ato a pensamento e talvez, por que não, no pensar a passagem do terrorismo para a política. Obviamente, esta última proposição deve ser tomada como licença metafórica.

MEDÉIA

Talvez a humanidade não tenha mudado tanto no decurso dos séculos. Estamos acostumados em nossas reflexões a retornar, sempre com possibilidades de novas associações, os textos clássicos. Um deles é, paradigmaticamente para nós, o *Édipo* de Sófocles, e pouco tempo depois encontramos a *Medéia* de Eurípides. Não são mais personagens assombrados pelo desconhecido de um destino que se lhes impõe. São caracteres em sofrimento, vítimas de suas paixões e das circunstâncias que os envolvem. Em Eurípides, a humanidade dos personagens se faz intensamente presente pela radicalidade dos conflitos interiores. Comentaristas consideram a obra de Eurípides em consonância com a sociedade ateniense já em movimento de crise. Se em Sófocles as bombas vêm do céu, em Eurípides as rupturas vêm do coração.

Sumarizo aqui o drama de Medéia – talvez uma terrorista embrionária – sem me estender em comentários, dadas as limitações deste capítulo. Peço ao leitor que faça suas próprias associações com nosso tema. Medéia se caracteriza pelo ódio sobre-humano que se segue à profunda humilhação a que é submetida em função de sua relação, seu amor por Jasão.

Jasão, chefe da expedição dos argonautas, chega à terra dos bárbaros para se apossar do velocino de ouro. Já nessa época civilizados se achavam no direito da posse de novas riquezas. Essa conquista lhe traria recompensas em seu retorno. Nessa empreitada, contará com a colaboração de Medéia, filha do rei dos bárbaros, que se volta contra seu próprio povo. Graças a seus poderes de feitiçaria, Jasão consegue realizar sua proeza. Ao fazê-lo, Medéia, profundamente apaixonada, corta os laços com seu povo, a ponto de matar seu próprio irmão na fuga. Jasão possui o expediente, mas Medéia tem acesso aos mistérios e à magia.

Jasão e Medéia vivem harmoniosamente em Corinto por dez anos, mas então Jasão, empenhado em alcançar novas posições no reino, repudia Medéia para se casar com a filha do rei Creonte. Além disso, o rei ordena a expulsão de Medéia do reino, diante do casamento de Jasão. O enredo evolui de uma Medéia profundamente abatida, esposa traída e humilhada, para uma mulher possuída por um terrível propósito de vingança, que não se detém nem mesmo diante do assassinato de seus próprios filhos, de Creonte e da filha dele. Não poder permanecer nem voltar para sua terra de origem cria uma situação de impasse insolúvel. Magicamente, recorrendo ao sobrenatural – como critica Aristóteles em sua *Poética* –, após perpetrar o horror da vingança, Medéia parte de Corinto na carruagem de Hélio. Eurípides encenou *Medéia* pela primeira vez em 431 a.C.

Aristóteles nos ensina que a tragédia, para poder cumprir sua função, deve inspirar temor e compaixão, afastamento e aproximação do espectador. Em síntese, solidariedade e fuga são condições que permitem à tragédia provocar a imitação da vida que torne os personagens exemplares. Como conseqüência, através da identificação com os protagonistas acrescenta-se mais um passo à auto-reflexão humana acerca de seu destino e do horror. Isto nos permitiria pensar que somos potencialmente qualquer um dos personagens, inclusive Medéia. A grande diferença é a passagem da fantasia para o ato. A psicanálise nos ensina que em nosso interior habitam como fantasia todos os crimes, todos os amores e todas as solidariedades.

Aristóteles também nos fala que se, ao invés de horror e de pena, o texto provocar apenas o sentimento de monstruoso, a tragédia terá falhado em seu propósito. Se provocar apenas fuga e ausência de identificação, impossibilitará nossa reflexão. O horror isolado não nos permitirá o pensamento. Mas o horror existe, e este é o estado emocional que nos interessa não somente no recorte do terrorismo, como também na construção de situações clínicas com as quais nos deparamos cada vez com maior freqüência. O que estará em questão desde a *Poética* é a construção da representação, da particular síntese que a cria e permite sua existência e dos múltiplos trajetos que percorre em nossa interioridade.

TRAJETO METAPSICOLÓGICO

Desde o início de nossas vidas estamos expostos a estímulos internos e a estímulos do meio que nos rodeia, e, para dar conta dessa demanda permanente de trabalho, desenvolvemos um aparelho mental. O desenvolvimento e o funcionamento desse aparelho são o objeto de estudo da metapsicologia freudiana.

Na base do processo de constituição do psiquismo temos a busca de acomodação do impacto produzido quer pela demanda pulsional, quer pelos estímulos do mundo externo. Tudo isso fica registrado, desde o início, na forma de traços mnêmicos que sempre poderão ser reinvestidos e reativados.

Sem me aprofundar muito, gostaria de destacar que representações de palavra introduzem a idéia que liga a verbalização à tomada de consciência. Assim, é através da associação a uma imagem verbal que a imagem mnêmica pode adquirir a qualidade específica da consciência.

Para simplificar, poderíamos dizer que a cadeia de representações desenvolvida por cada indivíduo irá constituir o patrimônio pessoal, que determinará inclusive um estilo pessoal de resposta a novos estímulos. Como esse processo começa na infância, não será surpresa se o grau de competência não for necessariamente apropriado para a eficácia necessária das respostas futuras. Além disso, essas cadeias de representação são elas próprias origem de novos estímulos, o que também traz a possibilidade de novos desencontros. No nascimento da psicanálise, Freud dizia que os neuróticos sofriam de reminiscências – marcas de antigas representações que se mostravam impróprias para novas situações e novos estímulos.

Não cansamos de admirar os antigos gregos, pois, como infância da civilização, criaram representações que continuam férteis e nos instrumentam em nossas perplexidades atuais. Foram crianças sadias. Eurípides percebe isso, e na voz de Medéia fala da destruição que advém da ausência de representações para dar conta de uma situação dada:

> Com razão, diríamos que os homens do passado eram insanos, pois inventaram hinos para as festas, banquetes e outras comemorações, lisonjeando ouvidos já alegres; nunca, porém, se descobriram meios de amenizar com cantos e com as músicas das liras o funesto desespero, e dele vêm a morte e os infortúnios terríveis que fazem ruir os lares*.

---

* Eurípides, *Medéia*. (N. da T.)

Sofremos tanto pela má-formação da representação como por sua ausência: uma dará origem ao sofrimento, a outra ao horror.

A violência que cai sobre Medéia ultrapassa os signos sociais e se abate sobre a interioridade de sua feminilidade, de sua sexualidade e de seus sonhos. A resposta que ela dará irá além do consenso comunitário, será uma resposta carente de elaboração e pensamento: torna-se ação. Por outro lado, a tragédia em si é uma elaboração representativa que dá, à platéia da Grécia daquele tempo, o recurso pensante à luz do qual pudessem levar em consideração crises e guerras que viessem a exigir novas abordagens reflexivas.

A complexa obra de Freud rastreia essas formas organizativas em termos de diversos pontos de síntese parcial. Em "Projeto para uma Psicologia Científica"[1], falará de energia livre e energia ligada, uma descarga de energia que vem do interior e busca descanso. O trajeto do estímulo externo é marcado pelo impacto do choque com o aparelho psíquico, gerando energia interna. Essa energia, quando não encontra acolhida nas ligações psíquicas, é transferida para a motricidade e a ação.

O modelo de Freud torna-se mais complexo e alcança sua grande síntese em *A Interpretação dos Sonhos*[2]. Cria-se uma metáfora espacial, um modelo topográfico, com a postulação das instâncias psíquicas consciente, pré-consciente e inconsciente.

O modelo gráfico do capítulo VII de *A Interpretação dos Sonhos* tem uma direção – da percepção para a ação – e é povoado entre esses dois pólos por marcas mnêmicas de experiências. Há uma espécie de cortina que separa o inconsciente do pré-consciente. A partir dessa organização, forma-se um quadro seletivo daquilo que terá influência no pré-consciente. Criam-se dois meios específicos e dois modos de funcionamento, e o problema das fronteiras entre eles aparece como a questão que nos interessa aqui. O que separa as instâncias? Será apenas o meio específico ou o estímulo sofreria uma refração, como um raio de luz passando do ar para a água? Será uma estrutura como lentes? Será uma membrana com permeabilidades seletivas? Como se dão as trajetórias? Obviamente estamos usando modelos externos à estrutura psíquica – servem apenas para nos fazer pensar. De qualquer forma, o problema é focalizado e pode ser ampliado: qual a fronteira interior-exterior, masculino-feminino, vivo-morto, e talvez, no limite, a fronteira de qualquer qualidade psíquica? O que demarca as qualidades psíquicas, e o que as qualidades psíquicas contêm?

Nesse contexto – a compreensão do afeto –, angústia está ligada a dois temas: ao terror (susto) e à angústia propriamente dita. O terror se refere a uma imagem de energia excessiva que se esparrama sobre

---

1 S. Freud, A Project for a Scientific Psychology, *S.E.*, v. 1.
2. Idem, *The Interpretation of Dreams*, *S.E*, v. 4-5.

o *self* como uma inundação. Está ligado a patologias como neurose de angústia e neurose atual. A angústia refere-se mais especificamente a uma imagem, constituída no interior do aparelho psíquico, que nos assusta. Essas imagens, habitando o inconsciente, já nos aproximam dos quadros clínicos das neuroses fóbico-histéricas e obsessivo-compulsivas. Obviamente, a situação apresenta-se diante de nós com caráter duplo. O excesso pode acompanhar a imagem no inconsciente, ou seja, a angústia contém em si o terror, e este é acompanhado de imagens insuficientes, e além do mais impróprias, incapazes de conter e de tornar compreensível o terror.

Prosseguindo no exame da evolução dos modelos topográficos de Freud em *Além do Princípio do Prazer*[3], surge o modelo da vesícula. Freud nesse momento está fortemente envolvido com a neurose traumática, com os sonhos recorrentes e com dificuldades novas na atividade clínica.

O aparelho psíquico é visto como um organismo fechado que se protege através de uma membrana, tendo a função de atenuar os estímulos que a bombardeiam. A intenção é manter uma quantidade de energia constante, em equilíbrio estável. Quando a estimulação é excessiva, há uma ruptura dessa membrana, que extravasa uma quantidade de energia vivida como excessiva, incômoda, como dor mental ou terror. Essa energia, que é desvinculada de representações e, portanto, impedida de percorrer as cadeias associativas, começa a "agir por si", e através disso o aparelho psíquico é experimentado como um fato em si, uma coisa, algo concreto. Essa energia livremente flutuante, desvinculada de representações mentais, passa a funcionar a partir desse ponto como pseudo-pulsão, ou seja, como fonte de estimulação que busca abrigo na construção simbólica. Torna-se fonte permanente de angústia, ou, mais propriamente, de horror. Mas, mais uma vez, não nos fica claro o caráter verdadeiro das membranas. Como fronteira do território metafórico da vesícula, o próprio termo "fronteira" é um constructo metafórico que requer um movimento de ressignificação. A fronteira não será ela mesma um território? Note-se que a origem dessa estimulação pode vir do mundo social, mas, para produzir seu efeito, deve encontrar referência no interior do aparelho. Pode vir também da interioridade do mundo pulsional e se perder na ausência do encontro de ligações com o mundo externo.

Anos depois, encontramos o modelo último de Freud, com as estruturas definidas como "ego", "*id*" e "superego" – um novo modelo de vesícula como uma subdivisão, criando um inconsciente particular, constituído de fantasias esquecidas e assim mantidas, e um livre acesso do mundo pulsional (do *id*) ao ego como outra forma de inconsciente.

---

3. Idem, *Beyond the Pleasure Principle*, S.E., v. 18.

Mas voltemos à nossa questão acerca das fronteiras. A análise de Freud da autobiografia de uma pessoa paranóica, o caso Schreber[4], nos ensinou que a ruptura psicótica acontece com a retirada do investimento em objetos externos de amor. Ou seja, o mundo em si não tem sentido. Nesse estado mental, são nossas projeções que podem adicionar certo colorido ao mundo; sem elas o mundo torna-se frio, inabitável, tão inviável que a reconstrução delirante é eficaz como paliativo inadiável.

Ao mesmo tempo, sabemos que a pulsão não pode ficar restrita à interioridade do espírito humano. Busca estabelecer-se no interior de outro espírito. Esse é o movimento da vida, das relações humanas, das relações amorosas e suas vicissitudes, essa é a origem da sexualidade humana e do viver em comunidade. O movimento de aquisição de sentido tem dupla direção. Um pôr-do-sol adquire sentido pelo que nele colocamos, senão seria apenas uma esfera amarela. Ao mesmo tempo, necessitamos do sol para colocar em sua representação nossos estados de alma. Isso supõe uma particular permeabilidade entre o exterior e o interior. A fronteira deve proteger e comunicar. Há uma necessária dialética entre o indivíduo e sua comunidade básica. Ele sempre estará diante de dois riscos: perder-se em si ou perder-se no outro. Não há descanso nessa movimentação. O eu se espalha na comunidade e a comunidade entranha o eu. Essa é também a construção pulsional definitiva de Freud: pulsão de vida como vinculação e pulsão de morte como ruptura de ligações. Ambas componentes da vida, pois esta requer destruição e construções permanentes, já que a própria interrupção dessa dialética traria morte psíquica: a interrupção do movimento.

Mas vamos dar um salto teórico para a definição da constituição dessa peculiar fronteira. Consideremos os sonhos: sabemos que possuem uma face consciente e uma face inconsciente. Pela justaposição de seus elementos, podemos considerar que o território do inconsciente se forma de um lado e o do consciente do outro. Assim, seguindo escritores modernos[5], podemos vislumbrar uma nova função do trabalho onírico. Este passa não somente a povoar o espírito de sonhos, mas serão eles que constituirão a arquitetura da alma. Construídos os sonhos, podemos descansar. É de sua matéria que se constituem os elementos que nos permitem pensar. Apesar de sua presença ser mais visível na opacidade do sono e, portanto, na ausência da ação, ela é permanente. Essa membrana pode não se constituir e também pode ser insuficiente diante da radicalidade da experiência, ou pode mesmo esgarçar sua existência. De qualquer forma, é sempre um território

---

4. Idem, Psycho-analytic Notes on an Autobiographical Account of a Case of Paranoia (*dementia paranoides*), S.E., v. 12.
5. W. R. Bion, *Experiences in Groups*.

em construção: sempre necessitaremos de novas adaptações oníricas diante da transformação permanente do mundo. A criança encontra no mundo um patrimônio já constituído, um repertório de sonhos. A cultura lhe chega no âmbito restrito de suas primeiras relações, assim como as novas gerações encontram, para constituir sua história pessoal, a história pregressa – mitos, hábitos, organização cerimonial, arte, religião e conhecimento. Nesta reflexão, não me estenderei a respeito da forma dessa passagem. Mas considere-se que, assim como os indivíduos, os povos podem carecer de sonhos ou vê-los destruídos. Nessa esfera de ausência de sonhos, o passado não faz sentido, a atualidade carece de vida e o futuro não existe. A saída da dor é dada pela ação carente de reflexão. Nessa conjuntura, o projeto psíquico é apenas descarga, busca de alívio. Nessa situação, em que o passado não faz sentido e o futuro ainda não é vislumbrado, criam-se monstros. O monstruoso é o carente de sonhos. Sem estes não há lembrança, mas também não há esquecimento e, portanto, a conseqüência é ação pura. A matéria dos sonhos é necessária para a constituição da visão que temos da diferença entre vivo e morto, entre interno e externo, da diferença entre os sexos, da história e da atualidade do viver comunitário. Assim é para o indivíduo, assim é para os povos. Os sonhos também são o ambiente de gestação para novos sonhos. Os povos necessitam de seus símbolos, de seus mitos e de sua história para prosseguir. Nunca as cantigas de ninar nos falam de temas pastoris ou bucólicos. Embrulhados por música e pela voz da mãe os monstros passeiam, de forma que a criança poderá dormir, atravessar as fronteiras da vigília para o sono.

Essa é a importância da psicanálise, que colocou os alicerces do desvelamento do mecanismo dos sonhos; possivelmente, seu futuro dependerá de permanente reavaliação e criação de novas abordagens acerca do onírico. Em psicanálise, os sonhos não são somente objetos de escrutínio, mas também a forma e o meio da realização dessa pesquisa. Sua matéria abriga experiências humanas, e dela as experiências humanas adquirem sentido e se realizam com alguma eficácia. Sempre podemos revisitar Édipo, Medéia e tantos outros que, embora indispensáveis, nunca serão suficientes.

REVISITANDO MR. KURTZ

O poema de T. S. Eliot "The Hollow Men", de 1925, começa com as palavras do selvagem anunciando a morte de Kurtz – personagem de Conrad, que mencionaremos adiante. Sob o título encontramos "A penny for the Old Guy" – um dito das crianças inglesas. A conspiração de Guy Fawkes em 1605 para explodir a Câmara dos Comuns foi frustrada, e Fawkes executado. O dia da execução, 5 de novembro, é comemorado com as crianças fazendo efígies de Guy e pedindo moedas.

O Old Guy é bom, ou é mau? Quem sabe? O que significa com respeito à tradição?

Assistimos todos à queda das torres do World Trade Center. O impacto do sofrimento das vítimas anônimas, indefesas e inocentes, o esforço de solidariedade da comunidade imediatamente na seqüência do horror, tudo nos levou à esfera de identificação com os participantes do acontecimento. Aparentemente, assistimos tudo em tempo real, e tivemos a possibilidade de acreditar erroneamente que estivéssemos vendo os fatos em si.

Mas algo de essencial nos escapou. Reagimos em conjunto como o faz o indivíduo diante do traumático, nos estruturando de modo neurótico. Nossa rede de significações se esgarçou, nossa situação no mundo perdeu a familiaridade, não encontramos em nosso interior referência para conter o ódio que se revelava. Tampouco sabíamos da eficácia com a qual o ódio podia ser exercido, não sabíamos rastrear sua origem, não podíamos antever seus novos trajetos e os novos desdobramentos. Como na neurose traumática, não nos foram dadas suficientes redes associativas para que se restabelecesse a reflexão. Como na esfera do traumático, assistiu-se a uma repetição ao infinito das imagens até que o impacto aparentemente se atenuasse, até que tivéssemos a ilusão de alguma familiaridade com os acontecimentos ou de algum controle, de forma que no final já pudéssemos vê-las com tédio e abandoná-las, retornando supostamente aos nossos afazeres rotineiros. Afinal, aceitamos uma divisão simples entre bem e mal. Mas, como um fato não elaborado, o 11 de Setembro permanece na penumbra da nossa existência como uma pseudopulsão, continua a nos solicitar e continua a nos determinar como fato externo à nossa humanidade. O conceito de trauma pode ser útil para pensar nessa falta de elaboração em grupos muito grandes.

Já conhecíamos o horror de Auschwitz, o horror dos bombardeios de Dresden, o horror de Hiroshima e Nagasaki, o horror dos Gulags etc. Mas a cada novo episódio reabrem-se as velhas feridas. Qual o significado amplo da afirmativa de T. Adorno, de que após Auschwitz não é mais possível escrever poesia? Brutalizado, o indivíduo perde a delicadeza de alma que lhe permitiria demonstrar consideração por si e pelo outro. Como passamos a viver após a humanidade ter adquirido a capacidade de se autodestruir? Como equacionar isso com o fato de que a vida nunca foi tão longa, de que produzimos mais alimentos do que necessitamos, de que, por um lado, a velocidade do progresso aumenta a destruição, ainda que, por outro, amplas camadas das populações não terão acesso a esse desenvolvimento potencial que o progresso pode trazer? A resposta de Freud a Einstein sobre a guerra permanece válida. Mas não se pode explicar a guerra apenas pela irredutível pulsionalidade destrutiva. Freud põe em série complementar a pulsionalidade da morte e a capacidade de pensamento; na ausência desta, ficamos desamparados diante da destruição. Por outro lado, é a destruição que nos impulsiona na necessidade de mais pensar.

De acordo com minhas intenções para este capítulo, não pretendo formular conceitos, mas percorrer associações, não na expectativa de obter quaisquer explicações, mas sim de constituir um meio para uma resposta reflexiva. Diante do impacto que carece de representação imediata, não temos alternativa a não ser iniciar buscando associações prévias que foram úteis no passado.

Assim, esse evento espetacular, transmitido ao vivo como uma obra de estética pós-moderna, é uma performance em que o autor e o espectador penetram na obra de uma forma tão radical que ambos irão perecer. Esse fato foi denunciado com escândalo por Stockhausen durante entrevista ao Norddeutscher Rundfunk, em 16 de setembro de 2001: "Os ataques do 11 de Setembro são a maior obra de arte de todos os tempos"[6]. Posteriormente, ele reafirmou isso: "a maior obra de arte de todo o cosmos", disparando enorme discussão em todas as revistas alemãs, especialmente na *Der Spiegel,* de 18 de setembro de 2001 – "Dez anos preparando um espetáculo de mídia em escala global, com uma platéia de bilhões de pessoas – é algo com que um músico sempre sonhou".

Nessa obra de horror, permanecemos como o espectador atual diante da obra de arte. Este tem que criar o conceito, ou ao menos tentar preencher o vazio conceitual e figurativo da obra com sua subjetividade. A obra estética não é mais a construtora do mundo de significação, mas o grito pedindo significação.

Não tenho, então, alternativa: já que não posso criar *ad hoc* o significado, a obra, a estética e o sonho, recorro a sonhos já percorridos. Seu uso em nova configuração os renova: não são mais pontos de chegada, mas pontos de partida para novos sonhos. Talvez mesmo em nossa clínica não valha mais a pena percorrer o trajeto dos sonhos de forma retrospectiva, buscando sua origem; talvez, como ponto de partida para novas construções, devamos utilizar de forma retrospectiva sonhos já construídos. Afinal, a experiência demonstrou que com maior freqüência, ao contrário do que nos ensina o senso comum, a interpretação antecede a lembrança dos sonhos. Não é o sonho que busca interpretação: o sonho não inicia o trabalho analítico, mas o conclui.

Portanto, tomo como ponto de partida a lembrança do filme de Francis Ford Coppola *Apocalipse Now!*: a intrincada obra de arte que, usando como contexto a Guerra do Vietnã, reflete a respeito do permanente choque entre "bárbaros" e "civilizados". Recordo o paradoxal colonizador interpretado por Marlon Brando – Coronel Kurtz –,

---

6. "Das grösstmoeglich Kunstwerk was es je gegeben hat", literalmente, a maior obra de arte que já houve.

que por seu temperamento colonizador particular precisará ser eliminado por um novo colonizador. O filme tem elementos de nostalgia e de desencanto por um tempo em que os bárbaros podiam ser discriminados dos civilizados. Kurtz, a criatura, terá que ser destruída pelo sistema que a engendrou.

Mas essa associação me leva um pouco além. O filme teve como inspiração o romance de Joseph Conrad *O Coração das Trevas*, publicado em 1889. Nascido na Polônia em 1857, Conrad, após ampla carreira no mar, chega a capitão da Marinha inglesa. Encerra essa etapa em 1894, iniciando carreira como escritor e tornando-se um dos mais importantes literatos da língua inglesa na passagem do século XIX para o século XX. O livro, através de um narrador (Marlow), relata a expedição de busca no interior do continente africano do misterioso personagem Kurtz – um colonizador muito peculiar e sinistro. Comentaristas consideram que o romance pode ser lido em duplo registro: como expressão da violência colonialista do pensamento civilizado ou ainda como metáfora em que a travessia do rio africano corresponderia a uma viagem na interioridade de estados primitivos, obscuros e rapinantes da alma humana. Esse duplo caráter dá ao romance o aspecto de universalidade que permite a T. S. Eliot usar as palavras do selvagem mencionadas acima em "The Hollow Men", e que, por sua vez, referem-se a uma resposta emocional ao período pós-Primeira Guerra Mundial. A Primeira Guerra Mundial foi um conflito que redividiu o mundo colonizado. Ela assombrou o século com sua violência inesperada, e foi o passo inicial do que se tornou para nós, homens do século XX, uma série contínua de novas formas de horror. Repetidamente fomos atropelados, sem ter tempo para que o pensamento alcançasse os acontecimentos em termos de elaboração reflexiva, e muito menos de chegar ao domínio dos fatores que regiam essa escalada. Lembrem que a Primeira Guerra Mundial começou com o *slogan* de que seria "a guerra que acabaria com todas as guerras". O marxismo foi insuficiente, assim como as teorizações freudianas acerca de violência intrínseca do ser humano. Talvez Conrad, talvez o poema, talvez Eliot tenham mais a nos dizer, pois aí a história estará acompanhada dos estados de alma correspondentes. Eis um exemplo da construção de sonhos socialmente compartilhados. Talvez esse seja um exemplo da matéria de que são constituídas as fronteiras – difícil conceito que nós, enquanto psicanalistas, buscamos.

Essa universalidade permite que Coppola use, oitenta anos depois, o tema de Conrad em sua brilhante denúncia da Guerra do Vietnã. O misterioso rio africano se desloca para as profundezas do sudeste asiático, em que ocorre novo choque entre a sociedade "civilizada" e culturas estranhas. Aliás, o romance de Conrad se inicia recordando os possíveis climas com que os primeiros invasores romanos se defrontaram ao subir o rio Tâmisa. Não é por acaso que o motivo para este livro seja um novo choque entre bárbaros e civilizados. Mas temos novas formas de luta e novas formas de comunicação – assim é a variável da difusão televisionada das guerras em tempo real, da apresentação da guerra dos civilizados como guerra sem sangue, simples espetáculos cirúrgicos de desinfecção de elementos contaminantes. Uma pergunta permanece: será possível que o preço dos conflitos seja pago apenas por um dos componentes da contradição? Ouso colocar aqui um pequeno parêntese que, espero, ilustre a direção que pretendo tomar por toda esta reflexão.

A luz vem da televisão diretamente ao espectador: traz no seu próprio instrumental a tentação de criar a mentira da apresentação real, excluída a subjetividade e a criação de quem assiste. É também um instrumento que não requer o apagar de outras luzes do ambiente. Confia em sua potência. Em sua dimensão real cria a mentira. Por outro lado, filmes são instrumentos mais frágeis, requerem que outras luzes silenciem. Sua luz vem de trás do espectador, alcança a tela, reverbera; não tem intenção da "verdade", requer a participação da fantasia de quem assiste. Graças ao paradoxo de sua dimensão de ilusão, ganha verdade.

Espero que essa metáfora dos meios comunicativos ilustre, com mais uma associação, a matéria da qual são feitas as fronteiras. Nossa arquitetura é feita da matéria de sonhos. São nosso esqueleto, nossa carne e nossa pele.

Mas retornemos a Kurtz. Ele é caçador de marfim – uma espécie de aventureiro moderno em busca do velocino de ouro. Já existem teorias psicanalíticas sobre os abusos pós-Primeira Guerra, extensa bibliografia sobre o Holocausto e acerca dos sobreviventes, inclusive das gerações seguintes. O abuso traumático tem sido objeto de amplas considerações. Na verdade, esse tem sido o ângulo mais abordado pela mídia internacional. Também foi amplamente comentada a reflexão acerca das populações desenraizadas, bem como a rotina de desconstrução da subjetividade a que suas vidas são submetidas.

Voltando a Kurtz: Marlow, o narrador, explica que Kurtz é uma criação – toda a Europa contribuíra para criá-lo, e afinal a criatura termina por se voltar contra o criador. Não esqueçamos que uma suposta Sociedade Internacional para a Supressão dos Costumes Selvagens encarrega Kurtz de elaborar um relatório para a sua futura orientação. O seu relato, em meio a exortações ardentes em direção ao bem e louvores ao progresso da civilização, termina com a candente exortação: "Exterminem todos os brutos."

Kurtz está solto no ar: torna-se um Deus, pois as limitações da existência humana não o atingem mais. Para ele, a expropriação da riqueza local é um desencadeante. Sua loucura se estabelece na medida em que, com sua licença expiatória, pode situar-se acima da lei e da construção de sua cultura. Recordo aqui o jovem Werther, de Goethe, que também deixa seu lar e que, tomado de sentimentos de superioridade, com outra configuração ideológica, de amor à natureza e de amor romântico, chega a um desenvolvimento que se tornou epidêmico em sua geração: vale a pena o suicídio por amor. Que tema teríamos para outra ocasião, o fundamentalismo do amor romântico! O amor em si pode ser traumático e ser vivido como uma irrupção que esgarça as membranas. Onde o amor não encontrar a música que o represente, que alternativa teremos além do fundamentalismo? Mas, se me considero bastante distante para não fazer considerações sobre motivações inconscientes de terroristas suicidas, então eu creio que as esquisitices religiosas de toda ordem com as quais convivo não me assombram. Tampouco, até muito recentemente, me ocorreria pensar no uso do termo "fundamentalismo" para as formas amorosas com as quais coabito. De qualquer forma, há uma surpresa consensual, pois alguns dos terroristas suicidas que vemos nas telas não são feitos de substância diversa da nossa. Sentimos que necessitamos de algo que os coloque fora, que os coloque no campo psicopatológico.

Mas não vivemos hoje a radicalização da Companhia que cria Kurtz? Não vivemos a expansão desenfreada do fundamentalismo do lucro? Nossa religião do dia-a-dia, a que Deus serve? Nossas formas de informação, a que senhores servem? Não estamos na presença do fundamentalismo do mercado de ações? Não são suas manifestações que se tornam muitas vezes nossos guias?

O Coração das Trevas nos permite a aproximação metafórica com a Companhia onde tudo se inicia, com os selvagens, os funcionários e com Mr. Kurtz. Mas, neste momento, quero me deter em Marlow, o narrador da história. Marlow é um personagem profundamente tocado pela realidade na qual trafega, e se perde em perplexidade. Falta-lhe orientação, falta-lhe recurso representativo, assim como recurso comunicativo. Ao se deparar com a nova paisagem e os novos percalços, revela-se a ele sua própria desorientação. Talvez possamos vê-lo como o homem anacrônico no mundo novo, em um estado que nos atinge a todos, mas que se torna mais agudo e mais visível em momentos de crise.

"Vocês vêem? Vêem a história? Vêem alguma coisa? Me parece que estou tentando lhes contar um sonho – fazendo uma tentativa inútil, porque nenhum relato de sonho pode transmitir a sensação de sonho, aquela mistura de absurdo, surpresa e espanto numa situação de revolta tentando se impor, aquela noção de ser tomado pelo incompreensível que é da própria essências dos sonhos [...]"

Ele ficou em silêncio por alguns instantes.

"[...] Não, é impossível; é impossível transmitir a sensação viva de qualquer época determinada de nossa existência – aquela que constitui a sua verdade, o seu significado, a sua essência sutil e contundente. É impossível. Vivemos como sonhamos – sozinhos [...]"

Ele se calou de novo, como quem está pensando, então acrescentou:
"Claro, nisto vocês, rapazes, vêem mais do que eu poderia na ocasião. Vêem a mim, que vocês conhecem"[7]

Em sua narrativa, Conrad mais uma vez descreve e traz à tona uma questão de método. Mas, se sonhamos sós, construímos nossa capacidade de sonhar em vínculos. Esse conhecimento é patrimônio psicanalítico, constitui nossa essência.

ANOMIA E O GENOCÍDIO DE ALMAS

A psicanálise nos ensinou desde seu início que ao rastrearmos um sintoma ou uma patologia encontramos depois, inevitavelmente, uma forma geral que habita a normalidade: assim foi o permanente movimento da passagem da psicanálise de uma psicopatologia para uma psicologia geral. Assim foi com a histeria, com as diferentes formas de neurose, com a psicose, e atualmente com as patologias de estados-limite.

As sociedades, assim como os indivíduos, sofrem transformações a partir de sua dinâmica interior e em resposta a impactos que vêm do exterior. Há elementos que permanecem constantes em sua referência e o desenvolvimento de alterações que não encontram representação prévia. Um exemplo até simplório seria a crise da adolescência: além dos elementos edípicos que sofrem um recrudescimento, há o fato traumaticamente novo de que o individuo repentinamente dobra o seu tamanho e adquire uma competência anatômica que não possuía. Além da reelaboração de elementos antigos, terá que realizar novas construções mentais para dar conta de uma nova realidade de vida, e ainda um processo de construção de luto pelas representações e realidades que já não são suficientes.

O terror do 11 de Setembro se apresenta como um sintoma. Permanecem os elementos que vimos em Medéia ou em Conrad: avidez, cobiça, exploração, divisão da sociedade em classes, apropriação de riquezas, dominação e assim sucessivamente. Mas há um elemento novo. Riqueza – a concentração do capital – adquire uma potência que, pela sua magnitude, introduz um novo fator. O capital privado adquire poder de investimento e de ação que ultrapassa a potência dos Estados nacionais, e estes, que existiam em alguma harmonia e facilitavam a movimentação dos valores e investimentos, tornam-se um empecilho, e como tal são tratados.

Seguindo o crescimento do capital privado e a diminuição de possibilidades reguladoras dos Estados, o grau de competição se amplia imensamente, a velocidade do ciclo econômico se acentua, o espaço

---

7. J. Conrad, *O Coração das Trevas*.

perde seus limites tradicionais, o emprego fica rarefeito, algumas formas de produção são lentas demais para o ciclo econômico, separa-se ainda mais o capital especulativo do capital produtor. Esta mesma produção vai necessitar capacidade de investimento cada vez maior, e o trabalho, ao se tornar mais competitivo, também necessitará concentrações de eficácia crescentes. O ciclo produtivo do indivíduo se encurta ao mesmo tempo em que sua expectativa de vida se estende; a segurança se desfaz, ao mesmo tempo em que o trabalho se torna descartável e a possibilidade de garantia para o futuro se perde – afinal, os ciclos são cada vez mais rápidos. Para a eficácia da produção, até mesmo a diferença de sexos se desfaz.

Sem as funções reguladoras sociais, é como se voltássemos aos momentos iniciais do capitalismo, sem defesa dos indivíduos diante de "forças cegas" socioeconômicas. É claro que esse movimento ocorre com lutas, conflitos, contradições internas etc.

Para o que nos interessa neste capítulo, há uma ruptura mais acentuada e rápida entre as formas do viver social e as representações que esse viver irá requerer. Não se pode mais contar com formas tradicionais de cerimônias, com ritos de passagem, costumes sociais, formas de relação, estruturas de fé, e não é nem mesmo confiável uma expectativa quanto às formas de organização familiar. Voltamos à reflexão de Emile Durkheim sobre anomia[8]. Fruto de mudanças econômicas, perdem-se as regras morais, as organizações do viver comum. Geram-se assim níveis crônicos de violência. A perda de valores de referência de uma comunidade é mais forte do que a guerra. Os indivíduos passam a mover-se num mundo carente de referências, sem um aconchego dado por um patrimônio de representações comuns aos que convivem. Deixa de haver um patrimônio básico que lhes serviria no trajeto de construir um sonho individual. A comunidade deixa seus membros soltos. Algumas vezes isto é propagandeado como um incremento da liberdade individual, mas tal é apenas uma ilusão ideológica: o que se passa, de fato, é uma desproteção social, tornando os indivíduos presas ainda mais fáceis das leis da economia, que obviamente geram um movimento para a perpetuação de sua lógica própria e não necessariamente do aprimoramento humano. Não é esse o campo do fundamentalismo dos mercados de ações?

Vimos que indivíduos precisam do outro para que seu mundo pulsional se estabeleça e ganhe vida. Para adquirir sentido, o outro também requer o *self*-objeto. Com a quebra dos contratos básicos diante da inexistência de formas tradicionais de inserção e de relações sociais, não adquirem vida, auto-percepção ou alteridade. Se o *self* não se constitui, não há o outro. Nesse contexto, "verdades" sem reflexão crescem: tornam-se o caldo de cultura para todo tipo de

---

8. E. Durkheim, *The Division of Labor in Society*.

fundamentalismo. Fundamentados na teoria política clássica, sabemos do aspecto suicida que o ato isolado do terrorista pode ter sobre uma causa. Assim, ao lado da destruição de inocentes, o fundamentalismo e o terrorismo destroem boas causas.

O indivíduo fica vulnerável: os estímulos externos o agridem e tomam facilmente o caminho do traumático. Por outro lado, o *self* não se contém e toma o caminho do abuso. Cria-se uma sucessão de eventos traumáticos. Em uma série de estudos, Shengold[9] postula o termo "assassinato da alma" para a situação de abuso infantil. A criança, diante da sedução amorosa, da agressão ou da privação externa, em que seus próprios estímulos internos se comportam como traumáticos, gera estruturas mentais de vazio, e o traumatismo é deslocado para a ação, tornando-se assim uma nova estrutura abusiva.

Além de constituir uma estrutura de agressão física, os eventos do 11 de Setembro são um abuso psíquico potencial; tornam-se também um assassinato de almas.

Mas gostaria de seguir outra direção e considerar a situação recente na América Latina ou, mais especificamente, a conjuntura brasileira relativa ao tema.

Em meados dos anos de 1960, quando se instala a ditadura militar no Brasil, ocorre um incremento da atividade econômica, resultando na entrada abrupta e intensiva do capitalismo no campo. Estruturas de agricultura familiar, plantio a meia, colonos que moravam nas unidades produtivas – tudo se desfez, e houve enorme deslocamento das populações rurais para as cidades. Considere-se que em 1969 a população brasileira era de aproximadamente noventa milhões de habitantes, metade vivendo no campo; e que em 2000 a população é de 170 milhões, sendo a parcela rural de apenas 18,75% do total. Além das mudanças gerais que ocorrem no mundo, pode-se acrescentar que, no decurso de uma geração, as cidades brasileiras aumentaram sua população em oitenta milhões de pessoas.

Não é difícil imaginar o potencial disruptivo dessa associação de crescimento, êxodo rural, mudança de costumes, lutas incompletas pelas transformações, mudanças nas formas produtivas de organização das famílias e de relações de solidariedade comunitária. Isso, ao lado das novas formas de produção econômica e da desestruturação do Estado na ausência do tempo necessário para a sua devida elaboração, cria situações agudas de privação social. Os números atingiram proporções epidêmicas, e sinto que chamar esse movimento de "genocídio de almas" não seria exagero. Não é uma violência ruidosa, visível, mas, ao contrário, uma violência silenciosa, feita da matéria bruta das carências de bases para construção da humanidade de cada um.

9. L. Shengold, *Soul Murder*.

O olhar responsável se detém sobre problemas de alimentação, moradia, saneamento básico, doenças etc. Note-se que são cuidados que uma muda, uma planta requer: abrigo, adubação, água, combate às pragas. Mas seres humanos requerem mais – prazer, vínculos, cultura, arte. Humanidade se constrói para além da necessidade. Esse é o campo do abuso, da privação. Nesse âmbito podemos pensar a estruturação de duas formas de terror: o terror por excesso, violência, rupturas de fronteiras, e o terror por carência, silêncio, ausência de construção de fronteiras ou ruptura interna de fronteiras.

Mas, observando um pouco além: se esse movimento histórico ocorre em silêncio, ou se ao menos a estrutura repressiva atua deslocadamente, os protagonistas verdadeiros estão ocultos, e o momento seguinte será ruidoso. Nossas cidades são violentas; seqüestros, assassinatos, tráfico de drogas atingem proporções de guerra civil e nada ficam a dever a locais onde a guerra é explícita. Provavelmente nossas estatísticas poderiam ser comparadas às do Oriente Médio ou dos Bálcãs.

Populações privilegiadas se protegem atrás de muros como em fortalezas e trafegam em carros blindados. Mas barbárie e civilização podem ser separadas como se existisse a hipótese de higienização da humanidade? Não são pares complementares da mesma estrutura? E de que barbárie estamos falando nesses projetos de limpeza de Mr. Kurtz, de exterminar os brutos? Quais são, afinal, os limites do terror? Quem detém o patrimônio fixo da responsabilidade e da vitimização?

O aumento da competitividade advindo de enormes acúmulos de capital e o aumento de exigência de eficácia e de desempenho exigem trabalho individual para desconstruir relações básicas não só na periferia do sistema, mas também em seu centro. A temporalidade se acelera até o desvario, e o espaço se esgarça até se estruturar como infinito ou vazio. Assim, a patologia clínica de nosso tempo não tem aquela maravilhosa construção de sintomas a que Freud costuma se referir: faltam-lhe sentido e simbolismo.

Nossos consultórios estão cheios de queixas de falta de sentido, anorexia, bulimia, pânico, depressões sem figurações, patologias de pobreza construtiva, patologias de ausência de intimidade, patologias psicossomáticas. Somos levados a retomar uma linha teórica que se inicia com a pulsão de morte na membrana atenuadora dos estímulos, de que nos fala Freud em *Além do Princípio do Prazer*[10], na ausência da barreira de contato de que nos fala Bion, em suma, na falta de um aparelho construtor de sonhos e de um conseqüente patrimônio onírico. Falta simbolização, representação e fluidez nas cadeias associativas de nossos pacientes.

Assim, não é coincidência que "The Hollow Men", poema de Eliot, inicie com a citação sobre a morte de *Mistah* Kurtz. O movimento social

---

10. S. Freud, *Beyond the Pleasure Principle, S.E.*, v. 18.

explode e seus fragmentos têm conseqüências em todos – vítimas e algozes, "selvagens" e "civilizados", colonizados e colonizadores. O que precisamos fazer é diferenciar a ordem de seus efeitos.

No centro da metrópole, os personagens de Eliot caminham isolados, carregando a herança cultural da humanidade em fragmentos, buscando unidade, buscando sentido, buscando Deus – uma demonstração de religiosidade em busca da divindade.

Assim como o Marlow de Conrad, contamos histórias, mas seu significado mais profundo nos escapa. Caminhamos entre "Companhias", "selvagens", "funcionários" e os bizarros Kurtzes. Como Marlow, tentamos organizar nossa narrativa. Assim, estaria *Mistah* Kurtz realmente morto, ou sua presença é mais volátil e mais obscurecida por um acúmulo de disfarces permanentes? As Companhias e os selvagens se transformaram. O que é o tráfico de marfim comparado com o atual comércio de drogas e de armas? Que números atingem a violência e o tráfico de seres humanos? Cresceu o horror. Nossos tempos nos colocam diante da desconstrução de almas, de carência dos poderes onírico e poético. Não está diante de nós a necessidade de novos desenvolvimentos metapsicológicos, da metapsicologia da construção de fronteiras, da clínica desafiadora das patologias dos estados-limite, de um novo paradigma, onde havia o paradigma do sonho?

Seguindo o psicanalista francês André Green, abandonamos a idéia dos estados-limite definidos pela fenomenologia clínica para atravessar o limiar da reflexão metapsicológica de limites psíquicos.

Muitos anos atrás, o psicanalista Ernst Federn propôs essa idéia, e em suas reflexões outros psicanalistas – Laplanche, Winnicott, Bion – investigaram a compreensão da definição de limites. O percurso pode ser estabelecido pelos limites do ego, pelos limites entre as instâncias, limites *self*-outro etc. Com Bion e Winnicott radicalizamos a idéia do sonho como constituinte do território da fronteira. Ao abordar o sono, incluímos o jogo, a religião e a arte como construtores de limites – é a cultura em seu sentido mais amplo entranhando o dia-a-dia.

Na patologia de estados-limite, a angústia se expressa em duplo sentido: o indivíduo sente medo que seu *self* interior seja "mordido" pelo objeto e também tem medo do deserto do abandono do objeto, que não está disponível para ser investido. A ausência de solução para essa dialética vai configurar o terror. Proximidade é terror de fusão nuclear, e agastamento é terror de fissão nuclear. Nesse impasse, a comunidade básica indivíduo-ambiente se desorganiza, e a comunhão consigo mesmo se esvai.

Nossa prática clínica se transformará inevitavelmente. Não haverá mais lugar para aparentes neutralidades. Seremos chamados a participar com maior radicalidade, pois nossa tarefa não será apenas de estar com nossos pacientes só temporariamente, mas de estar com eles permanentemente, construindo uma poética ou, melhor ainda, sonhos compartilhados que dêem conta do viver: não mais intérpretes de sonhos, mas construtores de sonhos.

No vazio do mundo, a necessidade da arte, a necessidade do não-necessário, se tornará ainda mais intensa. Nesse momento, como podemos falar da crise da psicanálise? Impossível, pois se a necessidade desaparecer do horizonte, o essencial da arte, da construção do humano, se apresentará com radicalidade cada vez maior. O demônio será gerado no silêncio de nossas necessidades e desconstruções. Na ausência da arte, haverá terror – mais do que tudo, o terror ruidoso que destrói, que surge como desempenho pseudo-estético, que, em vista de seus excessos, não permite o crescimento da apropriação do destino humano. E mais silencioso e de proporções mais epidêmicas é o terror da necessidade, da privação de instrumentos, da formulação de destino humano. A morte se estruturará na ausência de pensamento. Quando o ruído for introduzido, será tarde demais.

É assim que Eliot termina seu poema, afirmando que o mundo expira, expira, expira – não com uma explosão, mas com um lamento.

3. Terrorismo e Vitimização:
dinâmicas individual e de grandes grupos

Sverre Varvin

O terrorismo tem uma longa história e já teve várias faces. O termo "terror" provém da Revolução Francesa, quando Robespierre encenou *"le grand terreur"*. Posteriormente, ele foi condenado e levado à guilhotina sob acusação de terrorismo.

De 1090 a 1273, os Assassinos, um grupo xiita (os ismaelitas nizari) tinha inúmeras fortalezas nas longínquas montanhas do norte da Síria e do norte do Irã. Durante esse período, eles aterrorizaram os sunitas e também os cristãos, por longo tempo, usando o hoje bastante conhecido método de ataques suicidas. Conseguiram matar muitos e espalhar o medo com seus métodos brutais, mas seu objetivo – converter pessoas – não teve sucesso[1].

Em 1878, o comandante da cidade de São Petersburgo, o general Fjodor F. Trepow, foi assassinado no primeiro ato terrorista significativo da Rússia tsarista. O Narodnaia Volia, grupo por trás do assassinato, via os atos terroristas como uma "triste necessidade" em sua batalha contra a repressão tsarista e contra o capitalismo. Esse grupo, assim como o subseqüente Partido Revolucionário Social (fundado em 1902), tinha como alvo a elite do poder na sociedade e poupava "inocentes" – por exemplo, cancelando o ataque se a pessoa mirada aparecesse com esposa e filhos[2].

---

1. J. Lund, *Den Store Danske Encyclopedi* (A Grande Enciclopédia Dinamarquesa).
2. W. Laqueur, *Die globale Bedrohung*.

Em 1979, ocorreu a revolução islâmica no Irã, e surgiu a idéia de exportar a revolução, o que implicou a exportação do terrorismo e a ajuda a grupos terroristas fora do país. No mesmo ano, o Exército Vermelho invadiu o Afeganistão, e os combatentes islâmicos de todo o mundo islâmico uniram-se na *jihad* contra os comunistas. Osama bin Laden surgiu como líder, e a luta deles foi apoiada pelos Estados Unidos. Dez anos depois, em 1989, quando o exército soviético se retirou do Afeganistão, os "combatentes da liberdade", que tinham tido pouca educação a não ser como soldados, retornaram desanimados a seus países de origem, e muitos se afiliaram a diversos grupos extremistas, alguns deles conduzidos por Bin Laden.

Entre 1874 e 1989, os métodos, as motivações e as justificativas para o terrorismo mudaram significativamente, e o terror e o terrorismo tornaram-se o método preferencial para uma ampla diversidade de grupos e Estados com objetivos políticos, sociais e religiosos bem diferentes. Nos últimos anos, grupos com ideologias fundamentalistas e com tendência a soluções violentas surgiram no mundo todo.

O objetivo deste capítulo é fazer uma introdução ao estudo psicanalítico do terrorismo e dos movimentos terroristas, com ênfase especial nos processos mentais e na dinâmica de grandes grupos envolvidos. Argumentaremos que o terrorismo e o terror não podem ser entendidos apenas em referência a fatores sociológicos, como pobreza, constelações políticas e lutas pelo poder, ou mesmo a acontecimentos históricos. São necessários instrumentos teóricos e analíticos que possam apreender a mediação entre a realidade social e a vida interna do homem, os processos inconscientes envolvidos na formação e no desenvolvimento de grupos violentos e a dinâmica de grandes grupos envolvidos em situações de conflito. A psicanálise, em um diálogo interdisciplinar com outras ciências, propicia a oportunidade de um estudo mais profundo dessas forças mediadoras, assim como o entendimento a respeito da dificuldade de interromper esses processos destrutivos de grupos, uma vez iniciados.

A *Grande Enciclopédia Dinamarquesa* nos dá uma definição contemporânea de terrorismo:

1. Violência, freqüentemente contra inocentes ou inculpáveis, executada por indivíduos, grupos ou redes com o propósito de forçar mudanças políticas e/ou de chamar a atenção para uma mensagem política ou religiosa.
2. Terrorismo de estado, entendido como violência de Estados contra a população de seu próprio país ou contra a população de outros países a fim de assegurar seu poder político ou de mandar um aviso a terceiros[3].

---

3. J. Lund, op. cit., p. 14.

Os processos mentais e a dinâmica de grandes grupos envolvidos nas duas situações diferem, ainda que haja similaridades e não existam limites explícitos. Enquanto a primeira situação pode envolver uma motivação mais profunda, baseada em crenças religiosas, por exemplo, ou em convicções políticas, e na dinâmica de grandes grupos associada à identidade enquanto membro de um grupo étnico, religioso ou de outra ordem, a motivação para participar dos atos terroristas na segunda situação baseia-se, em grande medida, em atitudes autoritárias e/ou medo de punição, caso as ordens não sejam seguidas. A capacidade de realizar atos terroristas que envolvam morte ou dano físico a inocentes pressupõe mudanças de personalidade que podem ser temporárias, causadas por pressões do grupo, ou podem ser traços mais permanentes de personalidade. Em qualquer um dos casos, pode-se observar a dissociação de aspectos da personalidade relativos à percepção e à vivência das vítimas em potencial enquanto semelhantes e seres humanos. Muitas vezes, há uma perda parcial do teste de realidade e a imersão em um estado mental em que há apenas "uma solução". Nesse estado mental fundamentalista e terrorista, o participante apresenta um comportamento assassino, com falta de consideração pela vida humana. O efeito disso é o desenvolvimento de um estado de medo nas pessoas e na população afetadas.

O pesquisador alemão em violência, Waldmann, reconhece a diferença entre a violência organizada pelo Estado e a violência/terror que vem da população; preferindo reservar o termo "terrorismo" para esta última categoria de violência, enquanto chama a violência organizada pelo Estado de "terror" (aqui pode haver diferenças semânticas mais importantes em alemão do que em inglês*). Baseado em pesquisas sobre o terrorismo até os anos de 1990, ele enfatiza duas importantes diferenças, que podem ser sintetizadas como segue:

1. O terror que vem da população geralmente ceifa menos vidas. Na maioria das vezes isto é verdadeiro. O número de mortes sob o terror de Estado promovido por Stalin, Hitler e Mao Tse Tung excedem qualquer ação terrorista de qualquer grupo de resistência. Porém, os recentes ataques a Nova York e a Washington e toda a especulação de que os grupos/redes de terroristas podem obter armas NBQ** diminuem a importância dessa diferença.
2. Grupos ou redes de terroristas são fracos e, muitas vezes, pequenos, e é preciso levar em consideração o fato de que eles precisam do apoio de setores da opinião pública e também precisam

---

* E o mesmo se aplica ao português. (N. da T.)
**Armas nucleares, biológicas e químicas (sigla ABC ou NBC em inglês). (N da T.)

atrair partidários. Isso, até agora, estabeleceu limites para o uso da violência. O ato terrorista precisa ter valor simbólico político ou ideológico, ao menos para certos grupos. O terror de Estado baseia-se em poder de governo e não precisa buscar tanto apoio para suas ações. O principal objetivo parece ser com mais freqüência a disseminação do medo, a fim de solidificar o poder.

Waldmann sustenta o ponto de vista de que o terrorismo é primeiramente uma estratégia de comunicação. É a estratégia dos fracos e dos impotentes que a promulgam para passar uma mensagem e, muitas vezes, para alcançar objetivos políticos e/ou práticos. A destruição e a matança fatuais não são o principal objetivo, mas o instrumento. Os atos terroristas, ademais, dependem de uma situação social de relativa paz para atingir seu efeito, que, em sociedades democráticas, são então engrandecidos pela atenção da mídia de massa. Waldmann chama o terrorismo de "guerra de baixa intensidade", em contraste, por exemplo, com as guerras entre Estados, que podem envolver grandes exércitos, armamento avançado etc. Ele argumenta que "o terrorismo é uma forma relativamente 'econômica' de violência, simplesmente por causa das funções básicas e primárias dos atos terroristas (comparados a guerras civis, guerrilhas etc.)"[4].

O discurso político e social sobre terrorismo varia, além do mais, de acordo com as condições políticas, sociais e econômicas sob as quais funciona o grupo terrorista, mas também de acordo com o tipo de terrorismo realizado. Ele distingue quatro tipos de grupos terroristas: revolucionários, religiosos, grupos que lutam pelos direitos de grupos étnicos ou minorias nacionais, e o chamado terrorismo vigilante ou movimentos de "lei e ordem", que buscam preservar o *status quo* por meios violentos.

Waldmann atribui certa racionalidade a movimentos terroristas, na medida em que seus propósitos, objetivos e métodos tenham sido motivados por discursos racionais ideológicos/políticos. Essa visão pode subestimar a força das emoções, a motivação inconsciente e suas relações com a ideologia político-religiosa, como discutirei adiante. A seita Aum Shinrikyô (Verdade Suprema), no Japão, é um exemplo óbvio, com sua ideologia religiosa obscura e sua estratégia e comportamento manifesto irracionais[5]. Discuto a necessidade de analisar e de compreender essas forças irracionais, enraizadas na dinâmica inconsciente, tanto no nível individual como no grupal, para apreender o que é o terrorismo.

---

4. P. Waldmann, Terrorismus als weltweites Phänomen..., em H. Frank; K. Hirschman (eds.), *Die weltweite Gefahr*, p. 14.
5. R. J. Lifton, *Destroying the World to Save It:*.

Deve-se distinguir terrorismo de guerrilha, ainda que os dois métodos freqüentemente funcionem combinados. Enquanto a guerrilha é basicamente uma estratégia militar com o propósito de conquistar ou ocupar território, o terrorismo é mais uma estratégia de comunicação, tendo por finalidade "ocupar" a mente.

No momento, obviamente como resultado do ataque de 11 de Setembro, o terrorismo está predominantemente associado a grupos, redes e organizações clandestinas com orientação religiosa ou semi-religiosa, como a Al-Qaeda. Porém, não se deve esquecer que organizações nacionalistas ou de base étnica como o IRA, o ETA e o semi-religioso Verdade Suprema desempenharam papéis importantes na arena terrorista nos últimos anos. Não faz muito tempo o terrorismo promovido pelo Estado teve igualmente um papel importante, como exemplifica a Guerra Suja na Argentina e o Estado de terror na antiga União Soviética e na China. Enquanto a nova ameaça terrorista é muito mais séria do que os antigos movimentos terroristas, ainda é duvidoso que consiga atingir a capacidade de terror promovido pelo Estado no último século.

Embora eu concorde com Waldmann em sua distinção entre a forma e o efeito do terror promovido pelo Estado, comparado às ações de grupos da população que se dedicam ao terror, ainda vejo importantes similaridades entre a "mentalidade terrorista" e a dinâmica de grandes grupos, e também no efeito que atos de terror podem ter na população. Em seguida, discutirei terrorismo principalmente a partir da perspectiva dos processos mentais subjacentes envolvidos – ou seja, de uma perspectiva psicológica e do ponto de vista da dinâmica de grandes grupos. Contudo, também levarei em consideração as perspectivas da ciência social.

TERROR: UMA RELAÇÃO PERTURBADA

Atos de violência envolvem uma relação perturbada com outros seres humanos – em níveis moral, ético e emocional –, mesmo que a violência seja justificada por fins mais elevados, por uma lógica sancionada pelo Estado, e assim por diante. A violência, incluindo o terrorismo, pode ser codificada e justificada em discursos sociais, políticos ou morais ou pode ser um ato da assim chamada "violência cega". Atos de violência, terrorismo e atrocidades não necessariamente envolvem psicopatologia manifesta em um nível individual. Processos malignos de grupo podem envolver o indivíduo em atrocidades às quais se pode conceder uma lógica "mais elevada". Sabemos, por exemplo, que quase todas as religiões têm um potencial inerente para a violência que lhes pode proporcionar uma justificativa contra outros grupos ou mesmo dentro do grupo (ainda que a mensagem principal da religião e o modo pelo qual gostaria de ser identificada sejam de paz e de harmonia). A "guerra santa" (para os cristãos), a "*jihad*" (para os muçulmanos) e a "guerra justa" (para os judeus) são exemplos de "guerras codificadas em discurso religioso". A "guerra contra o terror" é um exemplo recente de guerra justificada por discurso político-ideológico com conotações religiosas.

Estados precisam ter forças com potencial violento (militar, policial) e o controle da ordem para se defender dos "inimigos" internos, defenderem suas fronteiras ou atacar inimigos. Esse potencial para a violência é justificado por meios diferentes e faz parte do discurso cultural, religioso e sociopolítico do grupo/Estado. Assim, há um nível de justificação em quase toda cultura e sociedade que se pode chamar de semiose (*produção de significado*) da violência. Obviamente, este é apenas um aspecto do problema.

Em nível grupal, a violência está associada à ameaça de identidade e de coesão do grupo. Como ressaltou Kakar[6], em estudo sobre a violência hindu-muçulmana, a transição de comunidade religiosa normal para comunidade violenta está associada, para o indivíduo, à transição do status de pertencimento a uma comunidade religiosa, em que o sentimento dominante é "nós"*, que é a experiência de fazer parte de uma comunidade de crentes, ao comunalismo, definido como o estado mental em que a identidade pessoal está associada, em nível pré-reflexivo, à coesão do grupo e à identidade. O "nós" de uma comunidade é substituído por um "nós *somos*", que, quase por necessidade, envolve intolerância e violência potencial contra os que não pertencem ao grupo[7].

Em nível individual, a violência diz respeito à ameaça extrema à identidade e à individualidade. Nessa situação, a habilidade de usar o outro para preservar o senso de individualidade – por exemplo, ter satisfação, evitar frustração e regular emoções negativas – está ameaçada.

Assim, descrevo três níveis – cultural, grupal e individual – de desajuste ou de disfunção relacionados à violência. Esses níveis se referem tanto à relação do indivíduo (do sujeito) com os outros e com a alteridade em um nível geral como com as características específicas da dinâmica de grupo. O modelo seguinte pode servir para esclarecer esses três níveis. A dimensão do sujeito-outro ou do corpo-outro, a dimensão do sujeito-grupo e a dimensão do sujeito-discurso[8] são coerentes com uma visão de senso comum de desenvolvimento cognitivo-emocional passando por posições de:

---

6. S. Kakar, *The Colors of Violence*.
* O termo do original em inglês é o neologismo *we-ness*. (N. da T.)
7. S. Kakar, op. cit.
8. B. Rosenbaum; S. Varvin, The Enunciation of Exiled and Traumatised Persons..., em S. Varvin; T. Steiner-Popovic (eds.), *Upheaval*; S. Varvin, Auswirkungen extremer Traumatisierungen auf Körper, Seele und Soziales Umfeld.

1. Relacionar-se com o outro em uma dimensão individual diádica: em termos de desenvolvimento, isto se refere aos processos de relação primária com a mãe, em que ocorrem importantes interações corporais não-verbais, nas quais o bebê é acalmado e emoções difíceis podem ser modificadas; na vida adulta, isto se refere à dinâmica de relações íntimas em que se satisfazem necessidades emocionais importantes, e sentimentos depressivos são modificados com a ajuda de um parceiro.
2. Relacionar-se com o grupo: nesse nível, o indivíduo se relaciona com um grupo – que pode ser a família, a família ampliada, o clã e assim por diante – com quem compartilha características comuns. Há o desenvolvimento de um senso de "nós", ao mesmo tempo em que a identidade individual se desenvolve. Pertencer a um grupo implica a pessoa aceitar uma socialização que está tanto dentro das normas do grupo quanto, como uma regra, é definida por um líder (exemplo: o chefe da família). Ademais, em circunstâncias normais, para o indivíduo sempre há espaço para a influência de relações com outras pessoas importantes ou idealizadas da comunidade. Inclui-se nisto o processo pelo qual o adolescente se identifica como membro em uma linhagem de hereditariedade (filho/ filha, e possivelmente, depois, pai/mãe etc.).
3. Relacionar-se com um corpo de desejos existenciais, religiosos, filosóficos, de verdade científica e de normas morais (ou seja, cultura em sentido amplo): historicamente, isto tem relação com a fundação de uma sociedade que regulamenta a vida das pessoas e dá sentido à existência ao fornecer, entre outras coisas, narrativas culturais em que se pode procurar sentido. No cotidiano, a cultura se faz presente de modo mais ou menos explícito como origem do sentido. Os ritos de uma cultura relativos à morte e ao sepultamento, por exemplo, dão estrutura e sentido a experiências que podem ser emocionalmente perturbadoras. A diversidade de discursos culturais ajuda o indivíduo a conter emoções difíceis, a se relacionar com conflitos e, finalmente, a ter um sentido mais profundo de existência.

Em cada dimensão, o indivíduo pode ser atraído ou repelido pelo outro ou pelas representações de alteridade. No desenvolvimento normal, a criança pode, por exemplo, ser atraída pela mãe na díade, buscando proximidade e cuidado, mas pode ser repelida pelo fato de ela também fazer parte de um grupo familiar em uma estrutura triangular (dimensão 2), definida pelo código moral e pelas normas da cultura (dimensão 3). As inter-relações dinâmicas entre essas três dimensões são assim de grande importância, uma vez que a perturbação de um nível tem repercussões nos outros níveis.

Ainda que essas dimensões possam ser descritas como estágios de desenvolvimento, podem ser vistas aqui como níveis/dimensões estruturais na relação real do indivíduo com os outros.

Na primeira dimensão, *sujeito/corpo-outro*, a dialética se refere à relação corporal imediata em nível emocional com "o outro". A pessoa pode experimentar atração (sentimentos calorosos) ou rejeição/distanciamento (ansiedade) e, em condições normais, pode-se pensar nessas emoções, e é possível relacionar-se com os outros de um modo que possa modificar emoções difíceis. Em estados de perturbação, o sujeito pode não ser capaz de concretizar ou simbolizar as sensações, e podem se desenvolver o que chamamos de meios mal-adaptados de estar com os outros, o que pode piorar ainda mais a situação. O déficit de capacidade de integração pode ser efeito de traumas ou de ruptura humilhante da auto-estima e pode levar à cisão primitiva, aquela em que tanto a percepção dos outros e do mundo quanto a autopercepção são divididas em categorias totalmente boas e totalmente más. Na tentativa de recuperar sua auto-estima, pode desenvolver-se um desejo pelo ideal ou pelo perfeito, livre de tudo o que for impuro. As partes desvalorizadas e humilhadas do *self* podem ser projetadas em outros e, no pior dos casos, pode surgir um desejo de se livrar dessas partes não desejadas do *self* através de ações violentas. A violência entre casais geralmente tem esse histórico. Quando as coisas caminham razoavelmente bem, entretanto, essa dimensão representa um nível em que ocorrem importantes processos regulatórios emocionais e não-verbais entre o *self* e os outros.

A segunda dimensão se refere à *relação* da pessoa *com o grupo*. As questões mais importantes estão relacionadas com o pertencer a um grupo (incluindo a família), e com o sentir o que os outros querem que a pessoa seja ou faça – ou seja, as questões de identidade básica enquanto pessoa pertencente a uma família, grupo, clã, nação e assim por diante. Aprende-se com o grupo e com seus membros e adquire-se a habilidade de enfatizar e de tomar a perspectiva dos outros. Isso não significa apenas entender, ser persuadido, ou deixar-se levar pela visão singular do outro, mas também, e ainda mais importante, ser capaz de enxergar a questão a partir do maior número de pontos de vista possível. Nesse processo, os indivíduos podem construir, junto com outros, uma validação de seus pontos de vista e sentimentos sobre as coisas.

Na dimensão distorcida ou perturbada de sujeito-grupo, o indivíduo e o grupo não conseguem se relacionar de modo a dar sentido à experiência. Nessa situação, o indivíduo sente falta de apoio do grupo e também não será capaz de dar apoio. Geralmente, a empatia com o outro desaparece e se desenvolve o egocentrismo no grupo. As relações íntimas tendem também a se deteriorar, e muitas vezes observa-se uma tendência a explorar o outro. O cuidado pode se transformar em negligência. Entretanto, o mais importante é que o sentimento de comunidade como um todo – a experiência do nós – pode ser abandonado. O indivíduo não faz mais parte de um grupo, e pode experimentar uma perda do aspecto de identidade pessoal relacionada ao grupo ou à família. Em sociedades em que a família e o grupo (clã, tribo) são as unidades organizadoras, e em que pertencer a esse grupo é de fundamental importância tanto para a identidade pessoal como para a social, distúrbios nessa dimensão podem ter graves efeitos desorganizadores. Em contrapartida, o grupo pode regredir a formas primitivas de funcionamento – pode construir, por exemplo, uma identidade "nós somos" (diferentes dos outros) no sentido descrito por Kakar. Potencializa-se a possibilidade de achar outras pessoas ou grupos como depositários da projeção de partes não desejadas e, nesse sentido, de liberar tensões dentro do grupo, ao menos temporariamente. Podem desenvolver-se tendências destrutivas em relação ao outro grupo.

Sob condições normais, o indivíduo será mais ou menos capaz de ter em mente tanto suas próprias intenções quanto as do grupo. Essa dinâmica inter-intencional requer uma reconstrução constante de pontos de vista novos e, geralmente, inesperados que têm sua origem na dimensão da cultura-discurso. Nessa dimensão, a pessoa pode ser então tanto parte de uma comunidade como um indivíduo particular.

A terceira dimensão refere-se à relação do indivíduo com a cultura e com a sociedade – a dimensão do *sujeito-discurso*. Significa o relacionamento do sujeito com a cultura no sentido mais amplo: mitos, filosofias, ideologias, ética, princípios morais, folclore, poesia, literatura, jurisdição e outros discursos sociais. O discurso consiste, a princípio, de signos do viver escritos, inseridos no tempo e memorizados de uma cultura. Esses signos não são especialmente estáveis por longos períodos, mas são suficientemente estáveis para produzir mitos convergentes e divergentes, narrativas, ideologias e paradigmas de crenças e de raciocínio.

Os discursos culturais podem contradizer-se e influenciar um ao outro. Os modos do sujeito se relacionar com diferenças e com divergências e a expressão de paixões sociais baseadas nos "mais altos princípios" são elementos essenciais da dimensão sujeito-discurso.

Inclusos nessa dimensão também estão as fantasias do sujeito de inserção: tempo linear abstrato, tempo vivencial (observar o presente em relação ao passado e ao futuro) e tempo existencial (tempo tal como aparece em sonhos e na vida de fantasia).

Conseqüentemente, essa dimensão transforma a mentalidade grupal, possibilitando ao sujeito sair do grupo e ainda fazer uma parte do movimento cultural. Nesse sentido, representa um princípio regulatório e uma dimensão que estrutura o sentido nas outras dimensões.

Uma dimensão sociocultural perturbada pode surgir como ideologia inflexível, fundamentalista ou discurso se autodeclarando verdade absoluta, solução para todos os problemas, e assim por diante. É um exemplo de perversão do discurso em que as perspectivas alternativas são rejeitadas e tomadas como venenosas, estranhas. A dissociação, a projeção, a identificação projetiva e outras estratégias de *coping* (adaptação) das dificuldades podem funcionar em relação a todas as três dimensões (tentativas de manter afastados os aspectos negativos dos relacionamentos, deslocando-os para outras pessoas, ou tentando evitá-los, distorcendo o próprio mundo interno). O resultado é o empobrecimento das capacidades mentais da pessoa, o que, entre outros efeitos, ocasiona um entorpecimento de sentimentos em relação aos outros. Pelo fato de as partes projetadas serem experimentadas em nível inconsciente, como ainda pertencentes ao *self*, pode desenvolver-se um sentimento permanente de insegurança. Isso pode ser visto como um sintoma do colapso ou ruptura das relações entre as três dimensões. Não se consegue mais encontrar segurança em relações íntimas ou em relações com o grupo/família/clã, e não se pode mais usar os discursos culturais para encontrar sentido para seus problemas existenciais. Observa-se isso com muita freqüência quando há a reexperimentação das experiências traumáticas que provocaram desumanização e feriram a auto-estima de uma pessoa ou de um grupo. O mundo pode então ser experimentado em termos de um cenário de agressor-vítima, onde a pessoa atingida pode se identificar com ambas as posições alternadamente. A partir disso, um sentido culturalmente estabelecido pode desaparecer, e o grupo não mais poderá proporcionar apoio nem estrutura. Como conseqüência, pode haver predominância de imagens da violência diádica ou da violência do grupo. Como alternativa, o grupo pode desenvolver uma estrutura – ou melhor, uma falta de estrutura – em que a necessidade de inimigos (tanto internos como externos) pode dominar o pensamento, levando a ações violentas e até mesmo ao assassinato. Essa última tem sido vista em muitos grupos terroristas – por exemplo, na seita Verdade Suprema, no Japão[9].

Esse modelo tenta, assim, ilustrar de maneira abrangente a relação do sujeito consigo próprio e com o mundo em um nível corporal-emocional, em um nível grupal e em um nível sociocultural. Descreve um sistema de dimensões inter-relacionadas e funções relacionadas umas com as outras. É fácil ver como "enfermidades" da dimensão do discurso cultural podem, por exemplo, causar distúrbios na capacidade de ajustar emoções em uma dimensão diádica. A simples perseguição de um grupo, ou limpeza étnica, muda o modo de se formar e de manter a identidade do grupo (agora estamos em um grupo de-

---

9. R. J. Lifton, op. cit.

negrido), ocasionando graves efeitos nas relações pessoais e íntimas, como na formação de uma criança, no cuidado com os doentes, e assim por diante. A dor e o conflito – assim como o desejo – sempre se expressarão de formas culturalmente determinadas. Obeyesekere faz uma distinção entre formas regressivas e progressivas. A patologia ocorre quando símbolos pessoais perdem seu contato com a prática cultural, tornando-se privados e intraduzíveis[10]. Em nível grupal, isso pode ocorrer quando o grupo – geralmente sob a influência de um líder despótico – desenvolve meios idiossincráticos de se comportar, diferentes da cultura "mãe", como se observa em muitos grupos terroristas. Esses grupos podem usar os discursos culturais como justificativa, mas de forma distorcida e perversa. Quando são apoiados pelo governo, pode-se observar uma forma quase totalmente perversa – como o regime Talebã, no Afeganistão, ou o regime nazista, na Alemanha, ainda que sob condições sociais diferentes. Isto não se refere a grupos mais ou menos isolados ou a indivíduos realizando atos terroristas, mas sim à violência promovida pelo Estado ou pelo terrorismo de Estado.

Estados traumáticos e pós-traumáticos implicam distúrbios em cada dimensão, assim como nas relações entre elas. A estranha experiência produzida por um trauma grave afeta o indivíduo assim como o grupo e a cultura. A tortura (que pode ser considerada uma forma de terror) é algo que acontece como resultado de perversão em todas as dimensões, e as conseqüências para os indivíduos são, geralmente, distúrbios permanentes nas relações com o outro/grupo/cultura. A violência promovida pelo Estado, incluindo a tortura, por outro lado, é um sinal de distúrbio da sociedade em nível cultural e político, com repercussões severas nas relações indivíduo-grupo, assim como, em contextos específicos, na dimensão sujeito-outro.

UM EXEMPLO DE ATO TERRORISTA INDIVIDUAL PLANEJADO

Um paciente de determinado país do Oriente Médio, a quem chamarei de "Ahmed", em um momento de sua terapia, decidiu colocar uma bomba no prédio da previdência social. A intenção de realizar esse ato terrorista privado foi a conclusão de um longo processo durante o qual ele lutou contra graves sentimentos de alienação, vergonha e impotência em uma situação de exílio dificílima. Através desse ato, esperava mandar um recado a respeito de um sistema que considerava injusto e opressor, e que achava antagônico e racista em relação a seu grupo.

Ahmed era o irmão mais novo de uma prole de dois. Seu pai e o irmão mais velho haviam sido mortos, aparentemente por agentes do

---

10. G. Obeyesekere, *The Work of Culture*.

governo, por conta de suas atividades políticas. Ele não tinha atividade política, mas, durante o serviço militar, foi para a oposição devido ao que considerou um tratamento desumano por parte dos colegas. Preso e torturado, conseguiu desertar e depois fugir.

Ahmed iniciou sua vida no exílio com boas expectativas. Entretanto, o exílio tornou-se um longo processo de desilusão. Ele não conseguiu terminar os estudos, nem encontrar emprego. Depois de alguns anos, ficou reduzido à posição de beneficiário da previdência, e tinha uma vida muito solitária, sem relações íntimas com ninguém. Sentia-se humilhado, e nutria um sentimento de ódio primitivo contra todas as pessoas, especialmente as autoridades – incluindo agentes da previdência, que muitas vezes o privavam do que ele achava serem seus direitos. Com o tempo, começou a dirigir esse ódio contra a sociedade e o estilo de vida ocidentais.

Ahmed também estava afastado de seus compatriotas no exílio, e era tido como uma pessoa estranha. Não acreditava que sua mãe pudesse tolerar seus fracassos, e então fingia que tudo estava bem, enviando-lhe cartas encorajadoras.

O assunto da bomba foi trabalhado na terapia por um longo tempo, mas sua vergonha/raiva intensas eram repetidamente estimuladas em todos os tipos de situações (comentários racistas nas ruas, observações depreciativas de seus compatriotas, humilhação no escritório da previdência etc.).

Desse modo, o exílio foi para Ahmed um longo período de decadência. Ele rejeitava quase todas as tentativas de ajudá-lo a entender e a lidar com o que havia acontecido com ele, tanto em seu país de origem como no exílio. Primeiro tentou atingir seus propósitos usando o "velho modelo" familiar: ir à escola, ser um bom aluno, conseguir um emprego e assim por diante. Quando seu projeto falhou, sentiu-se profundamente humilhado e atribuiu o fato inteiramente ao tratamento desumano a que se sentia constantemente exposto como refugiado. Quando, por fim, sua mente voltou-se para a violência, foi um esquema que pôde tomar emprestado do abundante repertório de ideologias terroristas de sua parte do mundo. Ele também se associara aos militantes no ambiente do exílio, mas provavelmente era uma ligação bastante frouxa. No entanto, afirmava ter aprendido a fabricar bombas com essas pessoas.

Antes de partir para o exílio, Ahmed viveu uma ruptura em todos os três níveis (corpo/outro, grupo, cultura). Os resultados devastadores aprofundaram-se no exílio, onde teve severos problemas para estabelecer relações. Ele não pôde:

- usar outras pessoas como receptáculos do sofrimento emocional ou como partícipes de uma interação emocional regulatória;
- usar o grupo (família) como base de pertencimento e de estabelecimento de um senso de identidade;

- usar discursos culturais familiares para modificar a dor pessoal e promover a construção de perspectivas que pudessem ajudá-lo a manter uma posição segura em uma comunidade humana. Também perdeu temporariamente a conexão com códigos morais importantes.

O ato de colocar a bomba foi pensado como meio de restabelecer o equilíbrio e dar-lhe um sentimento de individualidade, uma vingança contra injustiças, tanto reais como imaginadas, um tipo perverso de glória e uma válvula de escape para as tensões que tinham se acumulado.

Assim, o que fez o terapeuta? Pegou o telefone e começou a discar o número de emergência da polícia. Como resultado, Ahmed desistiu de seu plano e, depois de um frutífero trabalho terapêutico naquela sessão, saiu com um sentimento fortalecido de coerência e de dignidade.

Como podemos entender esta seqüência? Obviamente, Ahmed viveu uma colocação de limites que recuperou o código moral internalizado referente a proibições e a ideais. Fora traçada uma linha, e ele foi capaz de ter uma abertura em sua vida, percebendo-se como alguém que podia fazer parte de uma comunidade humana. Em termos psicanalíticos, pode-se dizer que se restabeleceu a lei simbólica, permitindo a reestruturação da identidade e o uso da relação terapêutica para regular suas intensas emoções negativas.

O que se conseguiu nessa sessão não foi suficiente, é claro, para restaurar seu frágil *self* e reforçar sua capacidade de refletir, mais do que agir. A intervenção terapêutica teve, contudo, um valor simbólico na medida em que restaurou temporariamente a função parental de impor limites.

No entanto, esse caso ilustra bem certos aspectos do funcionamento mental em relação à agressão destrutiva desumanizadora. Esses aspectos tiveram seus antecedentes na traumatização e nas perdas passadas de Ahmed e na destruição de um meio social seguro e previsível. Ele vivenciou essas experiências com muita humilhação, e instaurou-se um processo de vitimização reforçado por suas experiências no exílio.

Ele tentou recuperar certo senso de coesão e o sentimento de valor próprio, e quando esse esforço falhou, decidiu usar a estratégia extrema da violência. Nesse sentido, tentou obter um elemento decisivo de controle e impedir futuras perdas de modo imaginário[11].

Desse modo, acabou em uma situação em que, como resultado da projeção massiva, interpretava as reações dos outros quase sempre como agressivas e depreciativas. Sua atitude e seu comportamento funcionavam como uma estratégia para preservar o senso de *self*. No

---

11. V. D. Volkan, *Bloodlines*.

curso desse processo, os outros eram cada vez mais vistos como desprovidos de humanidade, podendo ser tratados de acordo.

Os antecedentes dessa evolução podem ser entendidos se tomarmos em consideração duas dimensões psicodinâmicas[12]:

1. *A dimensão da vergonha/narcisismo*: Ahmed experimentara mortificações narcisistas esmagadoras. Na maioria dos seus encontros com outros, ficava na expectativa de que voltassem a ocorrer e as encarava com uma atitude desafiadora e condescendente. Essa estratégia servia mais ou menos para confirmar e repetir essas injúrias à sua auto-imagem, o que provocava ódio e algumas vezes agressão franca. Nesse estado regressivo, sua capacidade de reflexão sobre seus estados emocionais (e os dos outros) diminuía e, em certos momentos, ficava totalmente perdida. Era um exemplo vivo de vergonha como um dos afetos mais tóxicos[13]. Ahmed exemplificava os efeitos de experiências severas e crônicas de vergonha com seu valor próprio diminuído, baixa capacidade de empatia, sentimentos de desamparo, impotência, tendência ao ódio e à raiva, desejo de controlar os outros e necessidade de externalizar os fracassos. Como resultado, sentia uma forte necessidade de projetar em outros os aspectos vergonhosos e denegridos que percebia em si e de tratá-los como "seres menos humanos", exatamente como ele se sentia. Em certas circunstâncias, essa externalização pode levar a pessoa a perceber os outros indivíduos ou o grupo nos quais os aspectos vergonhosos estão projetados como ameaçadores, pois representam partes não desejadas de si mesmo. Podem desenvolver-se ansiedades paranóicas, e a identificação com uma posição idealizada se fortalece. A identificação com o agressor, que resulta do fato de ter sido transformado em vítima desamparada em situações traumáticas, pode reforçar tanto a imagem de si mesmo como perfeita e poderosa como a do outro como degradada e vergonhosa. Uma conseqüência disso pode ser o desejo de destruir o outro a fim de livrar-se desses aspectos que, em nível inconsciente, são experimentados como pertencentes ao *self*. Pode ocorrer um agravamento posterior quando a agressão é libidinizada e se desenvolve o prazer com o sofrimento do outro – ou seja, o sadismo.

2. *A dimensão projetivo-persecutória* refere-se ao efeito de fazer do outro a vítima e envolve um potencial igualmente violento. Essa dimensão se refere ao efeito de passar a ser um vitimizador, e mesmo que Ahmed não tenha sido um vitimizador proeminente, ele vivenciou o modo pelo qual fez, tanto do terapeuta como dos outros, vítimas de

---

12. Ver Chodorow, capítulo 6, deste volume.
13. R. Krause, Affektpsychologische Überlegungen zur menschlichen Destruktivität. *Psyche Psyche – Zeitschrift für Psychoanalyse und Ihre Anwendungen*.

seus ataques agressivos. Atacar os outros com violência psicológica, e especialmente física, resulta em remorso que, em estados regressivos, pode evoluir para uma exigência de punições severas do superego primitivo. Esse superego primitivo e punitivo pode ser difícil de suportar, e então é projetado na vítima da agressão. Precisamente por causa de seu sofrimento, é possível imaginar a vítima sofredora abrigando profundo ressentimento pelos atos criminosos do agressor, o que é sentido como grave ameaça à auto-estabilidade e ao valor próprio. Em situações regressivas, isso pode implicar desejo de abolir a ameaça, que pode então resultar em mais violência, causando por sua vez mais ansiedade devido aos elementos projetados do superego violento, pelo simples fato de que a vítima está sofrendo muito mais. Cria-se um círculo vicioso de violência, onde as vítimas devem ser destruídas por conta de seus sofrimentos.

Podemos agora traçar algumas conclusões provisórias no que diz respeito ao desenvolvimento da preparação para a violência desumanizadora, baseado nesse estudo de caso e em outros estudos[14].

• *A dimensão da vergonha/narcisismo* pode ser vista como uma importante dinâmica na determinação da mentalidade terrorista através de dinâmicas pessoais e sociais identificadas. Quando uma pessoa é exposta a traumas e à humilhação em um contexto de violência social e política, tenderá a experimentá-las tanto em nível pessoal, como ofensas que a afetam de modo pessoal, *quanto* como algo que a afeta enquanto membro de um grupo. A necessidade de vingança e de retificação do mal feito pode, então, não somente ter motivações pessoais mas também ganhar força a partir da necessidade de restaurar a identidade e a honra do grupo.
• *A dimensão projetivo-persecutória* ganha importância durante a fase de atrocidades em andamento, por exemplo, na limpeza étnica, no genocídio e nos atos terroristas. O simples ato de matar justifica atrocidades posteriores, pelo fato de a vítima vir a representar um aspecto acusatório de si do qual a pessoa quer se livrar.

O que podemos aprender desse estudo de caso? Parece que uma experiência intensa e prolongada de vergonha e humilhação pode resultar na projeção de partes vergonhosas de si mesmo para restaurar a coerência do *self*. Isso pode levar a uma desumanização dos outros e a possíveis atos violentos para destruir ou livrar-se das partes vergonhosas e para restaurar certo senso de individualidade. A consciência

---

14. Por exemplo: R. J. Lifton, *Destroying the World to Save It*; A. Rashid, *Jihad*; E. Serauky, *Im Namen Allahs*; V. D. Volkan, Bosnia-Herzegovina, *Mind & Human Interaction*.

primitiva resultante da violência realizada pode então servir de ímpeto para atacar e destruir o outro. Vimos, além disso, que houve antecedentes e contextos complexos. Ahmed viveu uma ruptura em todos os três níveis ou dimensões relacionais descritos acima. Em um nível básico, a possibilidade de melhorar seus intensos estados emocionais negativos foi tolhida. Mais ainda, a possibilidade de reforçar sua identidade ao relacionar-se com um grupo foi impedida em um processo em que lhe faltavam suportes culturais e simbólicos. Processos sociais complexos resultantes de guerra, atrocidades e exílio formaram o contexto para essa infeliz conjuntura.

Esse desenvolvimento pode ser desdobrado em um nível de grupo[15], em que se podem adicionar justificativas ideológicas, religiosas e políticas. Como se tem visto em situações de extrema atrocidade, como genocídios ou violência e matança extremas, um grupo e seus membros podem se comportar como se o que fazem se justificasse, e até mesmo, em alguns casos, fosse em benefício das vítimas, como no dos assassinatos cometidos pela seita Verdade Suprema no Japão. A matança tanto de membros do grupo como de outras pessoas, como nos ataques aos metrôs de Tóquio usando gás sarin, foi justificada pela idéia de que era o exato momento para salvar as pessoas de desenvolverem mais "mau *carma*". Nem os nazistas foram assim tão longe para justificar suas matanças[16].

Aqui, a questão a ser discutida é que a humilhação sentida por um grupo ou por uma comunidade pode preparar terreno para uma regressão tanto dos indivíduos no grupo quanto no funcionamento grupal, o que, em última instância, pode ter conseqüências sérias e extremamente destrutivas. Essa constelação de humilhação, regressão, desenvolvimento de vergonha e raiva concomitantes, externalização, auto-idealização pela fusão com o objeto idealizado, externalização de aspectos maus e o desejo de destruir os outros – ou seja, os destinatários das projeções – não é, porém, suficiente para explicar como essa destruição pode levar a uma violência organizada. Obviamente, certas condições sociais devem estar presentes, bem como certos tipos de liderança, quase sempre determinados por personalidades extremamente patológicas. Uma questão chave se refere ao problema da ordem ou da lei simbólica, como vimos na situação psicoterapêutica acima. As situações mais nocivas parecem acontecer quando essa lei simbólica é corrompida ou pervertida a partir de cima – ou seja, pelo Estado ou pelos líderes do grupo. É o que ocorre quando o ato de terror é sancionado pelas autoridades e justificado pelo Estado ou pela ideologia aceita no país: uma situação em que as massas são

---

15. O. Kernberg, Psychoanalytische Beiträge zur Verhinderung gesellschafftlich sanktionierter Gewalt, *Psyche – Zeitschrift für Psychoanalyse und Ihre Anwendungen*.
16. R. J. Lifton, op. cit.

conduzidas por líderes que pensam por elas e na qual a regressão grupal à obediência e uma oportunidade de escape para agressões primitivas podem se suceder. Nessa situação, a sociedade permite que a tênue linha entre barbárie e civilização seja distorcida e, como no caso da Alemanha nazista, sanciona matanças como um ato de preservação do "bom": a raça, o Estado, e assim por diante. Isso pode ser tratado, assim como a maioria dos casos com grupos e redes terroristas, como uma aberração do desenvolvimento normal da civilização. Fica a questão, no entanto, de saber se esse desenvolvimento pode ter causas mais profundas no desenvolvimento da sociedade moderna do que gostaríamos de pensar.

O sociólogo polonês Zygmunt Bauman relacionou o genocídio nazista com certos desenvolvimentos da sociedade moderna, e mencionou três fatores que provavelmente contribuíram: 1. tecnologia moderna; 2. a organização científica e racional do mundo; e 3. a visão de uma sociedade utópica[17]. Esses três fatores certamente desempenham um papel no terrorismo moderno. Além do mais, devem-se levar em conta as profundas diferenças entre ricos e pobres, mais visível com a globalização atual. Esses fatores servem de contexto para o terrorismo moderno, e a questão que fica é se eles, como Bauman afirmou em relação ao genocídio nazista, também constituem précondições necessárias para o terrorismo. Em suma, há condições sociais que fazem do terrorismo uma conseqüência necessária? E, em caso afirmativo, como isso deve ser levado em consideração para propósitos preventivos? São questões extremamente pertinentes hoje em dia, em uma época em que precisamos também de outros meios que não os militares e a polícia na "guerra contra o terrorismo". Essas e outras questões serão discutidas adiante neste livro.

CONCLUSÃO – A NOVA AMEAÇA TERRORISTA

Há hoje uma grande diversidade de terroristas em atividade no mundo. Só na Europa, estão ativos grupos terroristas de todas as categorias descritas por Waldmann. Há apenas alguns anos (1998), o "Bundesamte"* estimou que, na Alemanha, por volta de seis mil pessoas de extrema esquerda e outras seis mil de extrema direita apóiam a violência, enquanto 57 mil são membros de grupos extremistas islâmicos, tidos como um perigo para a sociedade[18]. A rede Al-Qaeda, que consiste de grupos frouxamente conectados em muitos países, resume a globalização do terrorismo. Há lealdade e, especialmente, dependência econômica da central da Al-Qaeda, mas também de

---

17. Z. Bauman, *Modernity and Holocaust*.
* Agência federal de segurança alemã. (N. da T.)
18. Citado em W. Laqueur, *Die globale Bedrohung*, p. 285

Estados que apóiam e usam essas redes terroristas para seus próprios fins políticos. Mais ainda, temos a especial situação dos homens-bombas suicidas na Palestina e no Sri Lanka, dos grupos militantes anti-aborto nos Estados Unidos, do ETA no País Basco, na Espanha, e do IRA na Irlanda do Norte que, com diferentes justificativas ideológicas e políticas, lutam com métodos violentos que incluem a morte de inocentes. Como aponta Laqueur, é difícil encontrar similaridades entre esses grupos, e ele rejeita a idéia de uma personalidade terrorista específica. Entretanto, o que há de comum a todos esses grupos – e os distingue, por exemplo, dos terroristas da Rússia no século XIX – é a matança indiscriminada até de crianças e de mulheres que nada têm a ver com seus problemas, ou que não podem ser consideradas, de qualquer perspectiva razoável, como inimigas de suas causas.

Então, vale a pena avaliar como uma situação como essa pode desenvolver-se dentro de um grupo, e quais são as pré-condições para o surgimento desses grupos. O desemprego e a distância entre os países ricos e pobres têm sido mencionados por muitos como responsáveis pela construção de um "exército" de jovens insatisfeitos sem qualquer esperança de futuro, que podem servir então como base de recrutamento de grupos e organizações fundamentalistas ou extremistas. O pesquisador em genocídios, Gunnar Heinsohn, descreve uma "bomba-relógio demográfica", apontando para o fato de que em muitos países pobres e em desenvolvimento uma grande porcentagem da população tem menos de catorze anos, e mais de cem milhões desses jovens nos países islâmicos e nos Estados africanos ao sul do Saara não têm qualquer esperança de futuro[19]. De acordo com ele, isso constitui uma enorme base de recrutamento de futuros terroristas. No entanto, os antecedentes históricos e socioeconômicos são complexos. Em um abrangente estudo do islamismo militante na Ásia Central, Ahmed Rashid mostra como tais fatores históricos, sociais, políticos e econômicos complexos determinaram um desenvolvimento diferenciado de movimentos com tendências terroristas nos países do Tadjiquistão, Uzbequistão, Cazaquistão e Quirguistão[20]. É óbvio que esses antecedentes diversos e complexos para o desenvolvimento de movimentos terroristas exigem uma abordagem realista, pragmática e empiricamente respaldada para cada situação quando se deseja entender e, se possível, impedir o terrorismo. Não se deve subestimar o clima cultural e ideológico de cada situação. Pode-se perguntar por que na Espanha, por exemplo, os bascos voltaram-se para o terror, enquanto os catalães, também em busca de independência, não o fizeram.

---

19. R. Herzinger; H. Schuh; A. Nieuwenhuizen, *Der heranwachsende Krieg*: entrevista com Gunnar Heinsohn, *Die Zeit*, p. 41.
20. A. Rashid, op. cit.

Assim, o cenário é extremamente complexo. Esses exemplos de grupos terroristas e de situações que podem produzir terrorismo (e também muitos outros, por exemplo na África, que não foram mencionados) apontam todos para a importância da dinâmica de grandes grupos e para o papel desempenhado pelas ideologias fundamentalistas, com suas qualidades utópicas. Mais ainda, atividades terroristas parecem estar localizadas em áreas em que aconteceram atrocidades e humilhações em grande escala, produzindo assim vítimas para as gerações futuras. A raiva induzida pela vergonha é uma grande força dinâmica para mais atrocidades que também envolvam transmissão transgeracional de busca por vingança. Faz-se necessária mais pesquisa nessa área; os capítulos deste livro tentam cobrir alguns aspectos e, conforme discutido, a reflexão psicanalítica a respeito dessas forças dinâmicas pode fornecer um conhecimento relevante a partir do qual se podem tomar medidas preventivas. Sobressaem-se dois fatores, ainda que formulados em nível mais geral: evitar a humilhação de indivíduos e especialmente de grupos (clãs, grupos étnicos, nações) e prevenir e impedir que grupos narcisisticamente ofendidos busquem vingança pelo mal a eles feito.

4. Primatas Assassinos na American Airlines, ou:

como a religião foi o principal seqüestrador em 11 de setembro

> *A respeito dos dogmas religiosos [...] toda a humanidade, desde o começo do mundo até hoje, tem discutido, brigado, queimado e torturado uns aos outros, por conta de abstrações ininteligíveis para si e para os outros, e absolutamente além da compreensão da mente humana.*
>
> THOMAS JEFFERSON

J. Anderson Thomson Jr.

Os ataques terroristas de 11 de setembro de 2001 ainda chamam nossa atenção. Desde esse dia temos ouvido a idéia de que "o mundo jamais será o mesmo" – de que isso é algo novo, diferente. A notícia difundida é de que o mundo mudou para sempre. Mas não é verdade, o mundo não mudou para sempre. A mensagem do 11 de Setembro é de que o mundo não apenas não mudou, mas que, de modo terrivelmente antigo, ainda é o mesmo. Primeiro e acima de tudo, a violência masculina praticada em grupos com ataques letais contra inocentes não só ainda está presente como também faz parte da natureza humana, particularmente da natureza humana masculina. É tão antiga quanto nossa espécie – na verdade, mais antiga: tem sido constante por quase sete milhões de anos de evolução hominídea. Em segundo lugar, o 11 de Setembro lembra-nos de que a religião é um constructo cultural do homem, cujo design permite aos líderes religiosos explorarem essa tendência violenta do homem e a usarem para seus próprios fins. Primeiro apresentarei evidências da violência grupal masculina, e a seguir abordarei o que nos deixa tão vulneráveis a crenças religiosas e como a religião toma posse da capacidade de violência nos homens.

VIOLÊNCIA GRUPAL MASCULINA

Os terroristas que seqüestraram os quatro aviões em 11 de setembro eram dezenove homens jovens, todos (salvo um) solteiros, unidos pela fé no Islã e pela lealdade à Al-Qaeda. Em um nível estritamente comportamental, foi sem dúvida alguma uma violência grupal masculina e um ataque letal que matou milhares de inocentes.

A violência grupal não é exclusivamente humana. Ocorre regularmente em outras espécies e, às vezes, é até favorecida pela seleção natural darwiniana, inclusive em nossa espécie. É constante na guerra, na história e na pré-história humanas[1]. Portanto, precisamos dissipar certos mitos: de que o passado era pacífico e de que prevaleciam sociedades pacíficas na antiguidade e na pré-história; de que conflitos violentos não eram freqüentes; de que o colonialismo e o capitalismo eram as causas básicas da guerra; e de que a violência é um fenômeno moderno. A realidade é que a guerra, na forma de ataques letais contra inocentes realizados por grupos masculinos, é universal e bastante comum. Durante os breves 150 mil anos da história do *Homo sapiens*, 90% dos quais passados como caçadores-coletores, temos sido impiedosamente violentos[2].

Em ataques letais, um grupo aliado de homens procura coletivamente um vizinho vulnerável, avalia a probabilidade de sucesso e faz um ataque surpresa. Esse comportamento complexo surgiu em nossos ancestrais, macacos, antes da ruptura chimpanzé/homem. Por volta de cinco a sete milhões de anos atrás, tivemos um ancestral comum, que se acredita ser parecido com o chimpanzé moderno com quem temos em comum 98% de nosso DNA. Com as mudanças no meio ambiente que afetaram a África, surgiu a linha dos hominídeos: *Australopithecines*, *Homo habilis*, *Homo erectus*, e, por fim, *Homo sapiens*. A violência grupal masculina data de nosso ancestral comum e mancha de sangue todas as nossas espécies ancestrais. Os homens desenvolveram cérebros com capacidade de avaliar e de procurar oportunidades de impor violência mortal[3].

Ataques letais são a essência da guerra primitiva: de 20 a 40% das mortes de homens nas poucas sociedades de caçadores-coletores remanescentes estão nas mãos de outros homens, por ataques letais. A taxa de mortalidade equivalente, se a população do mundo ainda fosse nômade, ultrapassaria um bilhão no século XX[4]. Durante o último século, fomos relativamente pacíficos em comparação ao passado.

Por que a violência – e, particularmente, ataques assassinos e violência grupal – seria adaptativa? Por que faria parte da natureza

---

1. L. H. Keely, *War before Civilization*; R. W. Wrangham, Evolution of Coalitionary Killing, *Yearbook of Physical Anthropology*.
2. Idem.
3. D. Buss; J. D. Duntley, Is the Mind Made for Murder? Artigo apresentado no encontro anual da Human Behavior and Evolution Society; R. W. Wrangham, Evolution of Coalitionary Killing, *Yearbook of Physical Anthropology*; R. W. Wrangham; D. Peterson, *Demonic Males* (*O Macho Demoníaco*, tradução para o português de M. H. C. Cortês).
4. L. H. Keely, op. cit.

humana? Os ataques letais permitem aos homens atraírem ou assegurarem, com sucesso, fêmeas na idade reprodutiva, enfraquecerem vizinhos, inspirarem medo, protegerem-se de incursões, expandirem suas fronteiras e correrem muito menos risco quando o ataque é em grupo[5]. Essas são as vantagens adaptativas desse tipo de comportamento de extermínio.

A EVIDÊNCIA

Há pelo menos três níveis de evidência de que a violência grupal masculina tem estado sempre conosco: a evidência comparativa com outras espécies, a evidência paleontológica e a evidência intercultural. Em 1974, na reserva de Jane Goodall* na África, um dos pesquisadores de campo observou como um grupo de chimpanzés se reuniu e, com coordenação, cautela e surpresa, atravessou uma comunidade vizinha, procurou uma vítima isolada e a matou. No decorrer das semanas seguintes, eles observaram o mesmo grupo atacar repetidamente a comunidade vizinha até terem destruído todos os machos. Daí em diante, esse ataque violento tem sido observado de maneira repetida em chimpanzés[6]. Esse comportamento complexo requer considerável sofisticação cognitiva. Esses animais têm a capacidade de formar grupo, mover-se com cautela para outra área, esperar, escolher uma vítima e então assassiná-la. Entre os chimpanzés não há mortes um a um: toda violência assassina ocorre em grupamentos masculinos. Essa é a evidência mais forte de que esse terrorismo mortal existiu em nossos ancestrais comuns e foi conservado em duas trajetórias distintas de desenvolvimento nesses cinco a sete milhões de anos.

A evidência paleontológica é impressionante, do passado distante até o presente próximo. A evidência forense no registro fóssil é clara. A morte violenta pelas mãos de outros homens se expressa por meio da natureza das fraturas nos esqueletos, da freqüência de traumatismo craniano, da presença de feridas de flechas, da predominância de esqueletos masculinos e da proporção de feridas do lado esquerdo, ocorrência esperada em ataques de espécies predominantemente destras[7].

O que é a evidência intercultural? Através das poucas tribos caçadoras-coletoras existentes, podemos nos aprofundar no tempo e ter um vislumbre de como vivemos na maior parte de nossa história evolutiva enquanto *Homo sapiens* totalmente formados. Um olhar mais

---

5. R. W. Wrangham, Evolution of Coalitionary Killing, *Yearbook of Physical Anthropology*.

* Estudiosa de primatas e antropóloga britânica que pesquisa a vida social e familiar dos chimpanzés ao longo dos últimos quarenta anos. (N. da T.)

6. R. W. Wrangham; D. Peterson, *Demonic Males*.

7. L. H. Keely, op. cit.

objetivo indica que não há "nobres selvagens" nem pacíficos pastores *à la* Rousseau[8]. Constantes guerras tribais, na forma de violências grupais masculinas com ataques letais, caracterizam a vida. O estudo sobre os ianomâmis na América do Sul revela que a natureza assassina é adaptativa até hoje em dia. Homens que tinham matado tinham mais esposas e muito mais filhos[9]. Os traços que promovem o sucesso reprodutivo são favoráveis em uma população. A mente é o que o cérebro faz[10]. E o cérebro, como todas as formas de vida, evoluiu pela seleção natural darwiniana. Os mecanismos psicológicos que proporcionam sobrevivência e vantagens reprodutivas, e os comportamentos que iniciam, são os que ficam incrustados no organismo humano.

Ademais, se o leitor pensar na brincadeira espontânea de meninos pequenos, verá que em todas as culturas essas brincadeiras se centram ao redor das técnicas de guerra primitiva: vínculos masculinos, alianças e ataques surpresa contra os "inimigos". Elas estão no cérebro dos homens, e todos os homens começam a praticá-las quando ainda meninos.

RELIGIÃO

Se uma pessoa der um passo atrás e pensar a respeito, as leis do universo são as mesmas no Nepal, na Nigéria, na Turquia, no Tibete ou no Texas. E mais, se a pessoa for religiosa, o único Deus verdadeiro é, provavelmente, o Deus de seu pai, de sua mãe e de seus avós[11]. A religião é principalmente um incidente de concepção geográfica. Fosse Thomas Jefferson ainda vivo, poderíamos dizer-lhe que a religião agora é compreensível à mente humana. Aceite-se ou não, através da combinação da psicologia, da psicanálise, da revolução nas ciências cognitivas e da antropologia, hoje sabemos por que a religião se desenvolveu, por que certas idéias religiosas se desenvolveram, por que elas se difundiram, por que são aspectos recorrentes das mentes e das sociedades humanas, por que são atraentes às mentes humanas e por que estão relacionadas à sobrevivência e à violência mortal[12]. Os antropólogos avaliam que houve por volta de cem mil sistemas distintos de crença na história humana envolvidos no fomento de guerras tribais e étnicas.

8. S. Pinker, *The Blank Slate*.
9. N. A. Chagnon, Life Histories, Blood Revenge, and Warfare in a Tribal Population, *Science*, n. 239.
10. S. Pinker, *How the Mind Works*.
11. R. Dawkins, The "Know-nothings", the "Know-alls" and the "No-contests". *The Nullifidian*, n.1 (8).
12. P. Boyer, *The Naturalness of Religious Ideas*, e *Religion Explained*; W. Burkett, *Creation of a Sacred*; S. Freud, *The Future of an Illusion, S.E.*; S. E. Guthrie, *Faces in the Clouds*; N. Humphrey, *Leaps of Faith*; D. Kriegman; O. Kriegman, War and the Evolution of the Human Propensity to Form Nations, Cults, and Religions.

Não só as três religiões monoteístas predominantes no mundo moderno, mas todas as crenças religiosas têm como denominador comum o fato de creditar à natureza certa capacidade humana de ação simbólica. Sempre é um conceito humano com alterações. Talvez haja uma violação de nossas suposições intuitivas, mas há muitas que confirmam nossas suposições intuitivas para estruturar a fé e, em última instância, trazê-la de volta a uma forma humana[13]. Por exemplo, Deus reside "em todos os lugares", mas tem todas as características sensoriais humanas. Ele é uma pessoa que vê, ouve, pensa e fala.

Todos os indivíduos são vulneráveis a crenças religiosas. O que nos torna humanos também nos torna religiosos. A religião é um subproduto de mecanismos cognitivos que se desenvolveram com outros objetivos adaptativos cruciais para nossa sobrevivência. Não há componentes unicamente religiosos para a mente[14]. Primeiro, é preciso definir subproduto. Ler e escrever são subprodutos culturais, não adaptações biológicas. Mas são subprodutos das adaptações biológicas da visão, da linguagem simbólica, da coordenação motora fina e da fala. Tomando outro exemplo, todas as culturas têm música. Novamente, não se trata de uma adaptação biológica, mas sim de um subproduto baseado em nossa adaptação biológica da fala. A música é feita de vogais e consoantes tônicas construídas com base nos ritmos do corpo, tais como as batidas do coração.

MECANISMOS INDIVIDUAIS DE CRENÇA RELIGIOSA

No nível individual, a religião é o subproduto cultural de muitos mecanismos cognitivos diferentes que se desenvolveram para promover a sobrevivência. Repetindo: a mente é o que o cérebro faz, englobando numerosos mecanismos específicos evoluídos por meio de seleção natural darwiniana para promover a sobrevivência e a reprodução dos genes que construíram a mente/cérebro. Uma lista parcial desses artifícios cognitivos começa com o mecanismo de *cognição* desarticulada*. Essa habilidade surge na infância e é claramente observada em jogos imaginários. A criança pode dizer que uma tampinha de garrafa é um disco voador. Ela sabe que é uma tampinha de garrafa, mas pode desarticular essa cognição e pensar na tampinha como um disco voador, com os atributos a ele imaginados e relacionados. O aspecto mais sofisticado dessas habilidades cognitivas é observado quando se pode pensar em uma conversa da semana anterior. Pode-se desarticular a cognição do presente e retomar a conversa, e ainda assim saber que se está no presente. Essa capacidade é obviamente adaptativa e

---

13. P. Boyer, *The Naturalness of Religious Ideas*.
14. Idem, *Religion Explained*.
* No original: *decoupled cognition*. (N. da T.)

absolutamente crucial para a memória. Pode-se também pensar sobre uma discussão futura com outra pessoa sem perder o senso de presente. Planejamentos futuros dependem dessa habilidade cognitiva. Esse mecanismo surge com facilidade na religião, em que a pessoa se relaciona com figuras invisíveis, sejam elas deuses ou ancestrais.

O *sistema de apego* tem um papel central na religião. Quando estamos aflitos, voltamo-nos para alguém que cuide de nós, geralmente pai ou mãe, ou mesmo um substituto deles. Encontra-se um paralelo na religião. Quando a pessoa está aflita, volta-se para uma figura de apego. Qualquer que seja o deus ou o ancestral a quem uma pessoa religiosa clama, geralmente é uma figura que cuida. Isso utiliza nosso evoluído sistema de apego para transmitir um senso de realidade. E, nas religiões, os deuses freqüentemente são super-pais que podem dar segurança acima de qualquer pai mortal[15].

O conceito de *transferência* é particularmente útil para a compreensão de aspectos da religião. Deve-se primeiro perguntar por que a capacidade de transferência se desenvolveu na mente humana. A que função adaptativa ela serve? As estratégias iniciais de relação formam as características estáveis de personalidade. As relações iniciais são a gramática para conduzir relacionamentos posteriores. Deve-se apenas pensar como seria se, a cada novo relacionamento, tivéssemos que aprender de novo como nos relacionar com as pessoas à medida que transcorrem nossas vidas. Basear relações presentes nas passadas – reais, imaginadas ou desejadas – é um modo eficiente de antecipar as conseqüências.

A capacidade de transferência se desenvolveu como um aspecto crucial da mente humana[16]. Na terapia de base psicanalítica, vemos diariamente como relações iniciais perturbadas distorcem as relações atuais. Quando a transferência se repete na terapia, os detalhes da própria transferência tornam-se a arena para o tratamento. Pense em todas as transferências potenciais mobilizadas nas religiões entre crentes e seus deuses – Deus o pai, Deus a mãe, e assim por diante – e em tudo o que podemos trazer de nossos relacionamentos pessoais com nossos pais, mães e objetos significativos para as crenças religiosas.

Os humanos nascem com mecanismos apurados para se identificar e se relacionar com seu *parentesco*. É crucial não só para nossa sobrevivência, mas para a sobrevivência das cópias de nossos genes que residem em nosso parentesco. Evoluímos para favorecer as pessoas que têm nossos genes mais do que as que não têm. As religiões evocam e exploram nossas emoções de parentesco. O catolicismo

---

15. N. Humphrey, *Leaps of Faith*.
16. R. M. Nesse; A. T. Lloyd, The Evolution of Psychodynamic Mechanisms, *The Adapted Mind*.

oferece um exemplo bastante claro. As freiras são irmãs, os sacerdotes são padres*, os monges são irmãos, e o Papa é o Santo Padre. O *altruísmo recíproco* é essencial para a habilidade cognitiva. Os humanos têm um programa cognitivo complexo de troca recíproca. O que se dá e o que se recebe têm registro estrito. Oferendas sacrificiais são apenas um ponto em que essa capacidade é usada pelas religiões – por exemplo, sacrificar um porco para uma boa colheita. Muitas vezes, a oração é um pedido explícito de reciprocidade. Se o suplicante promete algo, espera em retorno ser recompensado.

Os humanos possuem o que chamamos de *módulos de teoria-da-mente*. São considerados verdadeiros, e as pessoas os experimentam como uma parte sem emendas da mente consciente. Mas de modo algum são simples. As pessoas sabem, sem serem ensinadas, que outras pessoas têm mentes como as nossas, com vontades, crenças, desejos e paixões. Podemos ler os estados mentais dos outros com sinais visuais. Por volta dos cinco anos de idade, temos a capacidade de saber que os outros podem ter uma crença diferente da nossa sobre qualquer coisa. Podemos avaliar verdadeiramente essa capacidade quando observamos sua ausência clínica, que é o autismo[17].

Em uma espécie intensamente social como a nossa, uma teoria da mente é crucial para trabalhar com outras pessoas, antecipar ou ler seus pensamentos, seus desejos e suas vontades. Crenças religiosas utilizam facilmente essa capacidade. Deuses têm pensamentos, vontades, desejos e memórias. Deuses geralmente têm uma mente humana com todas as possibilidades. Para alguns, a religião representa um funcionamento desenfreado de módulos de teoria-da-mente[18].

As mentes humanas contêm *módulos de tipos naturais* que nos permitem distinguir objetos animados dos inanimados. Essa habilidade de ver a "essência" viva das coisas de modo cognitivo é imperfeita e facilmente se deteriora ao atribuir uma essência viva a objetos inanimados[19]. O animismo é o exemplo mais nítido, mas isso se faz presente também nas idéias religiosas mais complexas que imputam uma substância viva a coisas e espaços inanimados.

Os cérebros humanos são equipados com *sistemas de arquivos pessoais*. Nascemos com eles, e neles guardamos informações sobre pessoas. Os sistemas de arquivos pessoais permanecem, mesmo que uma pessoa morra ou se ausente por muito tempo. Permitem-nos "falar", na privacidade de nossas próprias mentes, com pessoas próximas que

---

* Etimologicamente, *padre* vem do nominativo latino *pater*, que se refere a pai; em inglês, o termo é *father*. (N. da T.)
17. S. Baron-Cohen, *Mindblindness*.
18. S. Pinker, *How the Mind Works*.
19. L. A. Kirkpatrick, Towards an Evolutionary Psychology of Religion and Personality, *Journal of Personality*, n. 67.

já morreram. Algo que está apenas a um passo da idolatria ancestral formal.

Os seres humanos têm *sistemas de sentimentos morais*. Um argumento freqüente é que moralidade exige religião. Nem tanto. Podemos não ter sistemas morais explícitos e formais, mas nascemos todos com sistemas morais conclusivos[20]. Isso é evidente em crianças pequenas, que sabem a diferença básica entre certo e errado. As religiões tomam posse dessa capacidade, para seus próprios fins e para justificar suas existências.

USOS GRUPAIS DA RELIGIÃO

Acima estão apenas algumas capacidades cognitivas individuais que nos fazem suscetíveis a crenças religiosas. Mas estamos preocupados com terrorismo e violência grupal. Questão central para entender o papel da religião em grupos humanos é o que chamamos de sociologia "ingênua", ou nosso "sentimento de grupo". Uma das fraquezas da humanidade é nossa inabilidade de avaliar grupos como grupos de indivíduos. Com muita facilidade usamos rótulos e tentamos explicar a complexidade de alguns grupos de modo simples e reducionista: "os franceses sentem raiva de..." ou "os russos acham que..." são exemplos desse tipo de pensamento. Historicamente, a religião tem servido como um dos rótulos cruciais que distinguem instantaneamente um grupo, dividindo o mundo em "nós" e "eles"[21]. Por toda a história registrada, assim como no 11 de Setembro, a religião serviu de rótulo para inimigos "merecedores da morte". Por exemplo: "Não foi Seamus que explodiu minha casa na Irlanda do Norte; foram os católicos".

Temos intenso sentimento de grupo, o que não surpreende, uma vez que se trata de um mecanismo de sobrevivência, adaptativo em toda nossa história evolutiva. O sentimento de grupo é uma das descobertas mais consistentes em psicologia social. Se alguém tomar uma sala cheia de pessoas, dividi-las arbitrariamente em dois grupos, e der tarefas para cada grupo, os membros de cada um rapidamente sentirão lealdade em relação a seu grupo, irão idealizá-lo e desvalorizar as capacidades do outro grupo. Como Freud disse: "Um amigo íntimo e um inimigo odiado sempre foram requisitos necessários à minha vida emocional"[22]. Todos nós precisamos de inimigos e de aliados[23]. Isso explica o que todos acreditamos ser verdade – que os grupos aos quais pertencemos são superiores, e os outros precisam lutar com

---

20. R. Alexander, *The Biology of Moral Systems*.
21. P. Boyer, *Religion Explained*.
22. P. Gay, *Freud, A Life for Our Time*.
23. V. D. Volkan, Immigrants and Refugees, *Mind and Human Interaction*.

associações inferiores. Os líderes religiosos pregam baseados nesse sentimento de grupo para assegurar lealdade à fé e a seus adeptos. Deuses personificam, controlam e apaziguam o imprevisível. Deuses também induzem ao medo de autoridades superiores e asseguram a subordinação. As pessoas oferecem os frutos de sua labuta a deuses invisíveis, não apenas ao rei ou ao coletor de impostos. O que acontece ao macho dominante em qualquer grupo social se o grupo tem sucesso e fica grande demais? O grupo deve dividir-se? Por toda nossa história evolutiva, a dissolução de um grupo muitas vezes aconteceu antes que surgisse uma inovação singular para permitir estabilidade a grupos maiores. Descobriu-se que há maior segurança quando a pessoa se declara mero mensageiro, representante do poder de uma divindade. O mensageiro, representação de Deus na Terra, tem autoridade sem necessidade de se arriscar à total responsabilidade. O líder que aceita o status inferior ao de divindade escolhe uma estratégia brilhante e perspicaz. Como todo subordinado sabe, o comando que se tem fica mais influente quando acompanhado pela ameaça de um poder maior[24]. O "mero mensageiro" que atualmente atormenta o Ocidente é Osama bin Laden.

Por que as religiões têm tanto sucesso? Crenças sobrenaturais tornam-se religiões quando começam a servir para funções sociais importantes e para definir a identidade de um grupo. Funções sociais e definição da identidade de um grupo são o que constituem a religião. Um modo de se pensar a função social da religião é como uma técnica para o sucesso. Quando nove homens ficaram aprisionados em uma mina de carvão na Pensilvânia, em julho de 2002, muitos mineiros começaram a rezar e depois atribuíram o dramático resgate aos desígnios de Deus. Foi convenientemente esquecido o fato de que, naquele mesmo mês, a explosão de uma mina na China também aprisionou 39 mineiros, mas esses morreram.

Quais são alguns usos sociais da religião? As religiões são úteis para a aquisição de recursos. Basta pensar na riqueza das religiões atuais em nosso mundo, isenta de impostos. A religião ajuda os homens a atraírem companheiras. Osama bin Laden, pouco antes dos ataques do 11 de Setembro, tomou uma quarta esposa legal, uma jovem iemenita de dezessete anos, e deve haver no mundo islâmico muitas outras mulheres ávidas de conceberem filhos dele. É ingenuidade achar que esse comportamento poligâmico só representa a ponta extrema do espectro, tal como Jim Jones e David Koresh*. Em Salt Lake City, Utah, pode-se visitar a casa do fundador da Igreja Mórmon, Brigham Young. Foi necessária uma grande ampliação do dormitório para suas dezenove esposas.

---

24. D. Dennett, Appraising Grace, *The Sciences*.
* Dois líderes religiosos americanos que levaram seus respectivos grupos ao suicídio em massa. (N. da T.)

As religiões são muito eficazes para anular competições. A realidade é que nenhuma religião obteve sucesso sendo tolerante com competidoras. As religiões devem redirecionar lealdades para triunfar. Diversos grupos étnicos, raciais e lingüísticos podem permanecer sob a influência da mesma religião. Costumamos pensar nas religiões como promotoras de valores familiares, mas uma de suas principais funções é sobrepor-se a essas lealdades. A idéia de subverter famílias pode surpreender os que pensam nas religiões direcionadas para valores familiares. Mas a família é um perigo para a religião. As famílias constituem alianças rivais. Têm a injusta vantagem de possuir laços afetivos de parentesco. As pessoas favorecem e perdoam membros da família antes de fazê-lo com os outros. Os homens também buscam vingança mais rapidamente quando um parente sofre algum mal[25]. A hostilidade aos valores familiares é ilustrada na Bíblia:

não vim trazer paz, mas a espada. Porque eu vim pôr em dissensão o homem contra seu pai, e a filha contra sua mãe, e a nora contra sua sogra; e assim os inimigos do homem serão os da sua própria casa. Quem ama o pai ou a mãe mais do que a mim [...] e quem ama o filho ou a filha mais do que a mim não é digno de mim*.

O homem que assim falou foi Jesus.

11 DE SETEMBRO

As religiões têm uma função de adaptação cultural para facilitar o terrorismo e a guerra. Permitem que homens jovens, privados de seus direitos, tomem o poder. A crença em uma vida após a morte e a recompensa por morrer em uma guerra santa ajudam a minimizar o temor da morte na busca de conquistas. A adesão religiosa desliga mecanismos de compaixão, liga e maximiza a desumanização. As religiões são muito eficazes para guiar a moralidade dentro do grupo e o ódio fora dele. Dão aos seguidores a habilidade de avaliar o comprometimento dos outros a tarefas perigosas e de maximizar o comprometimento com empreitadas potencialmente letais. Juramentos têm a marca do terror mental e têm a função de advertências caras. Eles transmitem a superioridade e o comprometimento dos que juram lealdade. As religiões geralmente garantem aos guerreiros uma parte do espólio. Também são muito úteis em preparar a guerra para exterminar grupos de fora[26]. A contagem dos corpos do 11 de Setembro e a história humana são a prova sangrenta disso.

---

25. S. Pinker, *How the Mind Works*.
* Mat. 10:34-37. Transcrito da tradução em português da Bíblia por João Ferreira de Almeida. (N. da T)
26. J. Hartung, Love thy Neighbor, *Skeptic*, n. 3 (4); D. Kriegman; O. Kriegman, War and the Evolution of....

Em 11 de setembro de 2001, os Estados Unidos foram atacados e três mil pessoas morreram em nome do Islã. A refinada distinção entre Islã fundamentalista e moderado caiu junto com as torres gêmeas[27]. Quem podia ignorar os aplausos que se alastraram pelo mundo islâmico? Mas, enquanto rapidamente se acusa o Islã, muitos cristãos querem fazer de conta que o cristianismo não foi imposto pela espada. A cruz acompanhou a espada em todos os lugares. A Torá contém instruções de como roubar, escravizar e assassinar forasteiros[28]. Partes do Antigo Testamento são claras ilustrações de assassinatos e genocídios. Na *Bíblia*, o *Deuteronômio* 20, 16 instrui os judeus a entrarem nas cidades prometidas por Deus e ali "nada que tem fôlego deixarás com vida".

O cristianismo fortaleceu homens jovens, privados de seus direitos, em sua luta pelo poder, status e riqueza. Maomé e seus seguidores, homens jovens privados de seus direitos, impuseram-se na Península Arábica. E um ramo mais conservador do Islã, agora na Arábia Saudita, o wahabismo, foi imposto por homens jovens privados de seus direitos. Não devemos também esquecer a tomada protestante do poder na Inglaterra, levada a cabo por homens jovens privados de seus direitos.

As três religiões monoteístas pregam que a morte não é o fim da existência do indivíduo, o que permite a esses guerreiros religiosos minimizar o medo da morte. E é ainda mais ridículo, e humilhante para as mulheres, quando uma religião promete 72 virgens, ávidas e exclusivas, no paraíso, para os que morrem como "mártires" da fé[29]. Enquanto florescerem essas crenças, existirão terroristas.

Os acontecimentos do 11 de Setembro nos apresentam esses antigos mecanismos em visão total e indisfarçada: dezenove homens jovens, unidos em nome de Deus, conspiraram e efetuaram o ataque letal a Nova York e ao Pentágono, e três mil inocentes foram assassinados.

Na primavera de 2002, a Igreja da Natividade em Belém foi sitiada. As pessoas comentaram como foi terrível e blasfemo. Certamente foi terrível, mas não blasfemo: foi emblemático. O cerco representa os pontos fundamentais deste ensaio. A violência grupal masculina com ataque letal faz parte da natureza humana. A religião é uma invenção do homem, e a propensão religiosa masculina do seqüestro, tendo em vista a matança grupal, contribui para promover as prerrogativas de seus adeptos.

Se realmente quisermos entender o 11 de Setembro no seu nível mais fundamental, devemos encarar o horror de nossa história evolutiva, o legado mortal que deixou em todos os homens, e a violência que reside no âmago de toda religião. A escolha é nossa.

---

27. R. Dawkins, Religion's Misguided Missiles, *The Guardian*.
28. J. Hartung, op. cit.
29. R. Dawkins, op. cit.

5. Globalização e Identidade

Abdülkadir Çevik

Desde o princípio da história, os seres humanos sofreram transformações. E, na medida em que sofriam essas transformações, resistiam a elas. Individualmente ou em grupos, as pessoas resistem a mudanças quando as vivenciam como ameaça, tanto às suas adaptações internas quanto às externas, aos seus ambientes e às suas vidas em geral. A globalização – um tópico bastante discutido nos últimos anos e um agente de mudança acompanhado de grande resistência – é um conceito difícil de descrever. Para o indivíduo, significa desenvolver um tipo de universalidade e um tipo de cidadania mundial. Em uma escala mais prática, o conceito de globalização, hoje, refere-se geralmente às normas culturais, econômicas e políticas da América do Norte e da Europa Ocidental que se infiltram em outras populações por todo o globo terrestre. Enquanto no passado houve muitos grupos dominantes – como os Impérios Romano, Bizantino e Islâmico – que também influenciaram profundamente as pessoas que viviam em áreas vizinhas, hoje, por causa da tecnologia avançada, a "globalização" está mais generalizada. Algumas pessoas ligam a globalização ao terrorismo no mundo islâmico e/ou nos países em desenvolvimento que está voltado contra as influências "invasoras" da América do Norte e da Europa Ocidental. O terrorismo que hoje observamos em várias partes do mundo certamente tem causas múltiplas. Contudo, nosso entendimento da psicologia da globalização pode expandir nosso conhecimento sobre as causas de algumas explosões de violência.

Na superfície, as perspectivas da globalização se referem aos desejos de desenvolvimento e de enriquecimento da vida de um indivíduo (ou de um grupo). Vendo por esse ângulo, perguntamos: quem não gostaria de ser um indivíduo universal? Um olhar mais atento ilustra, porém, um fenômeno mais complexo, parte do qual é uma mistura de aceitação do que vem do "Ocidente" e de rejeição dessa influência. Por exemplo, a revolução religiosa do Irã foi possível tanto devido ao uso de tecnologia "ocidental" (exemplo: enviar as mensagens de Khomeini por meio de fitas gravadas) quanto devido à recusa em permitir que aspectos indesejados do "Ocidente" infiltrassem o território iraniano (muçulmanos fundamentalistas xiitas no Irã de Khomeini perceberam muitos outros aspectos da influência ocidental como ameaça ao seu tipo de Islã e às suas tradições).

Aprendemos com o trabalho clínico que perdas e mudanças drásticas são sempre acompanhadas por uma resistência à sua aceitação. Transformações em indivíduos e em sociedades são percebidas como ameaças às identidades individuais e de grandes grupos existentes, mesmo que o indivíduo ou o grupo reconheça que a mudança pode fazer sentido econômico ou político. Nenhuma mudança significativa é aceita sem que o indivíduo ou a sociedade passe por um trabalho eficaz, individual ou compartilhado, de luto[1]. O luto precisa cumprir seu curso antes que aspectos da globalização possam ser assimilados pelo indivíduo ou pelo grupo.

Este capítulo examina os processos psicodinâmicos envolvidos na globalização – mudanças no vestir, inclusão de novas palavras na linguagem, modificações na filosofia econômica ou política, novas versões de questões de gêneros e sexualidade e assim por diante, comparando as respostas individuais ou das sociedades às influências que se infiltraram e examinando também o ajustamento dos imigrantes aos seus novos ambientes. Se quase não houve estudo psicodinâmico aprofundado da globalização, temos bastante informação da psicologia das migrações, voluntárias ou forçadas[2]. Migrações forçadas ocorrem devido a guerras, condições de conflito, perseguições raciais ou ideológicas. Sabemos bem como a migração forçada influencia o resultado final da adaptação ou da falta de adaptação do imigrante ao novo local. Geralmente uma migração voluntária permite ao imigrante se ajustar melhor. O estudo de migração, forçada ou voluntária, inclui o exame do processo de luto do imigrante. O imigrante capaz

1. S. Freud, Mourning and Melancholia, *S.E.*, v. 14.
2. S. Akhtar, A Third Individuation, *Journal of the American Psychoanalytic Association, Immigration and Identity*; A. Çevik, Avrupadaki Ggöçmen Türklerde Kimlik Sorunlarinin Reaktivasyonu ve Bunun Kimlige Yansimasi, *Türkiye Klinikleri Psikiyatri Dergisi*; L. Grinberg; R. Grinberg, *Türkiye Klinikleri Psikiyatri Dergisi*; V. D. Volkan, *Cyprus – War and Adaptation...*; Immigrants and Refugees, *Mind and Human Interaction*

de realizar um trabalho eficaz de luto pode colocar suas auto-imagens pré-migratórias ao lado das auto-imagens pós-migratórias. Assim fazendo, ele vivencia um *continuum* em sua identidade. Aplicar o que sabemos de psicodinâmica da adaptação de imigrantes a um novo país, cultura e padrões de pensamento ou de comportamento mostra a reação individual ou social à globalização, e se esses indivíduos e sociedades podem usar o que foi transposto para seu território em formas bem ou mal adaptadas.

PSICOLOGIA DE MIGRAÇÃO

O conflito do imigrante com questões identitárias é acompanhado de um processo de luto. Inicialmente, o imigrante vive um "choque cultural"[3] por conta das mudanças em seu "ambiente previsível comum"*. Para o novo imigrante, o novo ambiente é algo imprevisível, especialmente se tiver sido forçado a se exilar. Garza-Guerrero[4] afirma que, se o novo imigrante completar o processo de luto pelo que foi abandonado de modo eficaz, pode formar uma nova identidade que não é nem a entrega total à nova sociedade, cultura e tradições nem a soma da dotação bicultural. Vendo um aspecto positivo nesse tipo de "bom" ajuste, Julius[5] diz que o imigrante pode manter suas identidades prévias e novas em um *continuum* e pertencer "totalmente a ambas"[6]. Akhtar[7] sugeriu que a adaptação do imigrante é como uma terceira individuação, depois da primeira na infância[8] e da segunda durante a passagem pela adolescência[9]. Internamente, a individuação significa separar sua própria identidade das imagens das pessoas a quem se está emocionalmente próximo. Assim, é possível escolher que imagens manter (identificando-se com elas) e que imagens modificar ou descartar.

Mas podem ocorrer muitas complicações na adaptação do imigrante. Léon e Rebecca Grinberg[10] examinam em detalhes os vários mecanismos de defesa dos imigrantes usados para lidar com o que foi deixado

---

3. G. Ticho, Cultural Aspects of Transference and Countertransference, *Bulletin of the Menninger Clinic*, n. 35.

* H. Hartmann, *Ego Psychology and the Problem of Adaptation*. "Average expectable environment" também pode ser traduzido por ambiente estável comum. (N. da T.)

4. A. Cesar Garza-Guerreiro, Culture Shock: Its Mourning and Vicissitudes of Identity, *Journal of the American Psychoanalytic Association*, n. 22.

5. D. A. Julius, Biculturalism and International Interdependence, *Mind and Human Interactions*, n. 3, p. 53-56.

6. Idem, p. 56.

7. S. Akhtar, A Third Individuation, *Journal of the American Psychoanalytic Association*.

8. M. S. Mahler, *On Humans Symbiosis and the Vicissitudes of Individuation*.

9. P. Blos, *The Adolescent Passage*.

10. L. Grinberg; R. Grinberg, *Psychoanalytic Perspectives on Migration and Exile*.

para trás, e com o que se deve mudar internamente. Sentimentos de culpa referentes à mudança ou à perda de uma parte do *self* do imigrante podem de alguma forma complicar seu processo de luto e a adaptação. Se a culpa for "persecutória", passado e presente se confundem e podem surgir "ressentimento, dor, desespero, medo [e] auto-reprovação"[11]. Assim, creio, torna-se possível ao imigrante com culpa persecutória expressar violência contra si mesmo ou contra outros.

PRESO ENTRE DUAS CULTURAS

O imigrante necessita adaptar-se a influências que levam seu mundo interno a um novo ambiente cultural, social e político. Por outro lado, uma pessoa (ou sociedade) sujeita à globalização tem de ajustar-se a influências que penetram seu mundo interno (ou as normais sociais, culturais e políticas da sociedade) a partir de fora. No último caso, os indivíduos permanecem no mesmo local, mas enfrentam mudanças ou perdas como se fossem imigrantes.

A história a seguir, de imigrantes turcos chegando à Bélgica de uma vila da Anatólia Central, nos ajudará a entender a similaridade entre as psicodinâmicas envolvidas na imigração e na globalização. Esse exemplo envolve uma "sociedade" e não um indivíduo, e assim ilustra uma resposta social a mudanças na cultura e em outras normas.

Em 1987, fui convidado a ir à Bélgica para prestar auxílio a famílias turcas que haviam começado a se estabelecer em Bruxelas no início dos anos de 1960. Dificuldades econômicas os forçaram a migrar para a Bélgica. Inicialmente, foram para Bruxelas como trabalhadores, a convite; suas esposas e filhos se reuniram a eles tempos depois. Os turcos que viviam lá eram de Emirdag, uma pequena cidade da Anatólia Central, duzentos quilômetros a sudeste da capital turca, Ancara. Muitos viviam no mesmo distrito de Bruxelas desde os anos de 1960.

Pediram-me para estudar esse grupo por conta da prevalência entre eles de depressão e de condições psicossomáticas (como úlcera péptica). O que me surpreendeu foi o fato de que a maioria das pessoas vivendo nesse distrito não falava nenhuma das línguas nativas da Bélgica. Por isso, não conseguiam expressar seus sentimentos em uma língua que a maioria das pessoas à sua volta falava. Também não podiam usar o turco de forma eficaz para comunicar esses sentimentos, por se sentirem cercados por uma cultura estrangeira que não responderia à sua língua. Qualquer expressão em turco contra essa cultura "invasora" seria inútil. Interiorizando isso, eles não podiam usar sua própria língua para expressar suas frustrações, mesmo dentro de seus próprios enclaves. Expressavam esse estado de aprisionamento entre a cultura original da Anatólia Central e a nova cultura belga através de depressão e de somatização, e não através de verbalização e da descarga direta de suas emoções referentes a seu status de imigrante.

As pessoas de Emirdag são moderadamente religiosas e nacionalistas, e os imigrantes vivendo nesse distrito de Bruxelas vêm dessa tradição. Contudo, as famílias turcas que visitei em Bruxelas eram mais religiosas e mais nacionalistas dos que as de parentes e amigos que permaneceram em Emirdag. Concluí que, apesar de esse grupo turco haver migrado voluntariamente, eles resistiam em absorver o modo de vida belga

---

11. Idem, p. 79.

e em incluir aspectos dele em suas vidas diárias. Ao invés disso, pelo fato de suas identidades tradicionais terem sido ameaçadas, exageravam seus valores tradicionais, particularmente os comprometimentos religiosos e nacionalistas. Também criaram um ambiente semelhante a um gueto, colocando assim uma "fronteira" em volta da comunidade para se proteger da infiltração da cultura e das tradições belgas. A ameaça a sua identidade induziu à frustração e à agressão. Essa agressão voltou-se para o lado interno, resultando em depressão, somatização e aumento da dependência de álcool e drogas. Esses últimos sintomas os diferenciaram de seus parentes em Emirdag. Nas mentes dos imigrantes, "álcool e drogas" faziam parte da cultura belga; eles podiam se identificar apenas com as "más" qualidades do país hospedeiro, e só podiam encontrar um *continuum* entre suas vidas passadas e presentes sob formas mal-adaptadas[12].

Enquanto nessa comunidade turca em particular a "agressão" foi interiorizada, posso imaginar comunidades similares onde a agressão – mesmo a agressão que leva ao terrorismo – possa ser expressa externamente. No dia 23 de maio de 1977, treze molucanos do sul seqüestraram um trem na Holanda e fizeram alguns pedidos. Eles queriam que o governo holandês pressionasse a Indonésia a libertar sua terra natal. Para mostrar que falavam sério, os seqüestradores mataram dois dos 85 reféns. Durante a luta da Indonésia para sua independência da Holanda, muitos molucanos (amboneses), especialmente os que se tornaram cristãos, ficaram do lado holandês. Quando os holandeses deixaram a Indonésia, muitos molucanos se fixaram na Holanda com a idéia de um dia poderem retornar à terra natal. Ainda que vivessem na Holanda, esses molucanos não eram refugiados, e sim "convidados temporários". O seqüestro do trem se deu depois de os molucanos perceberem que voltar para casa era agora uma fantasia e que eles permaneceriam na Holanda. Com isso, tornaram-se refugiados, e a frustração devido a essa mudança "forçada" de identidade conduziu-os ao ato terrorista.

GLOBALIZAÇÃO

Na superfície, parece que os imigrantes de Emirdag buscavam uma vida melhor ao se introduzirem na cultura européia. Na realidade, assim como os molucanos na Holanda, eles resistiram à transformação. A globalização freqüentemente oferece uma vida melhor, mais liberdade individual e irmandade com muitas outras pessoas. Mas, como já mencionei, também induz à ansiedade quando vivida como ameaça à identidade compartilhada. Indivíduos irão reagir de modo diverso à globalização, dependendo da idade, status social e gênero, assim como de sua constituição psicológica. Entender a resposta de um grupo à globalização requer não apenas um olhar atento à psicologia

---

12. A. Çevik, Avrupadaki Ggöçmen Türklerde Kimlik, *Türkiye Klinikleri Psikiyatri Dergisi*.

individual dos membros do grupo como, e mais importante, um exame dos elementos compartilhados do grupo.

A identidade de grande grupo baseia-se em representações mentais compartilhadas de lendas ancestrais, de história realista e fantasiada e de heróis do passado[13]. A globalização introduz imagens de lendas, de história e de heróis novos e estrangeiros. Essas imagens competem com as representações mentais já existentes antes que se crie um *continuum* psíquico entre elas. Esse processo de desistir, ou de ao menos modificar, representações existentes e de aceitar novas pode induzir à culpa, o que, por sua vez, pode conduzir a expressões agressivas, seja contra a sociedade "invadida", seja contra os "invasores".

Volkan[14], ao escrever sobre psicologia de grandes grupos, ilustrou que as sociedades precisam tanto de aliados como de inimigos. Os conceitos de "aliados" e "inimigos" referem-se primariamente aos membros de um grupo que externaliza seu *self* não-integrado e imagens do objeto para "reservatórios convenientes"* de fora – geralmente grandes grupos vizinhos. Os conceitos de "nós" e "eles" são construídos nos significados psicológicos desses reservatórios. Por exemplo, na Finlândia, a sauna se torna um recipiente adequado que absorve todo o "bom" *self* não-integrado das crianças finlandesas e as imagens do objeto. Ao usar o mesmo reservatório, as crianças finlandesas unem-se umas às outras de maneira invisível. Em Chipre, crianças turcas usam porcos como reservatório conveniente (muçulmanos turcos não comem carne de porco e consideram o porco "estrangeiro"). As crianças estão conectadas pela externalização de suas imagens "más" não-integradas no mesmo reservatório; os porcos representam os gregos "estrangeiros" que também vivem em Chipre. Claro, identificações com os pais e responsáveis importantes dentro da mesma sociedade também desempenham um papel na separação de "nós" e "eles". Utilizar os mesmos reservatórios, e identificar-se com pessoas da mesma cultura torna necessária a divisão posterior do mundo adulto em "aliados" e "inimigos".

Com certeza, o "inimigo" de uma sociedade é também real se houver conflito entre os grupos. Conforme afirmou o antropólogo Howard Stein[15], os inimigos podem ser reais ou fantasiados. Enquanto uma sociedade tiver "inimigos" estrangeiros, as imagens com sentimentos e pensamentos "maus" associados e projetados nos "inimigos" não se voltam contra essa mesma sociedade nem a danificam. A globalização ameaça a habilidade do grupo em manter "inimigos",

---

13. A. Çevik, Avrupadaki Ggöçmen Türklerde Kimlik, *Türkiye Klinikleri Psikiyatri Dergisi*; V. D. Volkan, *Bloodlines*.

14. V. D. Volkan, *The Need to Have Enemies and Allies*.

* No original, *suitable reservoir*. (N. da T.)

15. H. R. Stein, Adversary Symbiosis and Complementary Group Dissociation, *International Journal of Intercultural Relations*, n. 6.

bem como "aliados", sendo assim uma ameaça à identidade do grande grupo. Um exemplo disso são as relações da Turquia com a União Européia.

De certo modo, a caminhada da Turquia em sua tentativa de inclusão na União Européia pode ser conceituada como um processo de globalização. Todos os países membros da UE de certa maneira têm um senso de "contigüidade"*: por exemplo, compartilham a mesma bandeira da UE. A Turquia, politicamente falando, acredita que fazer parte da UE é uma boa coisa. Entretanto, não devemos nos surpreender com a possibilidade da associação à UE também induzir a certa ansiedade, expressa por alguns partidos políticos, líderes, organizações de mídia e por alguns cidadãos, ainda que, de acordo com as pesquisas mais recentes dos jornais, 80% dos turcos queiram fazer parte da UE. Uma forma de os cidadãos turcos expressarem sua ansiedade é fazendo referência ao *kokoreç* – uma comida típica feita de tripa de carneiro. Uma crença comum entre os turcos é a de que os europeus avaliam o *kokoreç* como algo ruim, não comestível, um prato que pode infectar quem o comer com bactérias. A sabedoria popular dos turcos que compartilham esse pensamento é que se a Turquia fizer parte da UE, esta irá proibi-los de preparar e comer o *kokoreç*. Acredito haver um sentido psicológico compartilhado e ligado à preocupação com o *kokoreç*: é algo "sujo" (agressivo) que pode ser digerido com segurança por turcos "durões", mas é uma "arma" que irá adoecer pessoas de culturas "ocidentais"; fazer parte da UE irá roubar a "dureza" do povo turco em sua identidade compartilhada e os tornará "fracos".

Com certeza é uma condição fantasiosa. Na realidade, pelo fato de o Império Otomano ter incluído populações de muitas culturas diferentes, a imagem do povo turco a respeito de sua identidade de grande grupo inclui um "contato" com outras religiões e grupos étnicos. Foram os otomanos que "forçaram" uma espécie de globalização em outras sociedades, inclusive nas civilizações européias que não conquistaram. A música, a comida, os costumes e a tecnologia militar otomanas infiltram-se nessas terras. Assim, os intelectuais da Turquia sabem que a entrada na UE será uma experiência enriquecedora para todos os envolvidos. No entanto, a globalização cria influências nos dois sentidos. Os países que pertencem à UE também sentiram ansiedade em ter a Turquia como membro. Eles temem a migração da cultura muçulmana turca na predominantemente cristã UE; temem a presença de algo "estrangeiro" em seu meio. Esse sentimento foi verbalizado abertamente pelo ex-presidente francês Valéry Giscard d'Estaing, também líder da Convenção pelo Futuro da Europa, em 8 de novembro de 2002, quando ele disse ao jornal francês *Le Monde*

* No original, *togetherness*. (N. da T.)

que as pessoas que apoiaram a candidatura de Ancara para fazer parte da UE eram "adversárias da União Européia". Continuou dizendo que a capital da Turquia não está na Europa e que a admissão desta na UE "seria o fim da União Européia"[16].

Os comentários de Giscard d'Estaing enfureceram os representantes turcos na Convenção pelo Futuro da Europa e, de certo modo, "humilharam" os turcos em geral. Não vejo nenhuma possibilidade de que esse incidente leve a uma irrupção de violência dos turcos contra outros europeus. Porém é um "mini-exemplo" de como se provoca ansiedade e outras emoções quando se considera a "contigüidade" com "outros".

Outro exemplo: antes de sua desaparição, Osama bin Laden repetidamente se referia a três situações como seus motivos para os atos terroristas: 1. Os Estados Unidos "penetrando" na Arábia Saudita; 2. as sanções contra o Iraque e o sofrimento do povo iraquiano; e 3. a tragédia dos palestinos. Quando Bin Laden focaliza o modo como os americanos contaminam locais sagrados na Arábia Saudita, acredito que ele se refira à globalização – a intrusão de religião e cultura estrangeiras em sua religião e cultura próprias.

CONCLUSÃO

Globalização, um conceito um tanto abstrato, assim como migração, um ato concreto, criam ameaças a identidades individuais e de grande grupo[17]. Certamente pode ser conceituada como via de mudança que leva a uma "contigüidade" adaptativa e pacífica. Mas, sob certas condições, em que se percebe uma grande ameaça à identidade de um grande grupo e nas quais líderes políticos inflamam essa ameaça, também pode ser combustível para a violência e mesmo para o terrorismo. A psicologia da globalização devia ser considerada quando houver esforços internacionais – políticos, comerciais, legais e outros – de se criar contatos direto e indireto, e cooperação cada vez maior entre culturas e sociedades.

---

16. Reuters, 11 de agosto de 2002.
17. A. Çevik; B. Ceyhun, *Psikopolitik Yönden Kimlik Gelisimi ve Etnik Terorizm,* Politik Psikoloji Serisi Sayi 1.

6. Ódio, Humilhação e Masculinidade

Nancy J. Chodorow

Em seu principal editorial da quarta-feira 12 de setembro de 2001, o *The New York Times* disse que os ataques do dia anterior exigiram enorme coordenação, mas que, afinal, era preciso entender o ódio: "Durante todo o dia de ontem, comentaristas enfatizaram a escala de planejamento que essa missão terrorista deve ter exigido. Mas é igualmente importante considerar a intensidade de ódio que permitiu que ela se concretizasse"[1]. Alguns meses depois, também no *The New York Times*, o colunista Nicholas Kristof discorreu a respeito de uma conferência sobre terrorismo proferida em Harvard[2]. Pobreza e analfabetismo são em si indesejáveis, ele afirma, mas não causas originárias do terrorismo, uma vez que grande parte dos terroristas é de classe média ou de origem privilegiada, com boa educação, e as pessoas que os apóiam têm provavelmente mais instrução do que seus concidadãos. Segundo ele, entre os três fatores principais, o primeiro é a humilhação. Cita a acadêmica de Harvard, Jessica Stern: "Essa palavra é extremamente importante para explicar por que os terroristas têm tanto sucesso em recrutar grande número de homens jovens".

Enquanto o mundo, confuso, continua tentando entender e pensar sobre os horrores da violência terrorista, um episódio particular de violência aconteceu nos Estados Unidos: o irado pai de um jovem jogador de hóquei matou outro pai. Em uma carta aos editores, em

---

1. *The New York Times*, p. A26, 12 set. 2001,
2. N. D. Kristof, Behind the Terrorists, *The New York Time*, p. A33, 7 maio 2002.

resposta ao artigo da *The New York Times Magazine* sobre o problema do superinvestimento dos pais nos esportes dos filhos, o "pai de um goleirinho de uma liga infantil" escreveu:

> O hóquei é um esporte apaixonante que exige comprometimento e caráter. Requer dureza, tanto mental quanto física. McGrath [o autor do artigo] pergunta por que, em uma época em que os pais se esforçam para reduzir riscos, deixaríamos nossos filhos participar de um jogo tão duro e tão agressivo. Eu gostaria de lembrá-lo dos homens da Força Delta que, em serviço na Somália e agora no Afeganistão, usam rotineiramente seus capacetes cheios de referências ao hóquei. Gostaria de lembrá-lo dos atletas-cidadãos na Pensilvânia que evitaram ainda mais vítimas no 11 de Setembro... gostaria de lembrá-lo de que a vida é um risco[3].

Meninos pequenos, argumenta o pai, precisam praticar "jogos duros e agressivos" a fim de desenvolver a dureza, o caráter e o comprometimento dos homens da Força Delta.

POR QUE HOMENS?

Minhas duas primeiras citações sugerem que explicações tradicionais de cunho econômico, político e social para o terrorismo não são suficientes. Sentimentos psicológicos como ódio e humilhação são centrais. Não que condições sociopolíticas não afetem a motivação, os sentimentos ou a ação. Mais precisamente, a questão é: como e por que elas afetam diferentes pessoas de modo diferente. Podemos observar a motivação como se fosse diretamente causada por condições abstratas e por condições políticas ou materiais geralmente descritas e, portanto, rotular o comportamento como antiimperialista, nacionalista ou surgido do fervor religioso. Mas, se assim o fizermos, isso não nos permite ver que certos indivíduos, com desejos e fantasias conscientes e inconscientes – na verdade, com motivos conscientes e racionalizações que tornam aceitáveis esses comportamentos – se envolvem em missões suicidas, assassinatos em massa, tortura, limpeza étnica ou genocídio. Estamos olhando para *indivíduos* que têm ódio, cometem violência, atacam mulheres, polarizam o mundo em "nós os bons" e "eles os maus". As pessoas individualizam os sistemas de crenças culturais e políticas de acordo com sua psicologia particular – seu desenvolvimento particular e sua história interpessoal. Elas infundem nas ideologias religiosas e políticas afetos que justificam e levam ao seu comportamento, obtendo gratificação pessoal ou senso de coerência da participação em causas ligadas a certas pessoas e desvinculadas de outras.

Em uma população específica de criminosos, mesmo entre fundamentalistas islâmicos contemporâneos ou na Alemanha durante a Segunda Guerra Mundial, nunca acontece de todos os membros se en-

---

3. *The New York Times Magazine*, p. 4, 3 fev. 2002.

volverem em violência extrema ou mesmo apoiá-la; ainda assim, como indica Stern, citada acima, e o pai do goleirinho amador, a maioria dos criminosos é homem. A violência do nacionalismo e da limpeza étnica cruza-se com a misoginia e com o desejo de humilhar o macho inimigo, levando a estupros em massa de mulheres e meninas. A tortura política, como se sabe, inclui geralmente tortura sexual tanto de homens quanto de mulheres, como se os criminosos estivessem exercendo sua dominação masculina, assim como a dominação política ou étnica. Depois do 11 de Setembro, como eu estava pregada ao *Times*, e como continuava minhas leituras sobre violência religiosa-política e étnico-nacional no Oriente Médio, no subcontinente indiano e em outros lugares, comecei a notar como os homens da mídia pública nada comentam a respeito de compaixão. Em muitas culturas, incluindo algumas das que estão engajadas em guerras religiosas ou étnicas e em genocídio (e das que as retratam na mídia), a dinâmica de gênero deixa as mulheres invisíveis. Os jornais exibem foto atrás de foto de "sérvios", do "Talebã", dos "amotinados na Caxemira", dos "protestos na Palestina", "sauditas", ou dos "colonos judeus", sem notar que essas fotos são todas de homens.

Assim, é preciso perguntar não só quais são as psicodinâmicas da violência extrema, como terrorismo e assassinato em massa, bombardeios suicidas, estupros ou torturas surgidos do ódio e da humilhação, mas por que são quase sempre homens os envolvidos na vasta maioria dessas violências, seja em escala individual ou de massa (já houve poucas palestinas suicidas, mulheres jovens, mas suas famílias geralmente expressam mais sofrimento do que orgulho e, geralmente, considera-se que suas ações tenham sido motivadas por crises pessoais). Enquanto soldados comuns, os homens fazem guerras e, como políticos e generais, mandam homens mais jovens para guerrear e liderar a luta. Em todas as sociedades, a força militar é, por definição, masculina (nisso Israel pode ser exceção), e o treinamento militar geralmente envolve a invocação de ideologias de masculinidade agressiva e de desaprovação explícita (e geralmente sexual) de mulheres (e mais recentemente, de homossexuais)[4]. As mulheres, em contraste, não tendem a ser guerreiras e, historicamente, podem ter uma relação especial com paz e com pacifismo[5]. Os homens também se envolvem em violência extrema. São eles principalmente os guardas dos campos de concentração, da SS, e os que perpetram genocídios, estupros étnicos em massa, torturas e assassinatos de crianças e idosos durante as guerras. Encontram-se e se organizam em grupos cujo objetivo é a violência extrema e, se lermos, por exemplo, algumas das cartas e notas dos suicidas palestinos e do 11 de Setembro, esses homens talvez sintam prazer ao visualizarem essa violência.

4. C. L. Williams, *Gender Differences at Work*.
5. S. Ruddick, *Maternal Thinking*.

Mesmo assim, não podemos contrapor a agressão universal dos homens com a não-agressão universal das mulheres. A agressão é encontrada e se desenvolve de formas patológicas e não patológicas em ambos os sexos, e algumas mulheres são violentas. Ainda que aceitemos as diferenças hormonais típicas entre homens e mulheres como verdadeiras, a justificativa dos hormônios é limitada, uma vez que a maioria dos homens é, de fato, não-violenta. E também, ao mesmo tempo em que certamente existe variação hormonal entre os sexos, é difícil imaginar homens sérvios, por exemplo, com níveis maiores de testosterona do que seus pacíficos vizinhos eslovenos, ou colonos israelenses e ortodoxos estudiosos do Talmud que atacam violadores do Schabat com níveis maiores do que seus irmãos do *Schalom Akhschav**. Tampouco podemos minimizar a organização de gênero social e política que tem sua própria historicidade e seu nível sociocultural de funcionamento. Com certeza, construções culturais de masculinidade, e até grandes variações históricas e culturais comprovadas, estimulam ou permitem a violência masculina. No atual momento, como nossa atenção está voltada para o período pós 11 de Setembro, para Israel-Palestina, Índia-Paquistão ou Talebã e militares do Afeganistão, podemos ficar tentados a ligar a extrema violência masculina ao Islã. Dessa maneira, é importante lembrar que, entre 1998 e 1999, nossa imagem de violência masculina cruel era fornecida pelos nacionalistas étnicos sérvios, cristãos, e, há mais de cinqüenta anos, pelos nazistas, também europeus e cristãos.

A FRAGILIDADE DA MASCULINIDADE

Freud argumentou que a patologia esclarece a normalidade. Conseqüentemente, pelo fato de, na literatura psicanalítica, assim como em outras áreas da nossa cultura, o gênero ter como padrão o feminino, os distúrbios e as dinâmicas encontrados predominantemente nas mulheres geralmente são vistos como femininos. Mas quando Freud e outros estudam a violência, como, por exemplo, em *O Mal-Estar na Civilização*[6], a violência é vista como um problema humano. Porém, ainda que nem todos os homens sejam violentos, assim como nem todas as mulheres são bulímicas, precisamos reconhecer que o gênero é também *masculino*, e que a violência parece predominantemente uma patologia da masculinidade. Nossa questão então se torna: o que na organização da masculinidade convencional leva alguns homens a desenvolverem ódio e reagirem à humilhação com violência e agressão de um modo que a maioria das mulheres não faz? Em grande parte das sociedades modernas, e durante toda a história, os homens têm

---

* Em hebraico, Paz Agora, movimento pacifista israelense. (N. da T.)
6. S. Freud, *Civilization and Its Discontents*, S.E., v. 21.

sido poderosos e dominantes, mas seu poder e dominação parecem um assunto frágil e vulnerável, constantemente ameaçado e, conseqüentemente, ameaçador. Em que a psicanálise pode contribuir para nosso entendimento desses fenômenos?

A fim de investigar essa questão, darei início esboçando a psicodinâmica que parece surgir em formas de violência extrema como o terrorismo. A seguir, investigarei como essa dinâmica que aparentemente não diz respeito a gênero se relaciona com a masculinidade. A investigação das violências terrorista, política e religiosa proporciona uma reflexão mais profunda a respeito da masculinidade do que a obtida quando se focaliza a violência contra mulheres. Nos Estados Unidos, aproximadamente um terço das mulheres assassinadas são mortas pelos parceiros atuais ou ex-parceiros. Só recentemente tivemos conhecimento de que cortes judiciais tribais paquistanesas, rotineiramente, punem infratores sexuais ordenando que gangues estuprem as mulheres das suas famílias; ficamos horrorizados com as restrições e punições sofridas pelas mulheres sob o regime Talebã e as ocorridas na Arábia Saudita. A partir de Freud, os analistas observaram que os relacionamentos de homens com mulheres fazem surgir uma série de ameaças à masculinidade e ao senso masculino de *self* – especialmente medo de dependência, de abandono e perda de identidade, assim como intolerância e medo da sexualidade feminina – forjados originalmente na relação com a mãe. Como analistas feministas observaram de modo especial, a negociação da virilidade em relação à mãe – masculinidade como desenvolvimento não feminino e não subordinado às mulheres – é um componente da masculinidade. A masculinidade tem a ver, fundamentalmente, com não ser mulher; de fato, o *self* do homem pode ser tipicamente mais defensivo e ter mais necessidade de proteger seus limites do que o senso feminino típico de *self*[7].

Nos últimos anos, como refleti não só sobre as dinâmicas intrapsíquica e interpessoal de masculinidade, feminilidade e sexualidade[8], mas também sobre a violência religiosa-nacional-étnica e homofobia exagerada, ampliei meus conhecimentos sobre a masculinidade e a vivência masculina de *self*. Sugiro a seguir que um componente igualmente fundamental da vivência masculina de *self* e da identidade para a dinâmica do masculino enquanto não-feminino – e que especificamente serve de base ao terrorismo e a outras violências masculinas étnicas e políticas – é a masculinidade como homem adulto, e não como menino. Masculinidade é não ser menino-criança em relação ao pai adulto, e é psiquicamente sinalizada pela posição de não subordinação, vergonha ou humilhação em relação a outros homens. Acho que

---

7. N. J. Chodorow, *The Reproduction of Mothering; Feminism and Psychoanalytic Theory*.
8. Idem, *Femininities, Masculinities, Sexualities*.

Freud estava certo, em *Análise Terminável e Interminável*[9], ao sugerir que os conflitos masculinos sobre passividade em relação a outro homem são sólidas bases psicológicas, mas estava errado quando os denominou de feminilidade: a relação superior-subordinado, homem-homem, não se reduz por equivalência a uma relação homem-mulher. A pior violência masculina pode ocorrer quando fantasias de humilhação vividas por homens (a dicotomia homem-menino) ligam-se ao medo de feminilização e de perda da identidade (a dicotomia homem-mulher). Para ampliar o tema de gênero em *Psicologia de Grupo e Análise do Ego*[10], os vínculos entre homens que se consideram como iguais, ou que se identificam com um poderoso líder masculino, também impedem a humilhação homem-homem e, além do mais, reforçam o repúdio à feminilidade e à sexualidade.

Dois complexos clínicos me parecem especialmente úteis para pensar o terrorismo e outras violências extremas: 1. cisão esquizoparanóide e identificação projetiva e 2. narcisismo e humilhação. Na posição esquizoparanóide, conforme desenvolvida por Klein[11], a pessoa pensa que o ódio e a agressão – a maldade – residem no outro, ou seja, o objeto e o *self* retêm todo o bem, levando a ansiedades a respeito de retaliação persecutória e ao aumento da cisão. Na medida em que a cisão aumenta, o *self* fica ameaçado de fragmentação e de desintegração. Se o *self* conseguir, administrará o objeto mau em fantasia, reintegrando-o de modo a poder ser controlado. Finalmente, conforme o esperado, vê que há bom e mau tanto em si (no *self*) como no outro, e a cisão diminui. Em contrapartida, em fantasia e ação violentas, a solução para os medos persecutórios ou paranóicos parece ser destruir o que ou quem quer que seja que tenha recebido a projeção de objeto mau. A violência baseada em cisão esquizoparanóide projeta maldade no objeto, levando à ansiedade persecutória e à consideração do *self* como totalmente bom e ameaçado. Na medida em que Stephen Mitchell reformula isso[12], a agressão se torna uma reação a ameaças à vivência psicológica do *self* que, através de processos projetivos, são experimentadas como se viessem de outro e intencionadas pelo outro. Se o mundo interno de uma pessoa organizar-se baseado essencialmente em sentimentos de ameaça e de perigo, de maneira que sua vida inconsciente de fantasia gire em torno de agressão e de ataque, ela provavelmente irá vivenciar o mundo como agressor e ameaçador e, assim, responderá de acordo.

A legitimação ideológica da violência nacional étnico-religiosa parece geralmente usar a linguagem da cisão: *nós* somos totalmente

---

9. S. Freud, Analysis Terminable and Interminable, *S.E.*, v. 23.
10. Idem, Group Psychology and the Analysis of the Ego, *S.E.*, v. 18.
11. M. Klein, Notes on Some Schizoid Mechanisms, *Envy and Gratitude & Other Works 1946-1964*.
12. S. A. Mitchell, Aggression and the Endangered Self, *Psychoanalytic Quarterly*, n. 62.

bons, *eles* são totalmente maus; *eles* devem ser mortos, exterminados ou torturados. É como se o que há de comum em um grupo étnico fosse uma identidade em escala social, o equivalente social do sentimento psíquico de *self*, com as mesmas raízes profundas e centralidade do sentimento de ser reconhecido e de ser total. Assim, por exemplo, a existência dos Estados Unidos ameaça *nossa* existência islâmica como grupo étnico, tribo ou nação, justificando os ataques terroristas. Assim como nós, analistas, situaríamos a violência com ódio no nível esquizoparanóide, evidenciando a cisão e a projeção do ódio e da agressão, de modo similar a violência terrorista e outras violências nacionalistas, religiosas e étnicas são justificadas em termos de cisão e de projeção, em termos do mau objetivo, da destrutividade e da maldade do grupo atacado ou eliminado, cujos membros podem nem mesmo ser considerados humanos. Essa dinâmica caracteriza a linguagem e o comportamento de ódio excessivo de extremistas islâmicos anti-ocidentais e do fundamentalismo islâmico em muitas nações, da horrível limpeza étnica e estupro em massa na antiga Iugoslávia, do constante e violento conflito indo-paquistanês na Caxemira, e da mútua e interminável escalada sem rendição de israelenses e palestinos, que necessitam retaliar e responder à agressão com mais agressão. Para muitos americanos foi assustador quando, tendo sofrido o choque e, em alguns casos, as perdas pessoais do que resultou do 11 de Setembro, e começando a ler sobre o fundamentalismo islâmico, fomos lembrados pelos nossos próprios líderes de governo de uma tradição americana de retórica similar: a "América" (não os Estados Unidos) estava envolvida em uma cruzada contra o Mal, com Deus do lado dos Bons, que somos nós. Retribuímos ideologicamente com a mesma cisão e demonização que justificaram os ataques – cisão e demonização que têm caracterizado constantemente a retórica da administração Bush, tanto em nível doméstico como internacional.

A fragmentação psíquica, em comparação com a cisão, parece menos relevante para o terrorismo islâmico recente (exceto indiretamente, na medida em que muitos terroristas desejam ser eles próprios explodidos, o que, de algum modo, vincula seu ódio com a fragmentação do *self* e do outro): em algumas das suas manifestações, o Islã tem uma longa e organizada história de polarização do *self* e do outro. Mas é uma questão central em outras violências étnico-raciais. Nesses outros casos, a polarização e a cisão geralmente parecem um modo de manter a coesão da identidade psicossocial de um grupo quando esta foi ameaçada de desintegração. Assim, historicamente, quando há o esfacelamento de nações que antes não deram condições para a mentalização e a ilusão adequadas, e para uma integração psicossocial que permitisse aos sujeitos e às comunidades verem-se como um todo, como pessoas relacionadas – por exemplo, nas antigas União Soviética e Iugoslávia, ou em regimes coloniais como o domínio britânico na

Índia –, há uma desintegração coletiva, que usa como defesa a cisão, a projeção e a encenação violenta de fantasias projetivas.

Uma segunda arena dinâmica que nos ajuda a compreender a violência com ódio é o complexo de vergonha, humilhação e narcisismo. Muitos psicanalistas se referem a esse complexo, mas, em relação ao terrorismo, talvez o mais adequado seja Arnold Rothstein[13], que fala de "identificação com o humilhador" e do "sadonarcisismo" resultante. Assim como descobrimos na clínica que indivíduos que se sentem humilhados e envergonhados tendem a reagir com raiva e grandiosidade, a linguagem justificando a violência coletiva e o terrorismo geralmente explica o expansionismo, o etnocídio e o terrorismo em temos de humilhações e de derrotas passadas. Além da linguagem justificando os ataques terroristas do 11 de Setembro e os ataques suicidas palestinos em Israel, somos lembrados, por exemplo, da resposta alemã à humilhação em Versalhes, dando apoio à ascensão do nazismo, da retórica de humilhação e necessária autodefesa da Sérvia, trazidas à nossa atenção por Milosevic em Haia, mas que se apoiava em eventos que remetiam à derrota sérvia em Kosovo, no século XIII, ou da linguagem da direita israelense, justificando o agressivo expansionismo em termos de séculos de anti-semitismo e da necessidade de decidir tudo sozinho. A retórica americana explicando as ações pós 11 de Setembro no Afeganistão geralmente transmitia, de forma implícita, que tais ações deviam-se mais à humilhação e ao orgulho nacional do que à segurança e defesa.

Descrevo duas formas de reação a contestações ao *self* coletivo que espelham reações individuais a tais desafios (não posso abordar essa questão neste capítulo, mas é importante lembrarmos que aqui não existe correspondência simples de um para um: *indivíduos* apresentam grande variedade de fantasias personalizadas, identificações, conflitos e modelos transferenciais em sua participação em movimentos[14]. Em um nível mais organizado e mais articulado de fantasia inconsciente, que encontra expressão e reflexo em fantasias e ideologias conscientes coletivas, a humilhação e a vergonha justificam a violência extrema. A derrota e a inabilidade de atingir objetivos tomam diferentes formas, dependendo de como são investidas em fantasia coletiva. O senso de humilhação ou impotência ligado a derrotas leva a mais raiva retaliatória narcísica; "derrota com honra", no mínimo.

Em nível menos articulado, a desintegração social parece gerar fantasias similares às que encontramos na desintegração psíquica – um senso desesperado e desarticulado de que a própria vida está psiquicamente em risco (por exemplo, quando o marechal Tito, que apesar

---

13. A. Rothstein, *The Narcissistic Pursuit of Perfection*.
14. Ver N. J. Chodorow, The Enemy Outside, *Journal for the Psychoanalysis of Culture and Society*, n. 3 (1); N. J. Smelser, *The Social Edges of Psychoanalysis*.

do excesso de controle dava contenção absoluta ao povo, morreu, ou quando o Império Britânico se retirou da Índia e do Paquistão, ou quando os palestinos se sentem abandonados pelos Estados Unidos, por Israel e pelo resto do mundo). Regimes e movimentos também fazem diferenciação entre inimigos (ou vítimas), e essa diferenciação, baseada em maior ou menor desumanização das vítimas, pode assumir alguma relação com o fato de a humilhação ou as fantasias de cisão tornarem-se mais proeminentes. Por um lado, até que ponto se pensa nos sentimentos e no sofrimento dos inimigos para que haja uma alegria identitária nas explosões, na matança, na tortura ou no estupro que constituem uma violência retaliatória sádica pela humilhação? Por outro, até que ponto se pensa nos inimigos como desprovidos de pensamentos ou sentimentos, como objetos maus inumanos que são expelidos e destruídos, em contraposição ao *self* coletivo, que detém o monopólio dos atributos de ser humano?

OS TRAÇOS PSÍQUICOS FALHOS DA MASCULINIDADE

Por necessidade, descrevi a dinâmica da cisão esquizoparanóide que resulta dos sentimentos de ameaça ao *self* e de humilhação como reação ao dano narcísico como se esses sentimentos fossem experimentados pela humanidade em geral – o que de fato ocorre. Mas, como também ressaltei quando falamos de terrorismo e de outras violências políticas extremas, também estamos falando a respeito da expressão dessa dinâmica quase que exclusivamente por homens. É preciso perguntar o que faria os homens especialmente reativos a essas experiências, em nível psicodinâmico. Comecemos com um vínculo mediador importante. Homens são criminosos e autores de violência extrema, o que poderia sugerir que esse comportamento e a psicodinâmica que o sustenta estão relacionados à masculinidade. Contudo, a identidade envolvida em grande parte dessa violência é étnico-religiosa-nacional. Sugiro acima que o caráter étnico ou de grupamento nacional ou religioso pode ser psicodinamicamente experimentado como identidade cultural e que, como tal, ameaças a ele são vivenciadas como ameaças diretas ao *self*.

Nesse contexto, o senso de gênero entra apenas secundariamente, uma vez que a linguagem de ódio étnico ou religioso freqüentemente é representada em termos de gênero e de sexo. Como antes também ressaltei, juntamente com outros analistas, tenho argumentado extensivamente que questões de identidade tendem a diferenciar homens de mulheres. A masculinidade se define como não-feminilidade e não-mãe, de tal forma que a feminilidade não é representada primariamente como não-masculinidade ou não-pai. Mais ainda, ver o *self* como não o outro, definir o *self* por oposição, geralmente não parece tão importante para as mulheres como para os homens, nem a fusão parece tão ameaçadora. No que diz respeito à política cultural de identidade, então (e se realmente o senso de *self* do homem for mais defensivo – aqui não estou falando do seu senso de masculinidade) tem certo sentido psicológico as mulheres não se sentirem tão em perigo por ameaças à sua identidade política ou religiosa. Evidentemente, a mistura ideológica inconsciente ou consciente de nacionalidade, religião, etnia e alteridade com ideologias e psicologias de gênero e sexualidade reforçaria mais ainda o perigo sentido pelos homens, cujo senso de masculinidade é também freqüentemente mais frágil do que o senso de feminilidade da mulher. Por isso, verificamos que o terrorismo sexual masculino se faz presente em lutas étnicas recentes, como no caso dos estupros em massa na antiga Iugoslávia, e é institucionalizado em regimes extremistas islâmicos.

A fim de entender a psicodinâmica de extrema violência social e política, mesmo quando essa violência é enquadrada em termos nacionais, religiosos ou étnicos, precisamos entender algo sobre a masculinidade. Sugeri que os traços psíquicos falhos da masculinidade e da vivência masculina de *self* – a estrutura revelada quando o cristal se quebra – incluem dois componentes relativos ao desenvolvimento e às fantasias defensivas: 1. masculinidade como não-feminino – o *self* masculino separado defensivamente e evitando o outro feminino – e 2. masculinidade como homem adulto, ao invés de menino-criança, não humilhado, envergonhado ou derrotado por outro homem. A necessidade masculina de manter sua masculinidade contra a ameaça de feminilização tem sido bem teorizada. Freud, Horney e algumas psicanalistas feministas demonstraram que o repúdio às mulheres e o medo de feminilização, começando com a ameaça de inadequação humilhante frente à poderosa mãe, são fundamentais no desenvolvimento da masculinidade e associados ao senso de *self* masculino. Um exemplo extremo da necessidade de manter o limite entre os gêneros e a dominação de gêneros seria o tratamento dado às mulheres pelo regime Talebã e, de modo geral, o tratamento dado às mulheres em boa parte do mundo fundamentalista islâmico. Em um universo mais próximo, poderíamos perguntar se a ameaça do poder materno e da sexualidade feminina ajudaria a alimentar a retórica e o comportamento extremistas anti-aborto: claro, as mulheres lideram os ativistas anti-escolha, mas, até onde sei, não explodem clínicas nem matam médicos que fazem abortos. Essa humilhação de certo modo parece afetar homens e mulheres de maneiras diferentes e pode ser esperada a partir das clássicas hipóteses freudianas a respeito dos desafios ao narcisismo fálico e das descrições de feministas, a começar por Horney, da humilhação de ser um menino pequeno em relação a mulheres adultas.

Ao voltar minha atenção para o comportamento público masculino, notei que o narcisismo e a humilhação individual e cultural também derivam das relações homem-homem. Minha suposição é a de que a humilhação é especialmente uma questão de homem-homem – originalmente pai-filho. No curso normal do desenvolvimento, muito depende de como o menino se relaciona com seu pai e se torna homem – a delicada negociação dessa transformação, de identificação, de como substituir ou se ligar sem provocar retaliação, castração ou humilhação. Tudo isto, por sua vez, depende em parte do senso de confiança do pai em sua própria masculinidade e identidade. A obra psicanalítica de homens homossexuais têm sido particularmente esclarecedora a respeito de como um menino pequeno, não suficientemente masculino, e que se torna homossexual (voltando a pensar no pai do pequeno goleiro, poderíamos estender isso, em alguns casos, a qualquer filho que demonstre delicadeza), pode se sentir rejeitado e repelido pelo pai. Na fantasia inconsciente, o tema da masculinidade como subordinação ou não-subordinação a outro homem depende geralmente de não ser um menino pequeno em relação ao pai adulto ou a homens mais poderosos. Mas, às vezes, pode resultar em um impulso de submissão e identificação com um líder masculino aparentemente poderoso e invulnerável. Esse mundo homem-homem parece figurar na guerra "comum", assim como nas brigas corpo-a-corpo de crianças; em ambas, a ameaça é ade ser derrotado ou humilhado por outros homens. Numa forma mais extrema e patológica, ele parece primário na sustentação psicodinâmica dos tipos de violência religiosa, étnica e nacionalista, que têm estado tão presentes em nossas vidas nos últimos anos.

Mas, como sugeririam os psicanalistas, as conseqüências evolutivas da relação com a mãe e com o pai se mesclam. Quando ambas se combinam encontramos a violência em seu máximo. Desafios à etnia e à nação ameaçam a identidade individual ou coletiva, e a íntima interligação no desenvolvimento e na vivência entre identidade e gênero significa que a masculinidade fica também ameaçada. Uma imagem de humilhação por homens (a dicotomia homem-menino) – derrota em guerra, subordinação a um líder, ocupação por outro país, presenciar a humilhação do pai (pessoal ou político-religiosa) e não poder ajudar – liga-se, ideologicamente e em fantasia coletiva inconsciente, ao medo de feminilização e de perda de identidade (a dicotomia homem-mulher).

Em minha leitura histórica própria, ambos os componentes da masculinidade se fundem no Holocausto e em outros genocídios, em que a limpeza étnica inclui também o estupro em massa de mulheres e o assassinato de velhos e de meninos indefesos, na humilhação sexual e na tortura de homens e mulheres por ditaduras de direita e nos países islâmicos que restringem e aterrorizam mulheres, punindo severamente as que violam as leis sexuais. O terrorismo sexual masculino contra mulheres e homens expressa poder de Estado, étnico e religioso, em reação à humilhação nacional e étnica por meio das lentes psíquicas sexuais e de gênero. Desafios à ordem social ou à psique individual podem ser representados como brandura, fraqueza de limites e feminilização.

Nos Estados Unidos, encontram-se dinâmicas similares na homofobia, que geralmente está latente na ideologia terrorista, e exposta na tortura e no assassinato de homossexuais, assim como encontramos a homossexualidade proscrita e brutalmente punida em outros países, podendo estar representada tanto como submissão a outros homens quanto como desafio à separação homem-mulher, tornando alguns homens femininos. A dinâmica específica que leva à violência homofóbica é, com certeza, complexa e variada, mas acredito que vale a pena enfatizar a tendência regressiva em relação ao medo de antigas posições libidinais e identificatórias; no caso dos homens, esquematicamente, o apego ao pai e a aterrorizante identificação ou fusão com a mãe (Stein[15] sugere que parte da sustentação psíquica do 11 de Setembro tenha sido a tendência regressiva à fusão com o pai-Deus pré-edipiano). A atração por homens a partir da identificação do menino, a atração pela passividade e a receptividade, as identificações femininas em relação aos homens, tudo isso pode ser profundamente ameaçador para a masculinidade, para a realização da masculinidade ativa, agressiva e heterossexual, conseguida a duras penas. Caracteristicamente, a feminilidade e a submissão aos homens têm que ser cindidas e projetadas para fora, onde, por sua vez, tornam-se possibilidades extremamente persecutórias. As pessoas que – como os homens homossexuais – representam essas projeções cindidas ameaçam não apenas de retorno persecutório, mas também de inundação desintegradora: mistura e fusão com o *self*. Nesse sentido, no Ocidente, os ataques a homossexuais são geralmente instituídos pelas pessoas que primeiro "fingem" interesse e em seguida se voltam contra a vítima que correspondeu – ou não. No Afeganistão, sabemos que o Talebã punia a homossexualidade com apedrejamento, mas sabemos também que junto havia uma tradição ainda bem ativa – e, presumivelmente, atraente, portanto ameaçadora – em que homens adultos escolhem, seduzem e sustentam jovens recém-saídos da puberdade em seus anos de juventude.

CONCLUSÕES

Desde os trabalhos da Escola de Frankfurt sobre personalidade autoritária e a psicologia de massas do fascismo[16], do livro de Fanon sobre as mentalidades de colonizadores e de colonizados[17] e das investigações de Davis e Dollard sobre o preconceito racial norte-americano[18], alguns dos trabalhos mais criteriosos, ainda que pouco influentes, das ciências sociais usaram a estrutura psicanalítica para entender a ação

---

15. R. Stein, Evil as Love and Liberation, *Psychoanalytic Dialogues*, n.12.
16. Fim do Reich, 1946; ver T. W. Adorno et al., *The Authoritarian Personality*; M. Horkheimer, *Critical Theory*; M. Horkheimer; T. W. Adorno, *Dialectic of Enlightenment*.
17. F. Fanon, *The Wretched of the Earth, Black Skin, White Masks*.
18. W. Allison Davis, *Deep South*: A Social Anthropological Study of Cast and Class; J. Dollard, *Caste and Class in a Southern Town*; W. Allison Davis; J. Dollard, *Children of Bondage*.

e o desejo humanos encontrados no racismo, no totalitarismo e no nacionalismo militante, e no fundamentalismo religioso e nacional-étnico cada vez maior. Aqui, defendi que os traços psíquicos falhos da masculinidade e da identidade masculina expressam dois componentes de desenvolvimento e de fantasia: (1) masculinidade como não-feminino, o *self* masculino defensivamente separado e evitando o outro, precisando cindir defensivamente o *self* do outro, caso o ódio predomine, e (2) masculinidade como homem adulto e não menino-criança, não humilhado, envergonhado ou derrotado por outro homem. Quando esses componentes são desafiados, individualmente ou na experiência cultural ou política, os homens reagem com violência. Não podemos explicar o terrorismo, o ódio religioso ou étnico, a violência extrema, as expressões de misoginia ou a criação de inimigos supondo simplesmente que fatores externos – história, política ou sociedade – causem esses processos individuais e sociais.

A psicanálise contribui para explicar o que fundamenta e motiva as mais assustadoras e desesperadas ações e crenças humanas, ajudando a conhecer o lado obscuro da motivação e do comportamento humanos, sempre um produto de fantasias e de conflitos inconscientes – ainda que também teorize e proponha modelos de formas de construção da subjetividade e da intersubjetividade que forneçam imagens de significativo bem-estar. Aborda o senso interno de *self* e os sentimentos em relação aos outros – humilhação, ódio e auto-ódio, inveja, terror de desintegração, ataques contra o *self* ou contra outros, incapacidade de ver o outro ou a si mesmo como um *self* – que se expressam na conduta em violência e em ódio e, ideologicamente, em justificativa para esses comportamentos. Conseqüentemente, a psicanálise clínica constitui também uma forma de relação intersubjetiva em que indivíduos trabalham juntos para ver o ponto de vista do outro e para reconhecer que as ações das pessoas no mundo, embora aparentemente irracionais, inaceitáveis, autodestrutivas ou destrutivas, têm motivos e razões que precisam ser entendidas. O psicanalista dá para o paciente um modelo de abertura para a compreensão do *self* e do outro, e uma forma de ouvir a subjetividade do outro e suas múltiplas camadas de sentido. Essa intersubjetividade, baseada no reconhecimento do outro como sujeito – mesmo que esse outro esteja engajado em atos hediondos e tenha crenças aterrorizantes ou estranhas –, parece-me crucial à nossa compreensão de terrorismo.

***

Agradeço o Instituto de Estudos Avançados de Radcliffe, da Universidade de Harvard, pela ajuda durante a redação deste ensaio.

Parte II

O Que Leva ao Terrorismo?

7. Fantasmas Coletivos, Destrutividade e Terrorismo[1]

Werner Bohleber

Os eventos do 11 de Setembro impuseram ferimentos, grande sofrimento e morte às suas vítimas, causaram destruição em massa, deixando para trás uma traumatização tanto individual como coletiva. Tentar entender o que aconteceu nos leva a entrar no mundo dos criminosos e a centrar nossa atenção no terrorismo islâmico global. Até agora, nós, enquanto psicanalistas, temos nos envolvido muito pouco com essas questões – embora nesse sentido o trabalho de Volkan[2] represente uma exceção. Pelo fato de não termos experiência clínica com as pessoas diretamente envolvidas, somos obrigados a confiar em uma análise psicanalítica baseada no material disponível proveniente do grupo de terroristas, como fragmentos de biografia, convicções ideológicas e declaração de motivos. Antes de começarmos uma interpretação mais profunda, contudo, devemos primeiro conduzir um inventário dos dados disponíveis, sem generalizações precipitadas. Com respeito a isso, considero minhas idéias aqui como uma investigação inicial em uma área que quase não tem registros de exame psicanalítico.

No debate sobre os motivos dos terroristas, o significado do fator ideológico-religioso geralmente é subestimado. Como resultado, dois fatores tornam-se necessários para realizar um ato tal como o do 11

---

1. Palestra proferida no encontro anual da Federação Psicanalítica Européia, em Praga, 4-7 de abril de 2002.
2. V. Volkan, *Bloodlines*.

de Setembro: 1. uma estrutura organizacional extremamente eficaz e 2. uma ideologia que teve a função de estabilizar o grupo que perpetrou o atentado. Dentro da bagagem dos terroristas, foi encontrado um texto contendo instruções de base religiosa para o ataque[3]. Glorificava o martírio e justificava seu ato baseado em construções e interpretações da tradição islâmica, modulado por "uma forma subversiva de militância política e ideológica"[4]. Enquanto na realidade os terroristas exerceram grande violência e cometeram assassinato, esse texto indica que eles simultaneamente se consideraram atores de um drama imaginário de salvação religiosa. Assim como outros grupos terroristas, eles também possuíam uma ideologia remendada a partir de clichês tradicionais, cuja lógica é internalizada por meio de discussões de grupo e, por isso, funciona como garantia de coesão grupal.

Considerando a natureza do ataque, muitos especialistas em terrorismo ignoraram ou subestimaram o papel central desempenhado pelas convicções ideológicas fanáticas como motivo no mundo fantasmático destrutivo dos terroristas e de seus atos. Por exemplo, o famoso pesquisador do terrorismo, Walter Laqueur, declarou que hoje estamos testemunhando um aumento do terrorismo religioso – especialmente o islâmico –, mas minimiza a importância da ideologia político-religiosa na motivação[5]. Ele cita em primeiro lugar a raiva, o ódio, o sadismo e o prazer encontrados na matança como motivos principais para o terrorismo moderno. Isso faz Laqueur argumentar que os terroristas argelinos não devem ser considerados muçulmanos devotos se estripam e matam mulheres e crianças – ao invés disso, ele os descreve como sádicos cruéis. Porém, a respeito desse caso, mesmo um olhar mais apressado sobre a perseguição religiosa no mundo ocidental bastaria para reconhecer como a religião, a crueldade e a matança, às vezes, estão intimamente inter-relacionadas. Além disso, sem a suposição da existência de motivações que surjam de convicções íntimas e de um sistema interno de crenças, fica difícil imaginar como os agressores podem ficar tão motivados a ponto de planejarem suas próprias mortes com antecedência e realizarem planos suicidas até o fim. A explicação de Offe[6] toma uma direção similar à minha no que se segue: ele sugere que os terroristas estão presos a um ódio alicerçado na "certeza de crenças coletivamente compartilhadas e baseadas na religião". Porém, não há mais certezas que possam ser sociologicamente explicadas acerca da origem do ódio e de como ele é estimulado. A fim de entender essas crenças afetivo-destrutivas e fantasmáticas, faz-se necessária uma abordagem psicanalítica.

---

3. Tal como reimpresso em S. Aust; C. Schnibben, *11 September*, p. 275-279.
4. K. Makiya; H. Mneimneh, Manual for a "Raid", *New York Review of Books*.
5. W. Laqueur, *Dawn of Armageddon*.
6. C. Offe, Die Neudefinition der Sicherheit, *Politik*, n. 12.

Nas últimas décadas, o fundamentalismo religioso espalhou-se por todas as religiões do mundo. Isso representa não só um protesto religioso, mas também um protesto eminentemente político. Movimentos fundamentalistas procuram mudar a sociedade e o mundo de acordo com suas crenças, e se vêem participando de um drama escatológico como servos e soldados de seu deus. Muitas vezes, as fronteiras entre essas ideologias religiosas totalitárias e o terrorismo são bem fluidas. Desde os anos de 1980, o número de organizações terroristas religiosas aumentou muito. Em 1995, o número delas havia crescido para a metade dos grupos internacionalmente ativos então conhecidos[7]. A importância delas é ressaltada pelo fato de que todos os ataques terroristas mais sérios da década de 1990 estavam ligados a motivos religiosos. Dentro do terrorismo religioso, ataques e grupos associados ao fundamentalismo islâmico têm papel central, assim como sua parcela de envolvimento em atos violentos aumentou drasticamente e, de novo, voltou aos holofotes após os ataques de 11 de Setembro.

Quando se lêem as instruções para o ataque ao World Trade Center encontradas na bagagem de Mohammed Atta e as comparamos com a natureza do ato propriamente dito, fica evidente um mundo interno dividido: um pólo é o ato de assassinato em massa, um fim explosivo, suicida em uma bola de fogo gigante; o outro é a fantasia de entrar, imediatamente após, em um estado pacífico, narcisicamente harmonioso, de paraíso, de satisfação de desejos, em preparação para o qual a pessoa deve rezar a Deus, doar-se e limpar o coração de todos os sentimentos negativos. O assassino está seguro, como se segue: "O paraíso sorri, meu jovem filho, pois você está marchando para dentro dele"[8]. Essa conexão entre condição ideal narcísica, violência terrorista e assassinato em massa requer uma consideração psicanalítica renovada das afinidades entre religião, pureza e violência.

Se foi Freud quem primeiro relacionou o assassinato do pai primordial ao desenvolvimento cultural e religioso humano, então foi, em primeiro lugar, Theodor Reik o responsável pelo estudo da conexão íntima entre religião e agressão. De acordo com Reik[9], a questão central de todas as religiões é que jamais conseguem se livrar do poder da ambivalência emocional. Como resultado, ele argumenta, no âmago da religião reside, na verdade, uma animosidade inconsciente em relação a Deus. Os impulsos recorrentes e constantes de rebelião e de revolução contra o próprio deus da pessoa, e os sentimentos inconscientes de culpa daí resultantes, encontram satisfação na perseguição aos incrédulos. Enquanto Reik explica o ódio religioso ressaltando a ambivalência dos impulsos instintivos e a animosidade em relação

---

7. B. Hoffman, *Inside Terrorism*.
8. S. Aust; C. Schnibben, op. cit., p. 277.
9. T. Reik, *Der eigene und der fremde Gott*.

a uma divindade patriarcal de poder exponencial, Grunberger[10] se ancora na oposição entre o narcisismo tipo nirvana e o desenvolvimento psicossexual, assim como na dupla imago da mãe resultante dessa tensão. Entre essas imagos arcaicas, uma é experimentada de modo cósmico, pânico e apocalíptico, enquanto a outra representa o protótipo de êxtase e de onipotência narcisista. De acordo com Grunberger, a crença se baseia em uma dupla luta defensiva e deveria ser entendida psicologicamente como uma formação reativa com função dual: primeiro, bloquear a realidade e restringir o poder dos impulsos instintivos, através do que se põe em funcionamento um narcisismo regressivo; depois, liberar uma enorme quantidade de agressão por intermédio da defesa contra os impulsos, que é então externamente purificada e projetada nos incrédulos. Vista desse modo, a crença necessariamente tem conexão com a violência. Ao desenvolver essa análise, Grunberger oferece uma estrutura explanatória útil para a compreensão das fantasias apocalípticas destrutivas cujo objetivo é a redenção dos devotos e a vitória de sua religião.

Porém, no que se segue, não considero as especificidades da religião islâmica, mas, ao invés disso, tento empregar métodos psicanalíticos para examinar de modo mais geral algumas das principais características do fantasmático mundo do fundamentalismo islâmico. Minha análise desses fenômenos ocorre no nível das mentalidades[11]. Estas formam uma ponte entre as fantasias inconscientes e a consciência, entre o indivíduo e o coletivo, assim como entre a cultura como modo de vida e a cultura como ideologia. A religião então equivale, em sua função social, a uma ideologia. Nesse sentido, considero o fundamentalismo islâmico uma ideologia político-religiosa, em cujo núcleo irracional fundem-se a solução para os problemas privado-individuais e os público-coletivos[12].

VISÃO DE MUNDO RELIGIOSA E MENTALIDADE DO FUNDAMENTALISMO ISLÂMICO

As ciências sociais consideram o fundamentalismo como movimentos de protesto que, apesar de sua variedade, são similares em pelo menos um aspecto: ao invés de interpretar os processos de mudança dramática como modernização primariamente positiva, ele os vêem pela lente de suas tradições religiosas como processos de decadência[13]. Todavia, o fundamentalismo não deveria ser confundido com antimodernismo puro e um simples retorno aos valores tradicionais e a um Estado

---

10. B. Grunberger, *Narziss und Anubis*.
11. Ver T. Lipowatz, *Politik der Psyche*.
12. A. Lorenzer, *Das Konzil der Buchhalter*.
13. M. Riesebrodt, *Rückkehr der Religionen*.

pré-moderno. Ao contrário, funda-se muito mais na modernidade, apesar de se apropriar dela seletivamente[14]. A modernização tecnológica é aceita e empregada instrumentalmente, enquanto o potencial moderno de produção de processos de democratização, liberalização e emancipação é rejeitado e combatido (de acordo com Riesebrodt[15], o fundamentalismo é direcionado principalmente contra a dissolução das "concepções personalístico-patriarcais de ordem e de relações sociais"). Isso leva os movimentos fundamentalistas a usarem interpretações de seus respectivos textos sagrados para construir uma história que os sirva em seu compromisso com o presente.

O protesto fundamentalista islâmico dirige-se contra as transformações sociopolíticas que afetaram grande parte do mundo muçulmano nos últimos cem anos[16]. Após o fim dos regimes coloniais, fez-se uma tentativa de se incorporarem modos de vida seculares e elementos da civilização ocidental a fim de se estabelecer uma conexão com a Idade Moderna. Politicamente, isso significou, acima de tudo, a aceitação do Estado-nação e de seu conseqüente nacionalismo. Por várias razões, entretanto, esse processo de modernização foi apenas parcialmente bem sucedido; teve um breve legado após a angustiante derrota dos Estados árabes na Guerra dos Seis Dias contra Israel e foi, no final das contas, dissolvido por um crescente senso de auto-identidade islâmica (aqui, não me permito entrar na crise dos estilos de vida e na resultante ordem cultural, na dissolução das instituições estabilizadoras e no conflito de gerações; também não posso abordar os efeitos dos processos de globalização vigentes). Dali em diante, os fundamentalistas islâmicos condenaram a aceitação dos estilos de vida e do pensamento ocidentais como uma crise de longo alcance para o Islã e como um novo barbarismo e regressão à idade pré-islâmica. Seus objetivos: reunir religião e política, dissolver regimes seculares e retornar a uma visão de mundo político-religiosa unificada. O Estado-nação devia ser substituído por uma teocracia e pelas leis islâmicas – a Sharia. Isso foi considerado como alternativa tanto para o capitalismo ocidental como para o comunismo do leste e foi estimulado principalmente pela revolução iraniana de 1979. O movimento fundamentalista islâmico continua a representar uma das principais correntes no mundo muçulmano atualmente.

14. B. Tibi, *Islamischer Fundamentalismus, moderne Wissenschaft und Technologie*, e C. Klinger, Faschismus – der deutscher Fundamentalismus?, *Merkur*, n. 46, p. 782-798, falam de uma modernidade pela metade ou cindida; M. Riesebrodt, *Fundamentalismus als patriarchalische Protestbewegung*, de um modernismo reacionário ou de tradicionalismo radical.

15. M. Riesebrodt, *Fundamentalismus als patriarchalische*.

16. No que se segue, baseio-me nos trabalhos de D. Diner, *Weltordnungen*; P. Heine, *Terror in Allahs Namen*; G. Kepel, *Die Rache Gottes*; B. Lewis, *The Shaping of the Modern Middle East*; e B. Tibi, *Fundamentalismus im Islam*.

Agora, gostaria de explorar em maior detalhe as principais características do Islã radical. Por não ser especialista nesta área, tenho que confiar nos textos e fontes a mim acessíveis[17], recorrendo à análise de reconhecidos acadêmicos do islamismo. O ocidentalista alemão Eberhard Serauky[18] obteve textos secretos produzidos por organizações terroristas egípcias, principalmente da "Comunidade Islâmica" e de sua ramificação, a "Jihad Islâmica". Esses grupos têm milhares de membros, oferecendo pessoal e ajuda organizacional e ideológica à Al-Qaeda de Bin Laden (um de seus líderes era, por exemplo, Aiman al-Zawahiri, o segundo nome logo após Bin Laden.). Serauky analisou esses textos, que servem para promover a coesão desses grupos e incluem formulações de suas visões de mundo, de suas atividades e de seus objetivos políticos concretos. A seguir me concentrarei principalmente nas descobertas dele.

Para o movimento islâmico, o Islã contém a solução para todos os problemas, incluindo os dos modernos conflitos políticos e sociais. É a última esperança remanescente para o mundo dos incrédulos. A seus olhos, a religião islâmica é tão abrangente que ordena tudo o que afeta a raça humana. Para eles, trata-se não apenas de uma religião, mas também de um guia prático e de um livro de regras para a vida, abordando todos os assuntos seculares. Não se pode separar nada dela – muito pelo contrário, deve-se seguir estritamente suas regras em todos os assuntos. O Islã governa a esfera social, a lei, a ordem e a vida conjugal, além de promover o equilíbrio entre corpo e alma, enquanto controla os instintos animais dos seres humanos. Nesse sentido, o Islã cria um todo harmonioso e um equilíbrio entre os poderes e tendências divergentes do indivíduo e da sociedade. Essa imagem pacífica e idealizada contrasta com um fanatismo que se declara como verdade absoluta e não permite acordo algum quanto às questões de crença. Os islamitas tiram sua força do passado e do período inicial do Islã. Naquele tempo, eles insistem, o Islã consistia de apenas um pequeno grupo de fiéis e mesmo assim foi capaz de atingir o status de religião dominante no mundo. Mais uma vez eles contam com esse "milagre". Agora, buscam libertar o mundo da anarquia sexual, da negligência moral e do materialismo da civilização ocidental. Um dos maiores males, aos olhos deles, é a emancipação das mulheres. Essa corrupção se infiltrou do ocidente, que, acreditam eles, tenta minar e destruir as estruturas e a moralidade das sociedades islâmicas. Eles buscam construir um Estado islâmico primitivo idealizado que consideram como a única interpretação correta do Islã, a única forma em que ele está totalmente incorporado e em que as leis de Alá são totalmente observadas (de acordo com Serauky, invocam a fantasia de um

---

17. Como um texto do islamita M. Qutb, *Islam: The Misunterstood Religion*.
18. E. Serauky, *Im Namen Allahs*.

Estado islâmico primitivo unido que, de fato, nunca existiu realmente; desconsideradas as guerras civis e as discordâncias passadas, a idéia de unidade é projetada sobre o período primitivo para criar a imagem de uma estrutura estatal concreta e previamente existente, que hoje precisa ser restaurada). As organizações terroristas islâmicas desejam realizar este objetivo através da participação unida em uma guerra santa contra os infiéis. A perseguição é dirigida, primeiro, contra os que pensam de modo diverso em sua própria terra – contra seguidores de formas modernas do Islã e de crenças ocidentais seculares. Seu ódio pelos muçulmanos seculares e liberais é especialmente intenso, porque estes são vistos nas mentes dos muçulmanos devotos como os que pervertem, desfiguram e, por fim, destroem o Islã. Em resposta, os fundamentalistas buscam abolir o princípio secular de divisão entre Igreja e Estado, considerando o secularismo um exagero do valor de bem-estar material e de consumo, junto com a relativização do valor religioso. Para eles, não pode existir cultura alguma que não seja a da religião islâmica (todavia, eles planejam abolir toda diferença em seus arquiinimigos, os Estados Unidos e Israel, que, acreditam, lançaram uma cruzada para destruir todas as formas sociais que diferem das deles).

Para esse fim, eles desenvolvem uma "estratégia de confronto com o Ocidente", de acordo com a qual procuram assumir primeiro o poder no Egito através de uma guerra civil. Algo necessário para obter apoio do Estado em sua guerra contra o Ocidente, uma batalha necessária para cumprir a sagrada lei islâmica. Somente quando a lei de Alá for levada a todas as terras e forem dissolvidas todas as fronteiras nacionais poderá se iniciar um longo processo de limpeza social e espiritual, e surgir um mundo islâmico pacífico. Então, todas as pessoas estarão salvas e seguras e poderão aproveitar a liberdade que oferece a religião islâmica, beneficiando todo o planeta e oferecendo ajuda aos pobres e necessitados. No curso desse processo, todas as conquistas da civilização ocidental serão abolidas, pois só sua completa dissolução garantirá a conversão do mundo inteiro ao Islã. Os seguidores desses movimentos vêem sua força em sua fé, que só permite a vitória, ou, inversamente, o auto-sacrifício e o martírio. Foi essa fé, dizem eles, que permitiu a um pequeno punhado de antigos muçulmanos conquistar grandes impérios. Conforme declaram, se hoje meio milhão de muçulmanos tivesse que entregar suas vidas, não aos Aliados, como na Segunda Guerra Mundial, mas ao Islã, o imperialismo cristão ou pagão não mais seria capaz de "pavonear-se" pelo globo e sua existência cessaria[19].

De acordo com especialistas em terrorismo, a existência de armas de destruição em massa empresta nova dimensão à ameaça potencial

19. M. Qutb, op. cit., p. 356.

ressaltada por esses dados. Eles consideram a produção em massa do gás sarin pela seita japonesa Verdade Suprema e o seu uso no ataque ao metrô de Tóquio como um prelúdio e uma inspiração a imitadores. Em seus escritos, os terroristas egípcios supõem a oposição ocidental a suas estratégias e planos e, desse modo, consideram necessário possuir um dissuasor nuclear. Depois que se descobriu que Bin Laden era capaz de obter componentes de armas nucleares, não podemos simplesmente descartar tais idéias como loucura absoluta. O perigo potencial é intensificado pela ideologia de auto-sacrifício ligada às fantasias de aniquilação dos agressores suicidas.

Quando se compara o fundamentalismo islâmico ao nacionalismo etnocêntrico, como o que existiu na Alemanha no século XIX, ou, especialmente, quando comparado ao novo nacionalismo radical após a Primeira Guerra Mundial, ficam evidentes algumas similaridades impressionantes[20]. As primeiras são as seguintes:

- o mito de uma era antiga idealizada, com a qual se busca uma conexão;
- a animosidade em relação ao Ocidente, cujos princípios não estão alinhados com a essência e corrompem os valores próprios de um indivíduo;
- o ideal de um todo homogêneo, buscado através da purgação de todos aqueles considerados estranhos;
- o culto à morte, em que o sacrifício pela terra natal ou pela religião surge como a maior felicidade.

Depois de 1918, os protagonistas do novo nacionalismo anti-republicano na Alemanha formaram uma geração unida dentro da direita radical. A estrutura profunda de sua mentalidade era formada por um esquema interpretativo baseado no *Apocalipse*, em que a experiência da Primeira Guerra Mundial continuava a ressoar[21]. Torturados por medos de perda e morte, eles desenvolveram uma crença marcadamente quiliasta* na redenção e na renovação, baseada em uma metafísica da unidade entre as pessoas. A nação alemã tornou-se portadora de uma missão e assumiu a tarefa de salvar a cultura ocidental da corrupção usando nada menos que a relação mercantil anglo-americana com o mundo, o espírito (*Geist*) e Deus. A democracia e o pluralismo não estavam de acordo com a essência alemã e, por isso,

---

20. A. Margalit; I. Buruma, Occidentalism, *New York Review of Books*, também chamam a atenção para essa inter-relação.

21. Ver S. Breuer, *Anatomie der konservativen Revolution* e *Ästhetischer Fundamentalismus...*

* Cf. Houaiss: "Espécie de milenarismo cristão, cuja doutrina afirma que os predestinados ficariam na Terra ainda durante mil anos após o julgamento final, no gozo de todos os prazeres". (N. da T.)

foram rejeitados. Em oposição a uma atitude materialista, buscava-se uma base ideal de vida. A idealização de uma vida original e pura, baseada em estruturas agrárias, era ligada a fantasias apocalípticas de morte, junto com uma valorização da violência e da masculinidade e um desprezo pelo elemento feminino.

Apesar das surpreendentes similaridades do mundo das idéias desse nacionalismo radical com o fundamentalismo islâmico, é possível discutir essa comparação argumentando que o nacionalismo não se desenvolveu com tal potência emocional fantasmática nas nações islâmicas tanto quanto no Ocidente em função da dominação de lealdades mais antigas e de maior alcance. Sudhir Kakar aponta para o fato de que a religião empresta maior intensidade emocional e motivação mais profunda em relação a conflitos de grupo do que o nacionalismo[22]. Kakar deixa de reconhecer, no entanto, que muitas vezes o nacionalismo já assumiu a cobertura da religião e que, especialmente em sua forma extrema e totalitária, toma o caráter de uma religião política[23].

Pode-se também argumentar que o pensamento político islâmico e suas concepções clássicas de ordem não contêm referência alguma a termos tais como Estado e nação, mas, por outro lado, reconhece a *Umma* (o mundo islâmico) como a única unidade coletiva da comunidade muçulmana, encabeçada por um grande líder, o califa[24]. Nenhum outro grupo de comunidades tem igual poder; há apenas a dicotomia da oposição entre *dar al-Islam* ("Casa da Paz") e *dar al-herab* ("Casa da Guerra"), que devem ser convertidas ao Islã pela *jihad*. Em primeiro lugar, no período posterior ao colapso do Império Otomano, realidades políticas precisavam de uma revisão da lei islâmica e da legitimação de Estados-nações específicos, que eram conectados ao conceito da *Umma* universal. O islamismo ataca essa revisão como instrumento ocidental para destruir o próprio Islã.

Apesar dessas diferenças, acredito ser ainda instrutivo comparar o ideário do nacionalismo com o Islã político e religioso ao nível das estruturas psíquicas profundas. Benedict Anderson nota uma conexão subterrânea similar ao definir nação como "comunidade imaginada" baseada em sistemas culturais de "parentesco" e "religião"[25]. Analisando a forma do Estado-nação, Bielefeld[26] distingue três níveis constitutivos: imaginação, instituição e organização. Aqui, preocupo-me apenas com o nível imaginativo.

Não considerarei a dimensão intrapsíquica nem a questão de como o nacionalismo e o fundamentalismo político-religioso podem se tornar

22. S. Kakar, *Die Gewalt der Frommen*, p. 295.
23. C-E. Bärsch, *Die politische Religion des Nationalsozialismus*.
24. Ver D. Diner, op. cit.
25. B. Anderson, *Imagined Communities*.
26. U. Bielefeld, Die lange Dauer der Nation, em U. Bielefeld; G. Engel (eds.), *Bilder der Nation*.

tão atraentes psicologicamente a indivíduos ou grupos em certos momentos e em certas constelações sociais; meu objetivo aqui é discernir quais as fantasias inconscientes que entram em jogo. Entretanto, antes desse exame, gostaria primeiro de fazer algumas observações gerais sobre a psicanálise dos fenômenos coletivos e das ideologias sociais.

A psicanálise precisa levar em conta a independência do social, junto com a natureza abstrata dos mecanismos de controle social e ações dentro do sistema social. Reconhecer a importância destes, contudo, não diminui a capacidade da psicanálise de oferecer uma explanação psicológica para o poder de atração exercido por ideologias e por fantasias e de investigar os afetos extraordinariamente intensos associados a elas com fatores inconscientes. Baseio essa afirmação, conceitual e metodologicamente, no conceito de fantasias inconscientes ubíquas[27]. São fantasias compartilhadas em certa medida por todas as pessoas. São ubíquas porque envolvem os fatos fundamentais da vida, a conexão das necessidades físicas com o desenvolvimento mental e psíquico, especialmente a maturidade psicossexual, o cuidado e a dependência em relação à mãe, a rivalidade entre irmãos, a cena primária e o complexo de Édipo. Como derivados do inconsciente, essas fantasias infantis pressionam o consciente e emergem na realidade e na vida social. Elas possuem uma tendência à externalização e, por um lado, aderem e modelam a percepção e a formação de eventos sociais, instituições e sistemas de valores culturais. Por outro lado, no entanto, também são postas em atividade a partir de fora – ou seja, por agentes sociais que as formatam e as canalizam através de estruturas objetivas como instituições, convenções sociais e tradições lingüísticas.

Em um trabalho anterior, utilizei o exemplo do nacionalismo alemão e do anti-semitismo para examinar as emoções, os afetos e os fantasmas inconscientes associados ativados na mente quando se imagina a nação. Eles explicam a fascinação causada às pessoas, especialmente durante épocas de crise social, mas também podem gerar violência coletiva e agressão[28]. Nesse exame, os seguintes complexos de idéias inconscientes se mostraram significativos:

- fantasias de cuidado e rivalidade entre irmãos;
- pureza e concepção idealizada do outro;
- visões de unidade de grupo e fantasias de fusão.

A seguir, esses diversos sistemas de fantasia servem como base heurística a partir da qual se examina a profunda dimensão das visões políticas no fundamentalismo islâmico.

27. Ver J. Bendkower, *Psychoanalyse zwischen Politik und Religion.*
28. W. Bohleber, Die Konstruktion imaginärer Gemeinschaften und das Bild von den Juden, *Psyche – Zeitschrift für Psychoanalyse und Ihre Anwendungen,* n. 51.

FANTASIAS DE CUIDADO E RIVALIDADE ENTRE IRMÃOS

Aqui, o estrangeiro é visto como um intruso que adentra uma esfera pensada como propriedade pessoal legítima, deslocando o habitante nativo, roubando suas posses (no inconsciente, isso significa a posse do objeto primário) e ocupando a casa como parasita que vive à custa de outro. Inconscientemente, o estrangeiro é o irmão rival que destrói a união narcisisticamente idealizada com a figura da mãe coletiva. Pertencimento e exclusão não são entendidos neste caso como um problema de confronto político concreto, mas sim de uma agressão arcaica na batalha pela posse exclusiva, em fusão com a figura da mãe. Na visão de um "corpo de pessoas" organicamente imaginado, esse mundo de fantasia inconsciente ganha uma força emocional especialmente intensa. No islamismo, contudo, cujo mundo político mental é primariamente organizado por metáforas de família, essa parece ser a fantasia menos aparente. Até hoje, encontrei apenas alguns poucos exemplos. Para nos certificarmos, os americanos são tidos, de fato, como ocupantes da sagrada península árabe, "sugando nossa riqueza e impondo um bloqueio". Eles também são indiciados por "devorar nossa propriedade". Tais imagens, porém, não possuem o mesmo poder fantasmático que encontramos no anti-semitismo, no qual os judeus são tidos como vermes glutões.

PUREZA E A VISÃO DO OUTRO

Comparada à projeção de impulsos instintivos proibidos no outro, a conexão entre visões de pureza e identidade de grupo é ainda mais complexa. Como Freud demonstrou[29], membros do grupo deixam as diferenças individuais desaparecerem em uma identificação narcísica entre si. Eles se asseguram de seus laços e identidade porque são como todos os outros membros do grupo. A diferença e a alteridade surgem, então, como impureza. Como concluiu Mary Douglas[30], sujeira é algo que por muito tempo foi definido em um sentido histórico-cultural como o que está no lugar errado e, nesse sentido, sujeira é algo que não pode ser permitido, tendo em vista a continuidade da existência de um modelo ou de um sistema simbólico. Não se deve tolerar, mas, ao contrário, apagar a incerteza, a insegurança e a ambivalência como coisas impuras, a fim de criar um universo homogêneo e simbolicamente consistente.

A pureza ritual desempenha um papel significativo no Islã e, portanto, não surpreende o fato de que fantasias de pureza tenham

---

29. S. Freud, *Group Psychology and the Analysis of the Ego*, S.E., v. 18.
30. M. Douglas, *Reinheit und Gefährlung* (trad. bras. *Pureza e Perigo*. São Paulo: Perspectiva,1976.)

extraordinária importância para a auto-identidade no islamismo. Pode-se ler, por exemplo, o seguinte sobre a invasão das idéias e do modo de vida ocidentais em um importante jornal político islâmico: "A semelhança do Islã com os descrentes é como a da água pura e límpida de uma nascente com a água trazida do fundo de um esgoto suburbano. Se apenas uma gota da água suja cai na água limpa, a pureza diminui. Do mesmo modo, é preciso apenas uma gota da sujeira da descrença para contaminar o Islã no Ocidente"[31]. Há inúmeros outros exemplos de tais crenças. Junto com a poluição, imagens de envenenamento também têm um papel importante. O corpo feminino é acusado de ter um poder particularmente forte de poluir, seduzir e destruir. Também serve como metáfora para a situação de uma sociedade que se vê ameaçada por sedutores poderes do mal[32].

Neste ponto, gostaria de estender a questão para o ponto seguinte: a percepção do outro, ou do estrangeiro, reciprocamente conectada à percepção de si mesmo. Como René Spitz descreveu[33], o medo da criança em relação a estranhos não é conseqüência da estranheza da pessoa: ao contrário, é uma reação à percepção de que a face do estranho não combina com a lembrança da face da mãe. Nesse sentido, a percepção do estranho leva a criança de volta à mãe e intensifica seu apego a ela, assumindo que a criança se sente segura na relação com a mãe. A partir daí, a criança pode estabelecer contato sem ansiedade e passar a conhecer o estranho. Em contrapartida, a forma patológica dessa relação procura bloquear o estranho para que se sinta novamente segura, espelhando-se narcisicamente na mãe. Se predominar uma fantasia de homogeneidade no nível de um grupo, o espelhamento e auto-confiança ocorrem nos membros do grupo que são iguais à pessoa. No entanto, a ambivalência é inevitável e conduz a uma acusação agressiva de diferenças dentro do grupo, que deve ser então apagada e projetada para fora. Esse mundo de espelhamento narcísico e de pureza resulta em agressão massiva e persecutória contra aqueles que são diferentes e por isso ameaçam a coesão interna. Esse narcisismo não pode tolerar a coexistência de nada diferente ou divergente e tende a se tornar progressivamente mais radical. Só se pode obter pureza pela exclusão. Nesse sentido, o pertencer a uma comunidade idealizada e pura e a violência persecutória estão intimamente conectados e são mutuamente dependentes. Ostow[34] fala nesse contexto de "mentalidade pogrom", e Adorno se refere a "totalitarismo psíquico"[35].

---

31. Como citado por J. Raban, My Holy War, *The New Yorker*, p. 32.
32. M. Riesebrodt, *Die Rückkehr der Religionen*, p. 121.
33. R. Spitz, *Vom Säugling zum Kleinkind*.
34. M. Ostow, Myth and Madness: A Report of a Psychodynamic Study of Anti-Semitism, *International Journal of Psycho-Analysis*, n. 77.
35. T. W. Adorno, *Studien zum autoritären Charakter*.

VISÕES DE UNIDADE E FANTASIAS DE FUSÃO

A atual pesquisa psicanalítica de grupos mostra que a regressão em um grupo ou massa vai muito além do nível edipiano descrito por Freud, estendendo-se a outras identificações narcísicas ativas mais profundas. Enquanto membros regressivamente fundidos em um grupo, isso se torna um substituto ilusório do objeto perdido, a mãe da infância. A fantasia do grupo substitui o ego individual por um ego-ideal comunal, fazendo surgir uma arrogância maníaca. Caso se apodere da pessoa e se misture com fantasias de sua própria superioridade, então se anulam o teste de realidade e as exigências da consciência dos indivíduos envolvidos, enquanto o senso de *self* fica muito estimulado pela fusão com o nacional ou com o senso de *self* do grupo. A questão "quem sou eu?" é substituída por "a quem pertenço?" Para essas pessoas existe, por um lado, um mundo de grande unidade simbiótica e, por outro, escindido do primeiro, um mundo de rivalidades, competição e pluralidade.

Aos olhos dos muçulmanos, a humanidade consiste de coletividades. O Islã não reconhece a individuação nem qualquer designação de homem como indivíduo livre, tradição essa desenvolvida no Ocidente[36]. Um muçulmano pertence à *Umma* assim como toda sua comunidade, uma associação que o define e da qual, de modo semelhante a uma origem tribal irrevogável, ele jamais pode se separar[37]. No entanto, a comunidade da *Umma* não é, de modo algum, homogênea: ao invés disso, está cheia de divisões, discussões e discórdia. A unidade é uma visão fantasiosa, que procura adquirir cada vez mais poder nas mentes das pessoas, sendo que tendências mais destrutivas e impulsos hostis podem ser projetados em minorias étnicas e religiosas, no mundo do Islã ou no mundo dos descrentes, que conspiraram contra eles. Isso dá origem ao fantasma de uma comunidade muçulmana pura e unificada. Ao formar-se esse tipo de coletividade, não se pode, por sua vez, ver o outro, o estrangeiro ameaçador, como um indivíduo independente, mas, ao contrário, apenas como um agente do inimigo, buscando destruir a homogeneidade própria da pessoa. Esse tipo de pensamento conspiratório está disseminado no mundo árabe. Como resultado, o mundo que está fora é demonizado e condições e erros deploráveis são vistos não como de responsabilidade própria, mas como resultado de poderes satânicos do mal – os ocidentais, acima de todos os outros.

A conexão inerente entre as visões narcísicas de pureza, unidade e igualdade com a violência massiva é fundamental para a compreensão do ideário fundamentalista islâmico. Essa mistura de fantasias de fusão e violência assume um significado especial no desejo de morte e

---

36. B. Tibi, *Die Vershwörung*.
37. Idem, p. 42.

no culto à morte dos mártires islâmicos, que brandem sua determinação contra a corrupção e a brandura ocidentais. Como disse um guerrilheiro talebã do Afeganistão: "Os americanos gostam de Pepsi-Cola, mas nós gostamos da morte"[38]. Do mesmo modo que a mensagem enviada por Osama bin Laden após a destruição do destróier norte-americano *Cole*: "Mesmo que seus inimigos possuam armas de destruição em massa, uma nação não pode ser conquistada se seus homens jovens estiverem preparados para morrer, enquanto a juventude de seus oponentes vive vergonhosamente em pecado[39]. A violência combinada com a morte se revela como a entrada no paraíso. Uma forma diferente dessa mesma noção pode ser encontrada no nacionalismo alemão da Primeira Guerra Mundial – por exemplo, no culto à morte da Langemarck*, quando milhares de jovens alemães marcharam para a morte com as palavras de Theodor Körner em suas mochilas: "A felicidade reside somente no sacrifício de morte"[40]. A descrição de Ernst Jünger da batalha durante a Primeira Guerra Mundial parece ter validade direta para os seqüestradores do 11 de Setembro:

> É um frenesi sem qualquer consideração de limites, comparável apenas aos poderes da natureza. O homem é como a estrondosa tempestade, o mar revolto e o sinuoso trovão. Então ele se funde ao universo e corre aos escuros portões da morte como um projétil a seu alvo. E ainda que as ondas se elevem e o atinjam furiosamente, ele não notará seu apelo. É como uma onda escorrendo de volta para o mar inundado[41].

Aqui também encontramos visões baseadas em fantasias de estado ideal narcísico pré-ambivalente. O outro e o estrangeiro, desse modo, se tornam os descrentes, os infiltradores, os causadores de problema, aqueles de quem se necessita simultaneamente para projeção e para perseguição a fim de permitir e manter o fantasma do estado ideal. Sabemos que a idealização e o terror estão intimamente ligados. Eissler, por exemplo, afirmou que agressão, ambivalência e narcisismo são todos individualmente necessários e indispensáveis aos seres humanos. Contudo, se aparecem e agem juntos, "tornam-se os cavaleiros do apocalipse da humanidade"[42].

COMO ALGUÉM SE TORNA TERRORISTA? ALGUMAS CONSIDERAÇÕES PSICANALÍTICAS

Grande parte dos terroristas de 11 de setembro eram jovens adultos, alguns no fim da adolescência (de acordo com Serauky, 39%

---

38. A. Margalit; I. Buruma, op. cit.
39. R. Jacquard, *Die Akte Osama bin Laden*, p. 308.
* Divisão alemã formada por voluntários. (N. da T.)
40. Como citado em A. Margalit; I. Buruma, op. cit.
41. Citado em K. Theweleit, *Männerphantasien*, v. 2, p. 214.
42. K. R. Eissler, *Todestrieb, Ambivalenz, Narzißmus*, p. 60.

das pessoas nos grupos terroristas egípcios têm de 20 a 24 anos de idade, e 25% têm de 25 a 29). Todos os membros dos principais grupos estavam cursando universidade ou já haviam terminado um curso em área técnica. Como mostraram as investigações criminais, todos haviam vivido uma radicalização em sua formação identitária no final da adolescência e especialmente em suas convicções ideológicas e religiosas, preparando terreno para as futuras atividades terroristas.

Ao tratar jovens que aderem a ideologias políticas radicais, aprendemos algo sobre seu desenvolvimento interno e sobre a função da visão de mundo no processo da adolescência[43]. Ideologias políticas são especialmente adequadas para exteriorizar os conflitos internos irresolúveis do adolescente. Ainda mais atraentes do que todas outras são as ideologias que promovem uma imagem maniqueísta do mundo e formulam seu pensamento em termos de amigo ou inimigo através de designações claras de bem e mal. Essas visões de mundo possuem um significado dual para o desenvolvimento de jovens. Por um lado, a determinação juvenil e a má vontade de se comprometer e/ou de pensar ajudam na construção da independência e no desenvolvimento de pontos de vista próprios; por outro, há o perigo de permanecerem fixados nessa posição. Se fortes sentimentos de raiva ou de desapontamento se tornam aparentes, a juventude é ameaçada de privações de direitos sociais e de um sentimento de desvalorização. Ideologias políticas fornecem modos de pensamento e de ação que parecem ser a solução de problemas aparentemente irresolúveis. Entretanto, mais do que compromissos individuais com esses problemas, a ideologia ou o grupo define o que é bom e o que é mau. As normas do grupo tomam o lugar do superego individualizado. Muitas dessas ideologias de grupos adolescentes são inconsistentes e contraditórias, exigindo freqüentemente que essa suposta "verdade" seja assegurada por meio de violência. A agressão e a violência podem aumentar ainda mais quando partes insuportáveis, fracas, desprezadas e desamparadas do *self*, além de emoções e medos, são projetadas no objeto externo ideologicamente distorcido, devendo então ser purgadas com o ataque à vítima. Se essa forma de auto-constituição violenta não cessar, então o adolescente estará correndo o perigo de perder completamente todo o contato íntimo com as partes projetadas de si (*self*) que ele acredita serem fracas, desamparadas e vergonhosas. O vazio interior resultante é então preenchido com clichês ideológicos colhidos de ideologias políticas ou religiosas radicais. Informações biográficas detalhadas e

---

43. Para um tratamento mais extensivo, ver W. Bohleber, Nationalismus, Fremdenhass und Antisemitismus, *Psyche – Zeitschrift für Psychoanalyse und Ihre Anwendungen*, n. 46; e Gewalt in der Adoleszenz – Sackgassen in der Entwicklung, em A. Gerlach; A. M. Schlösser (eds.), *Gewalt und Zivilisation*.

disponíveis sobre dois jovens do círculo terrorista da Al-Qaeda confirmam essas conexões.

Exemplo 1
Said Bahaji, 26 anos, morava junto com Mohammed Atta em Hamburgo e desapareceu um pouco antes do ataque, em direção ao Paquistão ou ao Afeganistão[44]. O pai de Said é um marroquino que foi para a Alemanha, em 1963, a serviço. Casou-se com uma alemã que tinha cargo de gerente em uma loja de roupas. Logo em seguida, nasceu sua filha e, um ano depois, em 1975, tiveram um filho, Said. O pequeno negócio do pai de Said faliu, e sua mãe pagava as contas. Quando Said tinha nove anos, a família se mudou para a cidade natal do pai, no Marrocos, com pouca esperança quanto ao futuro. Sua mãe retraiu-se em um exílio interior. Said parecia melancólico, mas era excelente aluno, tornando-se um especialista em computadores e programador. Terminada sua formação, foi para a Alemanha aos vinte anos de idade, em 1995, e voltou a estudar. Conheceu o grande amor de sua vida, uma jovem de ascendência teuto-brasileira. Entretanto, os pais dela fizeram-na abandonar o relacionamento e a enviaram para os Estados Unidos. De acordo com sua tia, essa rejeição foi a maior decepção que Said já vivera. Ele se mudou para um quarto com outros estudantes árabes, tornou-se religioso, indo regularmente a uma mesquita freqüentada por extremistas islâmicos. Suas convicções mudaram radicalmente, em especial as relativas às mulheres. Tornou-se profundamente devoto, começou a propagar ideais islamitas e a falar de como o Islã tinha que dominar o mundo e destruir os judeus. Nesse meio-tempo, foi morar com Mohammed Atta e se associou àqueles que depois se tornariam os terroristas do 11 de Setembro. Em 1998, casou-se com uma islamita alemã, com quem teve um filho. Said desapareceu em agosto de 2001.

Exemplo 2
Richard Reid, 28 anos, hoje conhecido como "o homem do sapato-bomba", tentou explodir um avião durante um vôo de Paris a Miami com explosivos em seus sapatos[45]. O avô de Richard havia emigrado da Jamaica para Londres. Seu pai casou-se com uma inglesa, envolveu-se com o mundo do crime e passou mais de vinte anos na prisão. Os pais de Richard se divorciaram quando ele tinha onze anos de idade. Ele deixou a escola assim que pôde, com dezesseis anos. Dali em diante, passou a envolver-se em um meio de crimes de rua e de roubo de carros e, como seu pai, acabou preso; enquanto

---

44. *Der Spiegel*, mar. 2002.
45. *Time*, 25 fev. 2002.

cumpria uma de suas sentenças, converteu-se ao Islã. Apesar de inicialmente não ser extremista, logo se juntou a uma mesquita islamita radical, ignorando todos os avisos sobre o extremismo do lugar. O Islã que ele conhecera até aquele momento era fraco e passivo demais para ele. Agora ele encontrara a solução para seus problemas na mensagem extremista da *Jihad*, divulgada por seus expoentes radicais. Em 1999, passou mais de um ano em uma escola de Corão no Paquistão, e muito provavelmente mudou-se de lá para um campo de treinamento da Al-Qaeda. Voltou para Londres no verão de 2001 e tentou realizar seu ataque pouco antes do Natal.

Ambas as biografias demonstram os diversos antecedentes dos futuros terroristas. Volkan[46] sugere que traumatismos na fase de desenvolvimento inicial dos terroristas suicidas palestinos e de outros terroristas levaram à cisão na sua identidade individual. Em que medida isto se aplica, em minha opinião, é uma questão que permanece sem resposta (nesse ponto, não posso entrar em maiores detalhes sobre a situação dos palestinos suicidas, sobre o papel exercido pela desesperança política e social, ou sobre o desespero como motivo em conjunto com o fundamentalismo religioso).

Uma ideologia radical sozinha não é suficiente para fazer um terrorista. Tal transformação de personalidade requer, junto com um treinamento militar, uma violenta doutrinação e uma reeducação em campos de treinamento ou em grupos isolados. O resultado é uma submersão em um "mundo paralelo", parcialmente preparado por uma série de ritos de iniciação (sob o pseudônimo de Yasmina Khadra[47], o autor argelino Mohammed Moulessehoul escreveu um romance em que descreve, de forma aguda, como um jovem se torna um fanático e um assassino da GIA – Grupo Islâmico Armado*). Através de entrevistas com membros da seita japonesa Verdade Suprema e com o grupo terrorista japonês Exército Vermelho Unido, Robert Lifton[48] descreveu e analisou esses processos de condicionamento mental violento. Esses grupos são dominados por um senso absoluto de controle, em que todas as formas de comunicação são monitoradas e a psique dos membros do grupo é governada por um *ethos* de auto-revelação e autoflagelação. A realidade e sua percepção se tornam propriedade do grupo e ferramentas para a manipulação e a legitimação dos ideais do grupo, promovendo a separação absoluta entre o puro e o impuro, o bem e o mal. Com esse fim, pratica-se a violência massiva, a seguir justificada como um processo de purificação. Essa renovação pessoal

---

46. V. D. Volkan, *Bloodlines*.
47. Y. Khadra, *Wovon die Wölfe träumen*.
* Groupe Islamique Armé. (N. da T.)
48. R. J. Lifton, *Destroying the World to Save It*.

requer uma catarse gerada pela destruição do que a pessoa foi antes. No curso dessa transformação, a distinção entre educação e punição geralmente fica obscurecida, especialmente em procedimentos como mergulhar membros do grupo em água extremamente fria ou quente, içando-os pelos pés, ou trancá-los sozinhos em uma cela por vários dias. Através desse tratamento traumatizante, a função de proporcionar um sentimento de segurança dos objetos internos bons entra em colapso e é substituída pelo que se torna o único objeto disponível: o líder, o guru, o grupo como um todo, e a identificação com os objetivos terroristas, os quais, sem a conexão com o grupo, podem se tornar frágeis novamente. Um sobrevivente de um campo de treinamento da Jihad Islâmica no Líbano relatou as práticas realizadas[49]. Junto com uma educação militar rudimentar, esses futuros jovens terroristas tinham continuamente um imã como mentor, o qual, supostamente, tem que dar a eles motivação espiritual. Eles viviam em condições extremamente ascéticas durante todo o tempo, e todos os laços familiares anteriores eram cortados. A testemunha relatou ainda que, em cada grupo de recrutas, um dos estudantes era sacrificado pelos professores. Faziam isso amarrando um cinto de explosivos em sua cintura, colocavam-no atrás do volante de um carro e ordenavam que acelerasse e batesse contra um muro, enquanto todos os outros eram forçados a assistir. A cena horrorosa do companheiro mutilado lhes dava um desesperado senso de energia. Desse modo, eles entravam em contato com o que iriam finalmente enfrentar na pele. Para não sofrerem um colapso nervoso nem serem imediatamente mortos, eles eram compelidos a se identificar ainda mais com as intenções do líder como único objeto acessível a eles e único capaz de preservar a segurança contra o medo de uma situação que põe em perigo a vida. O líder também servia para infundir nos membros do grupo a visão de uma vida eterna no paraíso. Tais práticas geravam um "estado compartilhado de violenta anestesia"[50], um direcionamento ao ataque futuro, a anulação de todos os escrúpulos prévios e o extermínio de todas as dúvidas e de qualquer senso de empatia por aqueles que logo serão vítimas de seus ataques. Essa é a submersão em um mundo paralelo do qual não há "ponto de retorno", especialmente se o primeiro assassinato – seja de um membro do grupo penalizado por fraqueza ou de alguém de fora do grupo – já tiver sido cometido. O que sempre morre em tais atos é a própria fraqueza, as dúvidas e a consciência, que são projetadas no outro.

Com isso, concluo minha breve análise. Como o último século deixou evidente, idealização e terror estão muito freqüentemente inter-relacionados. O terrorismo que agora enfrentamos no começo

---

49. R. Jacquard, op. cit., p. 92.
50. R. J. Lifton, op. cit.

de nosso século representa uma nova forma dessa união. Tentei aqui iluminar algumas áreas do fundamentalismo islâmico e do terrorismo, um mundo ainda amplamente inexplorado pela psicanálise. Muito disso teve que permanecer provisório, e muito ainda nos resta examinar acerca desses fenômenos.

8. Desumanização:
origens, manifestações e soluções

Salman Akhtar

Aceitamos como verdadeira a experiência de sermos humanos. A segurança e a integridade de nossos corpos, o fluxo imperturbável de nossa subjetividade psíquica e um *locus* confortável dentro de processos comuns e históricos de grupo nos fornecem o alicerce desse privilégio, quase sempre não reconhecido. Um subproduto louvável de tal "humanidade" é que ela nos associa aos demais seres humanos sob formas indispensáveis. Sem contar as óbvias características em comum de fisionomia e anatomia, somos motivados por necessidades psicológicas compartilhadas por todos os membros de nossa espécie. Estas incluem necessidade de dignidade biológica, de identidade e de legitimação, de limites intrapsíquicos e interpessoais, de conhecimento das causas de certos acontecimentos, a necessidade de disponibilidade emocional adequada de outros seres significativos e a necessidade de auto-expressão e criatividade. Ao mesmo tempo em que os seres humanos buscam gratificação através de desejos ligados à experiência, e por isso individual e culturalmente variáveis, as necessidades em si são ubíquas e universais em sua distribuição[1]. Além desse substrato motivacional compartilhado, existem outras características comuns à experiência humana, incluindo a capacidade de ter idéias e de pensar, a aquisição

---

1. Para uma explicação da distinção necessidade-desejo, e para maior discussão a respeito das necessidades psíquicas humanas ubíquas, ver S. Akhtar, The Distinction Between Needs and Wishes, *Journal of the American Psychoanalytic Association*, n. 47.

de linguagem, as barreiras contra assassinato e incesto, a afiliação a um grupo e a elaboração de mitos e ritos.

Essas características estruturais e dinâmicas compartilhadas estão no âmago do sentir-se e ser humano. Que tudo isto depende, ao menos em parte, de o indivíduo existir em um "ambiente previsível comum" não é preciso dizer (o termo "ambiente previsível comum" foi originalmente usado pelo psicanalista Heinz Hartmann[2]). Uma extensão lógica deste último postulado é que quando o meio, formativo ou presente, muda dramaticamente para um ponto distante do "normal" e do "esperável", o distúrbio psíquico resultante pode ter proporções que desestabilizam o cerne da humanidade da pessoa. Vulnerabilidades constitutivas "de circuito" podem também contribuir para essa ocorrência em casos individuais. Sem levar em conta a etiologia, isso constitui o estado de "desumanização". Em outras palavras, "desumanização" refere-se ao estado mental em que há interferências graves em características estruturais e dinâmicas centrais da natureza humana, geralmente a ponto de o indivíduo parar de se sentir e de comportar-se como tal.

Deixe-me sair deste raciocínio circular e explicar o que realmente entendo por "desumanização". Para mim, esse estado se caracteriza por uma combinação variável de desrespeito empedernido pelo próprio corpo, "desmentalização" focal ou difusa, inabilidade em conter afetos e fantasias por meio de simbolização, por um terrível afastamento dos outros e profunda falta de empatia por eles, pela redução grotesca ou o exagero de uma ou mais necessidades psicológicas básicas mencionadas acima, apego à onipotência infantil, tanatofilia, renúncia à linguagem como veículo predominante de comunicação, e colapso das barreiras erguidas pela civilização contra o incesto e o assassinato. Esse estado de coisas pode permanecer confinado dentro da mente atormentada do indivíduo ou pode ser violentamente projetado nos outros para fazê-los se sentirem desumanizados. A vítima de ontem torna-se então o criminoso de hoje.

Meu objetivo ao chamar a atenção para tais fenômenos é esclarecer certos aspectos da violência politicamente motivada e associada ao terrorismo. Incidentes desse tipo geralmente demonstram um desrespeito impressionante pela humanidade dos mutilados e mortos quando se vai em busca de uma agenda política. A chocante indiferença que os terroristas comumente demonstram em relação a seus próprios corpos também desafia a compreensão. Uma investigação mais profunda da "desumanização" pode então ajudar a elucidar o mistério sociopolítico que veio a ser denominado de "terrorismo" (ressaltei os problemas do uso do termo "terrorismo" em um ensaio prévio sobre

---

2. H. Hartmann, *Ego Psychology and the Problem of Adaptation*.

o assunto³). Ao mesmo tempo, é útil diferenciar os diversos tipos de desumanização, especialmente se as reflexões relativas à desumanização associada ao terrorismo produzirem estratégias de cuidados especiais nesse campo. É com este espírito que descrevo cinco tipos de desumanização – baseados em deficiência, falha, regressão, identificação e estratégia –, fornecendo algumas diretrizes para o tratamento da desumanização associada ao terrorismo. Tentativas de "reumanização", de acordo com essas diretrizes, podem constituir um aspecto da abordagem multifacetada necessária à abordagem do problema do terrorismo.

DESUMANIZAÇÃO POR DEFICIÊNCIA: CRIANÇAS SELVAGENS

Ainda que nas passagens anteriores eu tenha mencionado a função do "ambiente previsível comum" na manutenção do núcleo essencial de humanidade, deixei de enfatizar o papel imperativo dessa contribuição externa para ajudar a desenvolver e a consolidar, em primeiro lugar, a experiência psicológica humana. Também não especifiquei o que constitui esse "ambiente previsível comum". É preciso preencher essas lacunas, pois considero que os estados de desumanização surgem a partir de um ambiente excessivamente deficiente para a estruturação psíquica.

Com certeza, é impraticável resumir a quantidade enorme de observações empíricas e de conjecturas a respeito da maneira pela qual o bebê socialmente desafortunado e psiquicamente não desenvolvido adquire atividade mental e comportamento que sejam reconhecíveis como "humanos". Um aforismo psicanalítico e o título de um importante texto sobre desenvolvimento infantil felizmente me socorrem. O primeiro se refere à declaração do pediatra britânico, depois psicanalista, Donald Winnicott, que diz: "um bebê é algo que não existe" (em uma discussão, por volta de 1940, em um encontro científico da Sociedade Psicanalítica Britânica em Londres⁴). E o título a que me refiro é *The Psychological Birth of the Human Infant* (O Nascimento Psicológico da Criança), da renomada psicanalista infantil Margaret Mahler e de seus colegas⁵. Ambos afirmam de modo incisivo o fato de que um bebê humano nunca existe em isolamento e que é essencial certa quantidade, tipo e duração de cuidado humano – a princípio, principalmente materno – para que a experiência interna instável e dispersa da criança possa ir se trans-

---

3. Ver S. Akhtar, Psychodynamic Dimension of Terrorism, *Psychiatric Annals*, n. 29.
4. D. Winnicott, The Theory of the Parent-infant Relationship, *The Maturational Processes and the Facilitating Environment*.
5. M. Mahler; F. Pine; A. Bergman, *The Psychological Birth of the Human Infant*.

formando até poder ser reconhecível como existência psicossocial humana. Sem esse cuidado humano, não ocorre o surgimento nem a maturação dos instintos "humanos". O corpo pode sobreviver, mas a mente certamente não se desenvolve.

Não há enfermidade mais evidente do que o caso das crianças selvagens. Partindo dos mitos antigos descritos por Lineu (1707-1778), inventor do atual sistema de nomeação e classificação de animais, até os relatos clínicos dos notáveis "alienistas" Arbuthnot, Pinel e Itard, nos séculos XVIII e XIX, existem muitos relatos impactantes sobre crianças criadas por animais. Casos similares têm sido relatados também recentemente, especialmente na África[6] e no subcontinente indiano[7]. Cuidadas, desde o nascimento, por lobos, ursos e, em um caso, por ovelhas, essas crianças crescem inteiramente desumanizadas ou, para ser mais preciso, "não-humanizadas". Elas apresentam algumas ou todas as seguintes características: andar de quatro, comer carnes e vegetais crus, nudez, ausência do sorriso social e de outros gestos de afiliação, não-aquisição da fala humana, viver no mato ou em cavernas, anormalidades no olhar e uma tendência a se recolher em locais solitários. Para compensar esses déficits, por assim dizer, há enorme acuidade dos sentidos da audição e do olfato.

Um quadro essencialmente similar, mas menos extremo é visto em crianças criadas por seres humanos em situações de intensa privação social. O caso clínico mais celebre nesse contexto é o de Kaspar Hauser[8], um garoto alemão de dezessete anos encontrado andando pelas ruas de Nuremberg em 1830. Aprisionado em um calabouço por toda a vida, não teve qualquer contato humano salvo ocasionais olhadelas de seu carcereiro. Sua conduta parecia condizer com a de uma criança de dois ou três anos de idade. Não conseguia andar direito, e lhe faltavam todas as emoções humanas. Características similares foram notadas em crianças criadas em profundo isolamento em épocas mais recentes, como a da menina texana nascida em 1995 e criada pela mãe paranóica grave em um apertado *closet* durante a maior parte de sua vida[9]. Tais casos atestam o fato de que se tornar humano do ponto de vista psicossocial depende do cuidado amoroso de outros seres humanos.

---

6. Ver M. Newton, *Savage Girls and Wild Boys.*
7. Ver J. A. L. Singh; R. M. Zingg, *Wolf Children and Feral Man.*
8. P. J. A. von Feuerbach, *Kaspar Hauser.*
9. J. Emily, Mom Locked Girl in Closet to Forget, *The Dallas Morning News.* Dallas 7 nov. 2002.

DESUMANIZAÇÃO POR FALHA: AUTISMO INFANTIL E SÍNDROME DE ASPERGER

Crianças que sofrem de autismo infantil precoce e, em menor grau, de seu primo fenomenológico, a síndrome de Asperger, também apresentam ausência de qualidades "humanas"[10]. Elas desenvolvem um desligamento interpessoal marcante, anormalidades no olhar, indiferença ou aversão a carinho, crueldade ocasional com os outros, aquisição deficitária de linguagem e uma atitude geral de retraimento psíquico e solipsismo. Elas não consideram que as outras pessoas tenham pensamentos ou sentimentos. Como são incapazes de buscar adultos ou pares, a fim de obter gratificação emocional, não conseguem participar de jogos sociais ou imaginativos. Preferindo atividades estereotipadas e envolvimento com um número limitado de objetos físicos, elas reagem a qualquer mudança do ambiente com extrema perturbação.

Originalmente pensado como resultado de um cuidado parental frio e sem empatia ("ambiente geladeira"), o autismo infantil hoje é visto como manifestação de um sutil, mas intenso, dano intra-uterino ao sistema nervoso central do bebê. A rubéola materna durante a gravidez, a síndrome do X frágil e a hipoplasia no desenvolvimento de certas áreas do cérebro estão entre os fatores considerados responsáveis pelo distúrbio.

Em essência, seja uma criança selvagem (que não recebeu estimulação humana suficiente nem adequada) ou uma criança autista (cujo aparato interior não estava suficientemente intacto para receber e utilizar a estimulação humana oferecida), o que fica claro é que ter um corpo humano não significa necessariamente ter mente humana. Quando esse estado de coisas existe desde o começo da vida, os resultados são realmente estranhos. Um pouco menos chocante é a perda da qualidade mental humana depois de alcançada.

DESUMANIZAÇÃO POR REGRESSÃO: ESQUIZOFRENIA, LICANTROPIA E OUTROS ESTADOS PSICÓTICOS

De acordo com o muito conhecido aforismo psiquiátrico, o esquizofrênico perdeu o que o bebê ainda está para conseguir. Enquanto os dois vetores etiológicos da estimulação humana deficiente – ou ao menos perturbada – e sua interiorização deficiente desempenham um importante papel na gênese da esquizofrenia, mais surpreendente é o fato de que a maioria dos indivíduos atingidos cresce razoavelmente "humana" até atingir um estágio de drástica regressão, no início da vida adulta. Com essa reversão do desenvolvimento, mediada bioquimicamente, o imaginativo inusual torna-se bizarro e a idiossincrasia é

---

10. *DSM-IV*: APA, p. 66-71 e p. 75-77.

substituída pelo autismo. A metáfora se deteriora em neologismos, e a estranheza substitui a familiaridade do mundano.

Uma manifestação disso tudo é a confusão do esquizofrênico sobre o que está vivo ou não. Sensações de estar morto, de ser feito de papelão ou de ter-se transformado em pedra perdem a qualidade do "como se" e se tornam literais. Na catatonia grave, tais crenças tornam a motilidade difícil ou até impossível. Considerando-se inanimado, o paciente fica horas sentado, olhando sem expressão para o nada. Como uma peça de mobília, pode ser movido, mas só em resposta à vontade de outro. Em outros casos, o indivíduo não sente que se transformou em coisa, mas em animal. Delírios de licantropia (transformar-se em lobo) e outras formas de metamorfose zoofílica associadas a subculturas remotas caracterizam esses estados bizarros de "desumanização"[11]. Dentre os delírios mais conhecidos estão os de engravidar de ou de se transformar em babuíno (síndrome africana de *amafufanyane*), de imitar pássaros ou cobras na psicose cultural da Indonésia (*latah*) e de correr nu pela neve, imitando o grito de um animal ou o de um pássaro entre os esquimós afetados pela "histeria ártica" (*piblokto*).

Manifestações menos dramáticas de desumanização regressiva incluem a sensação de que uma parte específica do corpo está morta, é alienígena ou mecânica e, por isso, precisa ser removida. Muitas auto-amputações de esquizofrênicos originam-se desses delírios. Por outro lado, na esquizofrenia, confundir a distinção entre animado-inanimado pode resultar em vivência de fusão com a natureza, acompanhada de sentimentos de êxtase e terror (de maneira similar, às vezes, pode-se ver a desumanização extasiada do *self* em mendigos religiosos e em ascetas orientais). Ademais, a confusão entre animado e inanimado não está restrita à experiência de si. A pessoa pode sentir que indivíduos significativos do seu ambiente passaram por uma transformação diabólica e se tornaram autômatos ou robôs.

A regressão esquizofrênica também reacende a qualidade infantil e mágica do mundo inanimado. Objetos físicos aparentam possuir todo tipo de poderes. Parecem oferecer proteção contra perigos imaginários, ajudam a manter fronteiras psíquicas e realçam o narcisismo diminuído. Sob o resultante apego a objetos físicos (por exemplo, usar camadas de roupa para autoproteção, enfeitar-se de modo grotesco, fazer coleções) está o esforço desesperado para manter uma ligação com a realidade externa e, através disso, com o núcleo psíquico de humanidade dentro de si gravemente ameaçado. Essa confusão entre animado-inanimado indica um retorno parcial a estados infantis

---

11. Para detalhes a respeito de síndromes psiquiátricas em que indivíduos se sentem transformados em animais, ver S. Akhtar; J. Brown, Animals in Psychiatric Symptomatology, em S. Akhtar; V. D. Volkan (eds.), *Mental Zoo*.

arcaicos de falta de distinção com o universo e, nessas circunstâncias, desumanização excessiva representa morte psíquica.

DESUMANIZAÇÃO POR IDENTIFICAÇÃO: ASSASSINOS SERIAIS

Em agudo contraste com a forma trágica de desumanização acima mencionada está a situação em que o *self*, internamente desumanizado, torna-se uma estrutura psíquica intensamente investida, porém isolada, violentamente projetada nos outros. Ao invés de fragmentação e confusão, este cenário é dominado por triunfo maligno e por regozijo sádico. O indivíduo não sente terror de "despedaçar-se"; ao invés disso, tem uma lucidez mental perversa, uma saída para o sentimento crônico de tédio e nulidade. Através do acaso, da imitação dos outros ou da "orientação" de um indivíduo mais poderoso, porém de estrutura psíquica similar, a pessoa desumanizada acredita que matar os outros a alivia da incapacidade de sentir prazer e da falta de sentido da vida. O efeito estimulante de cometer assassinato é grande, e insufla a necessidade de achar cada vez mais vítimas. Características de perversão sexual, vícios e pensamentos de tipo psicótico misturam-se aos poucos na síndrome resultante de assassinato serial. Entretanto, o elemento central continua sendo a crueldade em relação ao corpo e à alma de outra pessoa.

De forma característica, o assassinato serial envolve perpetradores homens e vítimas mulheres. Essa característica atesta o fato biopsicossocial de que a agressão masculina descarrega-se em geral sob forma de destrutividade objetiva, externa. Isso sugere cenários reais, imaginados e deslocados de ódio, inveja e violência em relação à mãe, às substitutas dela e, subseqüentemente, às mulheres em geral. Nada surpreendente, uma vez que a maior parte dos assassinos seriais tem antecedentes de profunda negligência e de abusos físicos, sexuais e emocionais terríveis. Porém, é preciso admitir que nem todas as crianças que sofreram esses tipos de abusos ao crescer se tornam assassinos seriais. Certa tendência constitutiva para o sadismo parece contribuir também para esse resultado. Apesar de tudo, permanece o fato de que todos os assassinos seriais foram impiedosamente humilhados durante os anos de formação. Nos termos de Sue Grand, passaram com freqüência por experiências de "solidão catastrófica"[12] ou de isolamento existencial muito além da tolerância humana. Foram sujeitados ao "assassinato da alma"[13], que destruiu sua capacidade de pensamento racional e lhes tirou a razão de viver. Sentem-se vazios, desumanizados, mortos. Certos aspectos deles se identificaram com

---

12. S. Grand, *The Reproduction of Evil*.
13. L. Shengold, *Soul Murder*.

os pais que, na época em que batiam neles, pareciam ter perdido todas as qualidades humanas, transformando-se em "máquinas de bater". Outros sucumbiram ao que receberam dos pais, um tratamento como objeto destituído de vida. De qualquer modo, setores importantes de sua psique ficaram desumanizados, e é a expulsão "instintualizada" (isto é, psicossomaticamente ancorada, redutiva de tensão, cíclica e repetitiva) desse núcleo desumanizado, lançado contra outros, que forma a dinâmica central do assassinato serial.

O ato de transformar outro ser humano em vítima assustada e indefesa da violência, da tortura física e da mutilação está investido de um intenso drama sadomasoquista. O próprio momento do assassinato em si assemelha-se ao orgasmo sexual e serve de troféu para a megalomania do assassino. Infelizmente, essa reversão nociva de participações desumanizantes/desumanizadas provenientes da infância da pessoa não oferece ao criminoso uma chance de se tornar humano. Ao mesmo tempo em que fornece um afluxo momentâneo de narcisismo maligno, faz o assassino mais uma vez enfrentar seu estranhamento, seu desespero inexprimível, e o abismo interno do isolamento.

DESUMANIZAÇÃO POR ESTRATÉGIA: TERRORISMO

A desumanização das vítimas de massacre no terrorismo é um tanto diferente. É preciso admitir que explodir um ônibus escolar cheio de crianças ou um clube noturno cheio de adolescentes felizes demonstra que eles dificilmente são vistos como seres humanos diferenciados com direito à vida e a sonhos de futuro. A indiferença do terrorista em relação a eles e a falta de consideração por suas devastadas famílias beiram o inumano. O desrespeito insensível que alguns terroristas mostram com suas próprias vidas também é algo que está além da compreensão humana. Será que um homem-bomba palestino não teme a destruição de seu próprio corpo? Como Mohammed Atta manteve-se equilibrado enquanto dirigia o avião contra uma das torres do World Trade Center, sabendo que, em alguns minutos, não só mataria um grande número de desconhecidos, mas que seu próprio corpo explodiria em pedaços? Evidentemente, aqui há não só a desumanização dos outros como também de si mesmo. O fenômeno, no entanto, é bem distinto do assassinato serial.

Há cinco diferenças principais: 1. o assassinato serial tem motivação pessoal, enquanto o terrorismo tem motivação política; 2. o assassinato serial geralmente pressupõe um ato solitário, enquanto o terrorismo é, em geral, o ato de um grupo organizado; 3. no serial, o assassinato é o objetivo final, enquanto no terrorismo é um artifício para influir em uma situação política adversa; 4. no assassinato serial, o alvo e a vítima do ódio são o mesmo, enquanto no terrorismo a vítima não é o alvo e o alvo não é a vítima; e 5. diferente do assassino serial, que sente prazer em torturar sua vítima, o terrorista tem pouco envolvimento emocional no sofrimento daqueles a quem mata. Ele pode sentir prazer enorme com a "glória" de seu ato e com o impacto frente a seus oponentes, mas fica indiferente aos angustiados gritos de dor de suas vítimas.

De modo mais direto, a desumanização na violência terrorista é principalmente uma questão de estratégia. É uma manobra defensiva de dupla face, tal qual Jano, do ego do terrorista. Na realidade externa, matar transeuntes inocentes a fim de influenciar líderes políticos lhe é fácil, pois ele os vê como meros peões no tabuleiro de xadrez. Na realidade interna, desumanizar os outros o protege do terror de ter empatia (que poderia impedir suas ações) e do surgimento do remorso (que poderia impedi-lo de repetir esses atos). A desumanização de si próprio, estimulada pelas exortações de natureza social ou religiosa, é também essencialmente estratégica. Um *eu* demonizado tem maior imunidade contra temores de danos corporais e menos tristeza por uma vida perdida. É útil como arma.

A noção de que a desumanização que o terrorista faz dos outros é um artifício defensivo encontra respaldo no fato de que ele tende a sentir um remorso terrível se confrontado com a realidade tridimensional da vida de sua vítima. Esse tema é explicado em dois trabalhos literários, um ficcional e outro não: a peça *Kya Chahti hai Shivani?* de Achala Sharma[14], chefe do serviço indiano da rádio BBC de Londres; e o livro de memórias altamente autobiográfico chamado *Revenge*, de Laura Blumenfeld[15], da equipe de jornalistas do *The Washington Post*. A peça de Sharma se passa em Nova Delhi e descreve por meio da ficção as conseqüências da explosão de uma bomba colocada por separatistas de uma região da Índia; sua heroína, Shivani, encontra o líder terrorista que ordenou o ataque e o confronta com a história de vida do médico, marido dela, com toda sua profundidade e humanidade. Já o livro de Blumenfeld relata seu encontro com o militante palestino que havia atirado, ferindo-o, em seu pai, um rabino de Nova York. Nas palavras dela, um dos seus objetivos era: "ver se eu podia tornar meu pai humano aos olhos do atirador, porque acho que o terrorismo não diz tanto respeito ao assassinato de pessoas, mas, muito mais à sua desumanização, a fim de transformar a questão em política" (isto é, punir o terrorista mostrando-lhe a humanidade de sua vítima[16]). Escritos independentemente um do outro, os dois textos mostram o terrorista começando a sentir empatia por sua vítima e remorso por suas ações quando toma contato com a vida real da vítima. Tanto a peça radiofônica

---

14. A. Sharma, *Kya Chahti hai Shivani?*
15. L. Blumenfeld, *Revenge*.
16. Ver S. Sachs, Q & A – Punishing a Terrorist by Showing him his Victm's Humanity, *The New York Times*, p. B9.

quanto o "drama" da vida real revelam, desse modo, o escudo desumanizante do terrorista que, uma vez penetrado, dá lugar à capacidade até então suprimida de reciprocidade e preocupação.

A hipótese de que a desumanização na violência terrorista é essencialmente estratégica também encontra respaldo no senso comum. No fim das contas, o terrorista comum possui meios escassos de empreender um combate frente a frente com seus opressores; estes geralmente estão sempre muito bem protegidos e fora do alcance real do terrorista. O único modo de poder forçá-los a ouvir sua história é por meios indiretos, o que se torna freqüentemente violento. Ferido pela perda de liberdade territorial e pela humilhação étnica, o terrorista ferve de raiva vingativa. Esta é composta por ódio deslocado das autoridades corruptas de seu próprio grupo. A destrutividade invejosa provocada pela distribuição desigual de riqueza entre as nações do mundo também contribui para o ódio decorrente. A frustração sexual reprimida, mais presente entre terroristas de sociedades com segregação sexual, alimenta tudo isso.

Com psicopatologia pessoal moderada, sujeito a um meio social intensamente sufocante, e encorajado por líderes carismáticos, o terrorista considera a violência não só legítima, mas também profundamente gratificante. A cada ato de "vingança", ele sente que um abscesso foi lancetado e que o horizonte existencial está começando a dar sinais de alívio. Se essa diminuição de sofrimento interior justifica o "sacrifício" de alguns espectadores inocentes, isso nada mais é do que uma desagradável necessidade. A questão principal é o objetivo, não a estrada que leva a ele.

A mesma lógica se aplica quando se trata do *self* do próprio terrorista. Enquanto a desumanização dos outros permite a violência contra eles, a desumanização do próprio *self* aumenta a capacidade de levar a cabo essa violência. E, além do mais, ajuda a sacrificar o *self* total, em lugar de apenas o verdadeiro *self*, quando não se podem encontrar condições para a segurança deste último. O homem-bomba, do seu ponto de vista, faz o que Donald Winnicott descreveu há quase cinqüenta anos. Nas palavras dele, quando não se podem encontrar condições para uma existência autêntica, "o suicídio é a destruição do *self* total, evitando a aniquilação do Verdadeiro *Self*"[17]. Assim, é preferível uma morte digna a viver na vergonha.

ALGUMAS ADVERTÊNCIAS

Não se pode separar com exatidão os cinco tipos de desumanização acima descritos. No nível etiológico, por exemplo, os modelos de deficiência e de falha freqüentemente se sobrepõem. Uma estimulação

---

17. D. W. Winnicott, Ego Distortion in Terms of True and False Self, *The Maturational Processes and the Facilitating Environment*.

ambiental deficiente pode resultar em peculiaridades dos atalhos neurais no cérebro do recém-nascido, e desarmonias neurais geneticamente determinadas podem ser confundidas com as decorrentes da estimulação ambiental. De fato, falha, defeito, regressão, identificação com pais ou substitutos malévolos e estratégia têm um papel variavelmente sinérgico em todas as formas de desumanização. Os atos inexprimíveis, e por vezes bizarros, de crueldade perpetrados por oficiais de Hitler (por exemplo, fazer abajures e bolsas das peles de prisioneiros judeus dos campos de concentração) mostram uma terrível mistura de prazer sádico, pensamento regressivo e identificação com um líder paranóico. Graus assustadores de desumanização dos outros também foram testemunhados durante outros conflitos de grandes grupos, inclusive os conflitos entre hindus e muçulmanos durante a separação de Índia e Paquistão, na Guerra do Vietnã, e nos recentes massacres sérvios dos muçulmanos da Albânia e do Kosovo.

Também em nível fenomenológico se encontram formas híbridas. As recentes mortes em Washington, D.C, por um franco-atirador ilustram bem este ponto. Eram diferentes de qualquer outro assassinato serial na medida em que o perpetrador agia de longa distância e tinha pouco envolvimento emocional com a vítima. Em seu efeito sobre a população em geral, também, esses assassinatos mais pareciam violência terrorista do que assassinatos seriais. O fato de o jovem de dezessete anos, Lee Boyd Malvo, tido como o principal "atirador", ter cometido essa violência principalmente para ganhar a afeição do bem mais velho John Allen Mohammed é também similar à dinâmica da violência terrorista cometida sob o comando de um poderoso líder. No entanto, o ingrediente político característico do terrorismo estava ausente dessa mistura. Portanto, esse quadro foi um híbrido de terrorismo e assassinato serial.

Entre outras mesclas como estas estão os atos violentos de ódio etnopolítico cometidos por indivíduos isolados. A explosão do Alfred P. Murrah Federal Building, em Oklahoma City, por Timothy McVeigh, a rajada de tiros de Baruch Goldstein contra muçulmanos palestinos que oravam em uma mesquita e a campanha clandestina de Ted Kaczynski contra a tecnologia moderna são geralmente vistas como irrupções de mentes insanas, e não como "verdadeiros" atos terroristas. Assassinatos de líderes de estado – como Anwar al-Sadat do Egito, Yitzhak Rabin de Israel, Indira Gandhi e Rajiv Gandhi na Índia – cometidos por opositores políticos fanáticos também não se encaixam no padrão habitual de violência associado ao terrorismo.

Há ainda outros pontos conceituais importantes. Algumas formas de desumanização se originam de problemas individuais (seja deficiência, falha, regressão ou identificação), enquanto outras (por exemplo, terrorismo) são produtos finais da dinâmica de grandes grupos. No primeiro caso, predisposições genéticas, vicissitudes da educação infantil e anormalidades de neurotransmissores têm um papel importante. Já no segundo, forças sociopolíticas, econômicas, religiosas e históricas ditam o desenrolar dos eventos. Além do mais, algumas formas de desumanização (por exemplo, o autismo e a esquizofrenia) são relativamente "independentes*" enquanto outras (assassinato seriais e violência terrorista) não só afetam a população como atraem a atenção da mídia. A notoriedade conseguida através da atenção pública serve como uma poderosa função de espelhamento para o narcisismo do criminoso/terrorista.

Por fim, deve-se considerar que tanto a tendência a desumanizar os outros quanto o potencial para perder as próprias qualidades "humanas" podem ter alicerces profundos e universais. A designação de Freud para o caldeirão de instintos como o "it"[18] (termo depois modificado para "*id*" por seu tradutor, James Strachey) alude a esse substrato de crueldade dos seres humanos. A descrição de Donald Winnicott[19] da "crueldade" infantil e as especulações de Melanie Klein[20] a respeito das fantasias "violentas" da criança em relação à mãe também apóiam a possibilidade de que a capacidade de desumanizar os outros subjaza latente em todos nós. O outro pólo desse espectro – a saber, desumanizar o *self* – é referido por Heinz Lichtenstein em seus escritos seminais sobre a gênese da identidade[21]. Segundo ele, a vida humana existe em oscilação entre duas forças: viver com realismo o "tema de identidade" ou sofrer uma "metamorfose", desistindo totalmente da qualidade humana de identidade. Abandonar a identidade produz confusão e angústia. Entretanto, também pode ser experimentado como libertação e êxtase; com freqüência isso fica evidente em estados de meditação, no martírio, durante períodos de intenso trabalho intelectual ou exercício físico, e durante o orgasmo sexual. Ao mesmo tempo em que isso pode ser verdade, permanece o fato de que as "sementes" ubíquas de desumanização estão em grande parte latentes e psiquicamente "calcificadas", por assim dizer. É preciso muita tensão biopsicossocial para ativar o potencial interior e transformá-lo em fenomenologia manifesta de alguma importância.

Voltando à "sintomatologia", parece que há muita superposição na dinâmica e nas características descritivas dos cinco tipos de desu-

---

* *Self contained*, no original. (N. da T.)
18. S. Freud, *The Ego and the Id, S.E.*, v. 19.
19. D. W. Winnicott, The Development of the Capacity for Concern, *The Maturational Processes and the Facilitating Environment*.
20. M. Klein, Mourning and its Relation to Manic-depressive State, *Love, Guilt, and Reparation and Other Works 1921-194*.
21. H. Lichtenstein, Identity and Sexuality: A Study of their Interrelationship in Man, *Journal of the American Psychoanalytic Association*, n. 9; The Dilemma of Human Identity: Notes on Self-transformation, Self-objectivation and Metamorphosis, *Journal of the American Psychoanalytic Association*, n. 11.

manização aqui descritos. Em maior ou menor extensão, o substrato de cada tipo é biopsicossocial. Cada um deles afeta o indivíduo, e tem impacto nas pessoas ao seu redor. Mesmo que um ou outro pólo possa estar mais evidente em uma situação dada, a desumanização do *self* e do outro é, afinal, inseparável. Não se pode fazer referência a uma isolada da outra.

A REUMANIZAÇÃO É POSSÍVEL?

À luz das complexidades etiológicas dessa área e das advertências mencionadas acima, fica claro que as tentativas de melhora dirigidas à desumanização precisam ser sob medida e multifacetadas para o contexto específico em questão. Deixando de lado as intervenções médicas, de reabilitação, e judiciais para "tratar" a desumanização nas crianças selvagens e autistas, nos esquizofrênicos e nos assassinos seriais, vou me concentrar nos meios de reduzir a desumanização associada ao terrorismo. Como o terrorismo é um fenômeno multideterminado, acredito que o "tratamento" para a desumanização a ele associada deva abordar a questão sob pontos de vista múltiplos que possam, afinal, estruturar um objetivo harmonioso. Os três objetivos principais dessa intervenção deveriam ser: (1) aumentar a capacidade de pensar do povo "oprimido", (2) diminuir sua raiva e (3) criar e aumentar sua empatia em relação aos seus "opressores".

Para atingir o primeiro objetivo, deve-se restaurar a segurança física e a dignidade psicossocial do "oprimido". Uma atividade mental razoável requer o que Joseph Sandler[22] chama de "estrutura de segurança"*. Não se pode esperar que um indivíduo ou grupo ameaçado por violência, toques de recolher, privação de comida, falta de suprimentos médicos, pobreza, superlotação e imundície pense racionalmente sobre assuntos de diferença política ou religiosa. Portanto, é preciso corrigir, ou ao menos atenuar essas situações. Além do mais, devem-se fazer sérios esforços para atender às necessidades psicológicas básicas dos seres humanos, como mencionado acima. Recapitulando, essas necessidades são as de afirmação e de identidade, de receptividade favorável por parte dos outros, de conhecer as causas dos eventos, de manutenção de fronteiras pessoais e sociais, além de auto-expressão e criatividade. Com certeza, minimizar o sentimento de humilhação do grupo em mãos de outros, promover fóruns para verbalização das queixas do grupo e garantir liberdades política e religiosa a seus membros são de importância fundamental para o atendimento dessas necessidades. O aumento de poder das mulheres,

---

22. J. Sandler, The Background of Safety, *International Journal of Psycho-Analysis*, n. 41.

* *Background of safety*, no original. (N. da T.)

o fim da segregação sexual e a manutenção, ou o estabelecimento, de formas democráticas de governo também estão entre as medidas importantes nesse contexto. Sem dúvida parece difícil realizá-las, mas qualquer apelo à racionalidade tende a cair em ouvidos moucos se essas medidas não forem tomadas.

O segundo objetivo deveria ser o de diminuir o ódio sentido pelo "oprimido" e "cassado em seus direitos". A esse respeito, é importante lembrar que o ódio, em sua base, está invariavelmente enraizado em sentimentos de dor e vergonha. Para diminuir o ódio, deve-se primeiro minimizar o que está por trás dele. Deve-se permitir ao grupo "que odeia" desafogar sua indignação em encontros privados e públicos até que os sentimentos de dor e vergonha venham à tona. As causas reais ou imaginadas desses sentimentos devem ser investigadas com empatia e, na medida do possível, corrigidas. Sem promessas utópicas, esse alívio deve ancorar-se na realidade, assessorado por um terceiro neutro. Deve-se tomar medidas para diminuir a inveja intra-grupos, assegurando que os oponentes tenham igual apoio das nações poderosas do mundo.

Finalmente, há a questão de criar e/ou aumentar a empatia entre as facções opostas em uma situação de terrorismo. Cada lado deve ser estimulado a aprender mais sobre o outro. Cada um deve ser persuadido a conhecer os pontos de vista do outro, suas tradições e dramas históricos e os ressentimentos e glórias transmitidos de geração em geração[23]. Esse conhecimento deve ser distribuído por meio de livros "desintoxicados" que ensinem história a escolares, através de afirmações simples, porém incisivas, em murais ("nem todos os árabes são terroristas" e "nem todos os terroristas são árabes", por exemplo), e em programas de rádio e televisão com imagens positivas do "inimigo". O retrato de relações amigáveis e cooperativas entre as facções opostas (tiradas tanto da história antiga quanto de momentos excepcionais da crise atual) pode pavimentar o trajeto para o respeito mútuo (essa idéia me foi mencionada por Joseph Montville durante uma conversa informal por volta de 2000[24]). Patrocinar esportes, poder fazer trocas de moradia entre membros de grupos diferentes e outros exercícios de troca de papéis (em que uma pessoa tenta adotar o ponto de vista do outro) também facilitam a reciprocidade e a empatia

---

23. Para um entendimento da elaboração e da mitificação de traumas e triunfos de um grupo transmitidos entre gerações, ver Volkan, 1997.

24. Ver também J. V. Montville, The Arrow and the Olive Branch: A Case for Track Two Diplomacy, em J. W. McDonald Jr.; D. B. Bendahmane (eds.), *Conflict Resolution*; e Psychoanalytic Enlightenment and the Greening of Diplomacy, em V. D. Volkan, D. A. Julius; J. V. Montville (eds.), *The Psychodynamics of International Relationships – Unofficial Diplomacy at Work*.

entre os dois grupos. Desnecessário dizer que um contato "informal"[25] pode desempenhar um papel significativo para tornar essas trocas possíveis. Os grupos que se reúnem para levar a cabo um diálogo desse tipo não devem estar restritos a psicanalistas e representantes civis de facções opostas. Devem expandir-se aos poucos para incluir oficiais de segurança, professores, economistas, membros de equipes de saúde e artistas. Nessas interações, inclusive, cineastas, roteiristas e poetas de ambos os grupos podem catalisar o processo, geralmente de modo inesperado.

No total, as medidas sinérgicas tomadas para 1. facilitar o pensamento racional, 2. diminuir o ódio e 3. aumentar a empatia entre facções opostas devem reduzir consideravelmente a desumanização do *self* e dos outros associada à violência terrorista. Não se trata de negar que se possam levantar resistências obstinadas no caminho para a paz por interesses pessoais e de grandes grupos por poder, dinheiro, narcisismo e por fazer história. No entanto, há pouca escolha, a não ser tentar. De todo modo, uma coisa é certa: não se pode solucionar o problema do terrorismo de maneira violenta. A resposta a Osama bin Laden não é George W. Bush. A atual "guerra contra o terrorismo" é um absurdo metafórico, quando não uma receita para um contínuo derramamento de sangue pelo mundo todo. Nas palavras de Ralph Johnson Bunche (1903-1971), afro-americano e vencedor do Prêmio Nobel da Paz de 1950:

> Sugerir que guerra possa impedir guerra é um jogo de palavras e uma forma desprezível de instigar a guerra. O objetivo de qualquer pessoa que acredite sinceramente na paz deve ser esgotar todos os recursos honrados no esforço de salvar a paz. O mundo teve ampla evidência de que a guerra só produz condições que produzem ainda mais guerra.

---

25. *Track-II diplomacy*, "diplomacia cidadã", em V. D. Volkan; D. A. Julius; J. V. Montville (eds.), op. cit.

9. Reflexões sobre a Mente Terrorista

> *Atualmente [...] nem mesmo um suicida se mata por desespero. Antes de dar este passo, ele pondera tanto e com tanto cuidado que literalmente se sufoca em seus pensamentos. Chega a ser questionável até se ele deve ser chamado de suicida, já que realmente são seus pensamentos que lhe tiram a vida. Ele não morre com deliberação, mas de deliberação.*
>
> SØREN KIERKEGAARD, *A Era Atual*[1].

H. Shmuel Erlich

Que o tema da mente terrorista atraia a atenção da psicanálise é compreensível: como psicanalistas, ficamos divididos entre nossa indignação social com atrocidades de qualquer tipo e extensão e nossa postura clínica e terapêutica. Desde Freud, a postura psicanalítica profissional e científica tem reconhecido um *continuum* psíquico. Inadvertidamente, esse reconhecimento contribuiu também para encobrir as fronteiras entre vida consciente e inconsciente, realidade e fantasia, desejos assassinos e sua realização, normalidade e aberração. Desse modo, temos uma participação no que diz respeito aos fatores que corroem as distinções morais ingênuas e permitem ao sujeito repudiar e dissociar-se totalmente de atos violentos e assassinos. A natureza ubíqua da identificação projetiva ressalta a perigosa tendência de se dissociar do mal e da loucura enquanto, inconscientemente, mantêm-se fortes ligações e investimentos com sua presença contínua. Como a maioria das pessoas, preferimos ver os terroristas como uma aberração social, um tipo de espetáculo de monstros encenado culturalmente. A mente do terrorista nos fascina porque coloca dois problemas sérios. O primeiro é uma espécie de navalha de Occam*:

---

1. S. Kierkegaard, *The Present Age and of the Difference Between a Genius and an Apostle*, trad. Alexander Dru, New York: Harper Torchbooks, 1962.

* Princípio lógico atribuído a William de Occam, pensador inglês do século XIV, que atualmente seria: "se houver diversas explicações igualmente válidas para um fato, devemos escolher a mais simples". (N. da T.)

podemos delinear os fatores necessários que tornem uma pessoa capaz de cometer o tipo de ato hediondo que ocorreu em 11 de setembro? O segundo é uma questão de identidade: podemos ter certeza de que jamais seremos essa pessoa? Esta é uma ansiedade parecida com a que freqüentemente encontro entre adolescentes, na esteira de um colega de classe suicida: "Poderia ser o próximo?" São questões sérias para o psicanalista. Sentimo-nos convocados a dar respostas que expliquem, predigam ou atenuem essas ansiedades. Devo avisar, contudo, que, em minha opinião, não há uma resposta direta a essa pergunta. Lamentavelmente, o suspiro de alívio que gostaríamos de soltar após definir "a diferença que faz toda a diferença" deve ser adiado.

É instrutivo prestar atenção muito sucintamente a alguns pontos de referência na tentativa psicanalítica de entender o terrorismo. Talvez a referência mais antiga ao termo esteja na frase de Ferenczi, "o terrorismo do sofrimento"[2]. Ferenczi descrevia uma relação em que o adulto (genitor), ao adotar uma postura narcisista, auto-indulgente, masoquista, queixosa e sofredora, controla a criança, ainda que permaneça indisponível para ela. Uma conseqüência possível disso seria a criança apropriar-se precocemente do papel de adulto-cuidador, gerado pela identificação com o agressor. "Terrorismo" aqui se refere à obliteração e ao desrespeito pelas reais necessidades e pela existência do outro. A infância traumatogênica desse pai sadomasoquista é claramente inferida por Ferenczi como a causa básica para aterrorizar a criança, sugerindo uma cadeia infinita de maus tratos do meio "exógeno". Winnicott também relacionou a delinqüência com privação precoce. Rizzuto notou que "a violência atual e o terrorismo sistemático das nações e de grupos individuais tornam as observações de Winnicott sobre a relação entre privação emocional e delinqüência uma importante fonte de reflexão para os interessados no trabalho preventivo com crianças que correm esse risco"[3]. A postura vigente mantida pelos psicanalistas está claramente expressa na formulação de que maus tratos, delinqüência e desrespeito aos outros ficaram represados nas relações objetais defeituosas ou traumatogênicas. Enquanto esta formulação indubitavelmente se aplica a alguns terroristas, não é suficiente e nem sequer relevante para todos.

O anarquismo associado à revolta dos estudantes, no fim dos anos de 1960, e o grande número de atividades terroristas (especialmente na Alemanha e no Oriente Médio) que continuou ocorrendo nos anos de 1970 deram origem a muitos artigos psicanalíticos. Chegou-se a uma nova compreensão de terrorismo que, aliada ao ponto de vista da

---

2. S. Ferenczi, Confusion of the Tongues Between the Adults and the Child, *International Journal of Psycho-Analysis*; apresentada em um artigo ao Congresso Internacional de Psicanálise, em 1932, e publicada pela primeira vez em 1933.

3. A-M. Rizzuto; M. Davis (eds), *Journal of the American Psychoanalytic Association*, n. 38, p. 811.

relação de objeto, novamente ressaltava a necessidade intrapsíquica de uma experiência total de êxtase paradisíaco e de perfeição. Greenacre associou esse desejo ao anseio juvenil de um estado utópico:

> Salvo quando a contagiosa fúria de destruição domina e se torna um fim cego em si, a racionalização parece ser a de livrar-se de tudo o que existe, pois algo de bom tomará seu lugar. Isto surge essencialmente como fantasia de morte e renascimento, exteriorizada e situada na sociedade. Mas, por trás, está o eterno sonho utópico de um mundo perfeito[4].

Suas idéias foram retomadas por Ostow (1986), que descreveu a forte tendência social a uma experiência apocalíptica, marcada por uma fase inicial de destruição selvagem e seguida por uma fase de renascimento messiânico. Em minha opinião, essa dimensão é sumamente importante, mas padece da restrição procustiana de colocar essas tendências em um molde regressivo e psicótico.

O que podemos dizer sobre a mente do terrorista, hoje? Certamente não podemos dizer que esteja marcada por grave desvio. Acredito que a tentativa de pintar "o Terrorista" como pessoa demente, emocionalmente carente, empobrecida e mentalmente doente está equivocada e basicamente errada. Devo confessar, no entanto, que minhas asserções são mais fortes do que minhas evidências. Não posso basear meus argumentos na análise ou no tratamento de terroristas. Até onde sei, esses tratamentos são extremamente raros (Hacker, que escreveu um livro pioneiro sobre o assunto[5], entrevistou dois terroristas árabes que mantiveram refém, próximo a Viena, um trem de refugiados judeus). Portanto, o que digo deve ser considerado como provisório. Todavia, tem respaldo em várias fontes: exposição e exibição freqüente de extremistas judeus e palestinos que pipocam nas notícias de televisão e jornais; histórias conhecidas de combatentes da resistência judaica (terroristas para os ingleses), suas ações e mortes; adolescentes perturbados em tratamento; diversas discussões dentro de nossa Sociedade Psicanalítica; e na minha própria compreensão psicanalítica e na de outros.

Muitos homens-bombas, embora nem todos, são jovens de, no máximo, vinte e poucos anos. Às vezes, vislumbramos suas famílias quando do velam suas mortes. Ainda que seja difícil e até duvidoso avaliar ou julgar a partir disso, não dá a impressão de que sejam famílias que privem ou não amem seus filhos, nem a de filhos carentes ou não amados. Em geral, são evidentes e reais o sofrimento e a dor, freqüentemente misturados com orgulho. Um corolário significativo é a ajuda social e financeira que essas famílias recebem. Fazem a tradicional "cabana de luto", na qual recebem visitas, família e amigos que vêm prestar respei-

---

4. P. Greenacre, Youth, Growth, and Violence, *Psychoanalytic Study of the Child*, n. 25, p. 357.

5. M. Ostow, The Psychodynamics of Apocalyptic, *International Journal of Psycho-Analysis*, n. 67.

to, dar apoio e compartilhar a dor da perda. A morte heróica do filho ou filha é considerada um nobre sacrifício, a realização do martírio, e tem pleno apoio e endosso da comunidade em que vivem.

A fim de compreender esses jovens homens e mulheres solteiros (a inclusão ocasional de uma pessoa mais velha, casada e com família, não é necessariamente excepcional nas tendências que descreverei), devem-se levar em conta muitos fatores. A questão central é a necessidade de uma existência imersa em algo maior do que seu próprio *self*, que pode ser uma causa, uma ideologia, uma religião ou qualquer idéia que prometa um estado idealizado. No pensamento ocidental, é o *self* bem circunscrito e autônomo que escolhe e adota uma idéia – uma escolha com freqüência vicariante ou externamente racionalizada de modo utilitário. Entretanto, a mente dos jovens em geral, e desses jovens em particular, funciona de modo diferente. Uma idéia se torna foco e veículo para a realização do *self*. A individualidade*, a vida e a mera existência não têm importância alguma se não forem embebidas nessa força geradora de vida. Uma lista infinita de possibilidades (ideologias, crenças religiosas, causas filantrópicas etc.), fornecida pela cultura dominante ou pela contracultura, se oferece para ser adotada desse modo. Quando essas identificações ideológicas, na verdade, falham, geralmente em função de psicopatologia individual ou familiar, é que se recorrerá a outros meios para satisfazer essa necessidade, abrangendo do sexo às drogas, do suicídio à automutilação. A força por trás dessas manifestações é sempre a mesma: a necessidade de submergir-se, a fim de se recuperar em nova "forma", na qual está-se fundido e conectado a uma entidade maior. Não é uma postura ou necessidade regressiva; é uma necessidade progressiva de desenvolvimento do adolescente, que pode persistir mesmo depois da juventude.

A forma que essa necessidade toma varia muito, não tanto de acordo com tendências psicopatológicas individuais (ainda que estas cumpram seu papel) quanto de acordo com padrões culturais pré-existentes. Aqui há uma junção crucial de desenvolvimento intrapsíquico com objetivos culturalmente fornecidos e esperados, transmitidos e disponíveis como valores e ideais. Freud referia-se a isso quando disse: "A humanidade nunca vive completamente no presente. As ideologias do superego perpetuam o passado, as tradições da raça e do povo"[6], e "O ego-ideal é muito importante para a compreensão da psicologia de grupo. Além de seu lado individual, esse ideal tem um lado social; é também o ideal comum de uma família, classe, ou nação"[7]. Essas "ideologias" são a "cola" do vínculo e do relacionamento – com a própria

---

* No original: s*elfhood*. (N. da T.)
6. S. Freud, *New Introductory Lectures on Psychoanalysis*, S.E., v. 22, p. 95-96.
7. Idem, On Narcissism: An Introduction, *S.E.*, v. 14, p. 101.

família, grupo social e com a história, mas também com o próprio *self*, com o corpo e a identidade. Sem elas, a pessoa se atrofia, sente-se vazia e à deriva em termos de experiência; do mesmo modo, sem esse tecido ideológico, a sociedade se aliena e fragmenta-se.

O objetivo presente não permite a articulação das ideologias envolvidas no terrorismo, nem sou a pessoa indicada para essa tarefa. Claramente a religião é um dos fatores que tem papel principal nisto, se não entendermos religião simplesmente como um código de regras, proibições e preceitos, mas como materialização e expressão de valores que governam as relações sociais. Todas as religiões oferecem a possibilidade de "afiliação" pela fusão com uma entidade, grupo ou Ser maior-do-que-o-*self*, e essa é a origem de sua atração. Ainda que a maneira pela qual essa fusão seja alcançada ou encenada varie muito de uma religião para outra, bem como dentro de uma dada religião, sujeita a uma interpretação específica[8]. Dos diversos fatores que afetam essa fusão, provavelmente o mais crucial seja a atitude em relação à morte. Ela inclui e modela a visão da vida após a morte que, por sua vez, afeta de maneira proeminente a atitude em relação à realidade mantida e partilhada pelos correligionários. Um ponto de vista geralmente sustentado pela religião muçulmana, por exemplo, diz respeito à vida após a morte de um mártir como permanência eterna e prazerosa no paraíso, onde setenta virgens estarão à disposição de cada *schahid* (mártir ou herói do auto-sacrifício). Não é simplesmente a promessa de êxtase eterno como barganha que é tão atraente; é a *idéia* de fusão com o êxtase eterno, o estado utópico descrito por Greenacre. Mas não é uma regressão psicótica que permite ao jovem jogar sua vida fora: é o imenso poder e a paz bem-aventurada que advém da fusão com uma causa maior – isto sim *é* o paraíso. É um estado mental em que não há mais necessidade de avaliar nem de fazer escolhas instrumentais. Pode até se caracterizar por calma e serenidade, como se a pessoa fosse transposta a outra esfera de existência. É o ponto em que o *self* se torna parte de algo maior – venerado e sustentado não só pelo seu ego-ideal, mas também por sua família e por sua comunidade, o que não significa que as famílias desses jovens homens os encorajem ativamente a empreenderem missões suicidas. Os mesmos laços de amor e os medos de perda e privação operam neles assim como em todos os seres humanos. O apoio vem depois, ainda que o jovem saiba que virá, e com a dor haverá aceitação, aprovação e até orgulho. Deve-se notar também que, diferente da visão ocidental, essas mortes não são consideradas "suicídios" (proibidos pela religião muçulmana e também por outras religiões). Elas repre-

---

8. Para uma revisão do papel atualmente desempenhado pelo fundamentalismo religioso em geral e no Islã em particular, ver W. Bohleber, Kollektive Phantasmen, Destruktivität und Terrorismus.

sentam o martírio através do qual a existência pessoal de uma pessoa para sempre se funde e solda com o trajeto histórico da comunidade, passado e futuro.

Um artigo recentemente publicado em um dos principais jornais de Israel[9] parece confirmar minha tese. Seu título diz: "O Homem-Bomba é uma Pessoa Feliz que Ama a Vida, Disso Está Convencido o Doutorando". O argumento de que os homens-bombas suicidas são incitados por desespero pessoal ou pela pobreza é totalmente rejeitado pelos ativistas do Hamás entrevistados. Um deles diz:

> Quando eu vi crianças que atiravam pedras nos tanques serem mortas, quando meus amigos na universidade foram mortos [...] eu decidi afiliar-me. Não sabia como segurar uma arma nem como usá-la. Fui movido por um sentimento de vingança para defender a pátria [...] É a emoção o que incentiva alguém como eu, e a fé de que Deus irá protegê-lo e ajudá-lo a conquistar a vitória.

Osama Mazini, que está terminando seu doutorado em psicologia na Universidade Islâmica de Gaza, conclui "Em termos psicológicos, é preciso fazer uma distinção entre uma pessoa que acaba com sua vida em função de sofrimento mental e o *schahid*, que é uma pessoa feliz, que ama a vida, alguém com força interior".

Um componente central para a compreensão desse fenômeno, relacionando-o com a questão do preconceito, tem a ver com a *pureza*. Formulo a hipótese de um senso fundamental de "pureza-do-*self*" que deve ser mantida e protegida de ameaças de contaminação. Essa "pureza" não pode ser entendida ou abordada de modo lógico, funcional ou instrumental. *Não* é um aspecto de luta pelo poder ou de defesa territorial, e a tentativa de estudá-la de acordo com essas tendências está condenada ao fracasso. É, ao contrário, um aspecto da dimensão do *ser* da mente, da vida mental e da existência[10]. Essa pureza pode ser facilmente encontrada na esfera das idéias e das ideologias, mais do que nos motivos pragmáticos e realistas. As ideologias são terrenos férteis para noções de pureza/impureza. As religiões se preocupam com a pureza da alma e da vida, sendo os principais contribuintes à formação de preconceitos.

O preconceito se torna uma questão social quando chega à representação de um papel. A necessidade de atuar se origina dos aspectos "impuros" do *self* que não podem ser contidos, metabolizados e tolerados, sendo exteriorizados (projetados) em outros como meio de preservar a pureza do *self*. Por isso, o preconceito é sempre um fenômeno intersubjetivo, interpessoal e interativo que envolve o *self* e o outro. O outro se torna repositório dos aspectos impuros de si mesmo.

---

9. *Haaretz*, 16 jul. 2002.

10. H. S. Erlich, On Loneliness, Narcissism, and Intimacy, *American Journal of Psychoanalysis*, n.58.

"Outros" específicos são selecionados como alvos de preconceito e projeção em virtude de características reais ou fantasiadas que possuam, conforme a noção de valência de Bion[11].

Para concluir, sugiro que o que vemos nas ações terroristas e na mente terrorista não é tanto em função de raiva esmagadora, de ódio ou destrutividade, ainda que, de fato, possamos encontrá-los; mais importante, nos deparamos com a necessidade de "re-encontrar" o *self* ao perdê-lo, permitindo que ele oblitere suas fronteiras e se una a uma entidade maior, imergindo em uma idéia ou em uma ideologia. Essa necessidade é guiada por uma busca fundamental de preservar a "pureza" do *self* das impurezas contagiosas atribuídas ao *Outro*, que se torna "O Inimigo"[12] (como nas noções de *Self* Verdadeiro, de Winnicott[13], e de *Self* Privado, de Modell[14]). Como um estágio progressivo, evolutivamente significativo, isso pode gozar de total apoio e endosso da comunidade e fornecer o elo pelo qual o indivíduo nela se afilia e se funde. O que descrevi pode muito bem ser lido, e com razão, como um ponto de vista pessimista, pois implica que, enquanto a pureza de um sujeito exigir a aniquilação do *Outro* impuro, os atos de violência e terror não cessarão.

---

11. W. R. Bion, *Experiences in Groups*.
12. H. S. Erlich, On Discourse with an Enemy, em E. R. Shapito (ed.), *The Inner World in the Outer World*.
13. D. W. Winnicott, Ego Distortion in Terms of True and False Self, *The Maturational Processes and the Facilitating Environment*.
14. A. H. Modell, *The Private Self*.

10. As Mentes e as Percepções dos "Outros"

George A. Awad

Os eventos de 11 de setembro de 2001 afetaram o mundo de formas profundas. Alguns grupos da América do Norte, assim como do mundo árabe e islâmico, vêem a situação em termos maniqueístas: como um conflito entre o bem e o mal. Tanto os fundamentalistas ocidentais como os islâmicos vêem esses eventos como prova da idéia de Huntington[1] que afirma estarmos entrando em uma era de choques inevitáveis entre civilizações, particularmente entre o Islã e a cultura ocidental. Acredito, no entanto, que há uma terceira alternativa a esses dois pontos de vista[2].

Acredito que a construção de pontes de entendimento[3] deveria ser o objetivo da psicanálise nesses tempos difíceis. As maiorias em ambos os lados estão polarizadas e, por isso, facilmente influenciadas por um pensamento político reativo. É crítico que o reacionarismo dos tempos e os eventos recentes não permitam estabelecer programas e relacionamentos entre o Ocidente e o Oriente. Talvez os psicanalistas, mais do que qualquer outro grupo, possam ir além dos estereótipos para uma compreensão recíproca de seres humanos, formados por realidades e culturas muitíssimo diferentes.

---

1. S. P. Huntington, *The Clash of Civilizations and the Remaking of World Order.*
2. T. Ali, *The Clash of Fundamentalisms.*
3. J. Esposito, *Unholy War.*

EM QUE A PSICANÁLISE E OS PSICANALISTAS PODEM CONTRIBUIR?

Nossas contribuições aos fenômenos sociais e culturais têm sido historicamente mínimas porque nosso trabalho enfoca principalmente o indivíduo, mais do que grupos ou sociedades. Experiências de imigração e exílio afetaram muitos psicanalistas, ainda que esses assuntos tenham gerado poucas contribuições psicanalíticas[4]. Um fator para nossa relutância em escrever sobre essas questões pode ser o desejo de proteger nossa privacidade; entretanto, o tabu contra a revelação pessoal do analista é bem menos intenso agora do que costumava ser.

Há duas amplas questões relativas às contribuições psicanalíticas para o estudo do terrorismo: o *tipo* de contribuição e as *motivações* dos que contribuem. Dois trabalhos clássicos – *O Jovem Lutero*, de Erikson (1962) e *Medo à Liberdade*, de Fromm (1961) – ilustram dois *tipos* de contribuição. A obra de Erikson enfoca o passado de Lutero e como suas tentativas de resolver suas ansiedades, conflitos e relações primitivas influenciaram o desenvolvimento de suas idéias religiosas; enquanto o trabalho de Fromm discute as crenças e os ideais que se difundiram pela mentalidade alemã, contribuindo para uma certa vulnerabilidade que abriu mão de liberdades políticas e sociais em prol de um governo assassino. Achei as contribuições de Fromm e Fanon[5] relevantes para nossas tentativas de entender o terrorismo. A psicanálise aplicada a fenômenos de grupo é uma tentativa ou suposição intelectual baseada em um paradigma psicanalítico, e que tem por finalidade entender fenômenos sociais e culturais verificáveis, assim como a maneira pela qual modelaram os ideais e as crenças de um grupo de pessoas.

Fairbairn[6] exprime pontos de vista similares: as duas contribuições mais importantes para o conhecimento existente nessa área, feitas por Freud nos textos *Totem e Tabu*[7], *Psicologia de Grupo e Análise do Ego*[8] e *O Ego e o Id*[9] foram: 1. o papel desempenhado pela agressão na economia mental do indivíduo e, conseqüentemente, na vida social em geral, não menor do que o da libido; 2. a influência na conduta humana de ideais inconscientemente aceitos, que têm sua origem nas reações dos indivíduos a seus primeiros contatos sociais e que, durante o desenvolvimento individual, organizam-se em estruturas psíquicas internas (o ego-ideal ou o superego), representando agentes

---

4. S. Akhtar, Psychodynamic Dimension of Terrorism, *Psychiatric Annals,* n. 29; L. Grinberg; R. Grinberg, *Psychoanalytic Perspectives on Migration and Exile.*
5. F. Fanon, *The Wretched of the Earth.*
6. W. R. D. Fairbairn, The Sociological Significance of Communism Considered in the Light of Psychoanalysis, *Psychoanalytic Studies of the Personality.*
7. S. Freud, *Totem and Taboo, S.E.,* v. 13.
8. Idem, *Group Psychology and the Analysis of the Ego, S.E.,* v. 18.
9. Idem, *The Ego and the Id, S.E.,* v. 19.

sociais externos. Acredito que a contribuição psicanalítica à questão do terrorismo deveria ser a compreensão do papel dos ideais com duas qualificações: 1. esses ideais não são apenas os ideais mais primitivos introduzidos pelos primeiros contatos sociais, pois mais tarde na vida também ocorrem contribuições significativas influenciadas por fenômenos culturais e políticos; 2. esses ideais não são apenas inconscientes, variam dentro de um espectro que passa do estado inconsciente, pré-consciente, semiconsciente e consciente.

A *motivação* do analista também influenciará a interpretação dos dados. Na resenha de um livro sobre terrorismo[10], afirmei que o livro me ensinara bastante sobre os autores ao mesmo tempo em que me proporcionava pouco *insight* sobre a mente dos terroristas.

O que me motiva a contribuir para essa discussão? Talvez o fato de eu ser uma combinação do Ocidente e do Oriente: o máximo em identidade hifenizada, se assim preferirem: um psicanalista palestino-libanês-árabe-canadense-cristão. Tendo me tornado refugiado aos seis anos de idade, cresci em Beirute, no Líbano, onde vivi até terminar a faculdade de medicina, em 1968. Aos 26 anos, fui para os Estados Unidos, onde fiz minha formação em psiquiatria da infância e de adultos. Em 1973, mudei-me para o Canadá, onde fiz minha formação em psicanálise e onde resido até hoje.

Algo crucial que percebi sobre mim é que, fundamentalmente, sou um conciliador. Talvez em função de nunca ter vivido em um país que pudesse realmente chamar de meu. Ou por ter vivido sempre com os dias contados, como refugiado ou como imigrante. Além disso, também sempre pertenci a uma minoria bem distinta: um cristão entre muçulmanos; um palestino entre judeus. Curiosamente, percebi que, quando morava em Beirute, a maioria dos meus amigos era muçulmana; na América do Norte, eram judeus. Em toda a minha vida escolhi entender e construir pontes entre os pontos comuns dessas diferentes culturas e religiões, mais do que enfatizar suas diferenças e discorrer sobre conflitos. Tive sucesso, pois as pessoas que encontrei, nos vários grupos, corresponderam a meus desejos de construir essas pontes. *Não concordo totalmente com nenhum panorama subjetivo nem com qualquer sistema de crença de grupo algum.* Minha motivação como psicanalista é humanizar cada lado, ao invés de contribuir para mais polarização, mal-entendidos e ódio.

MENTES E PERCEPÇÕES DE QUEM?

Meu título refere-se às mentes e às percepções dos "outros". Esses outros são especificamente os *outros para nós* – ocidentais e do ponto de vista ocidental. Ao escolher destacá-los, não estou privilegiando seu

10. W. Reich, *Origins of Terrorism*.

ponto de vista, nem sugiro que suas narrativas sejam mais atraentes ou justificadas que as dos ocidentais. Ao contrário, escrevo sobre eles porque acredito que suas vozes são geralmente deturpadas e raramente ouvidas dentro dos confins geopolíticos da América do Norte. E também tenho bastante simpatia por suas experiências em virtude de minha cultura e de minha formação no Oriente Médio. Então eu pergunto: eu sou um deles, os "outros"? E, quando falo deles, estou realmente falando sobre eles... ou sobre mim, ou sobre todos nós, eu e você e "eles"? A dialética entre Oriente e Ocidente, Islã e cristianismo, palestinos e judeus tem sido sempre nutridora e fértil para mim. Mas os recentes eventos tornaram essa dialética mais tensa do que nunca.

Quem são os "outros"? Há muitos outros, mas escolho falar sobre um grupo de outros que pertence à cultura árabo-islâmica. Esse grupo é dividido por uma ideologia política e por uma atitude em relação à religião – os islamitas e os nacionalistas, assim como pela geografia – nomeadamente, Egito, Mediterrâneo Oriental e a Península Arábica. *Todos os homens-bombas no Oriente Médio ou nos Estados Unidos vêm deste grupo.* Também, e mais importante, apesar de suas diferentes *Weltanschauungen**, ideologias, processos de pensamento e de uma aversão geral um pelo outro, todos eles compartilham pontos de vista consideravelmente semelhantes sobre o Ocidente e sobre Israel.

Para delinear o contexto da intensa raiva do mundo árabo-islâmico no que diz respeito ao problema palestino, e seu ódio dirigido aos governos tanto de Israel como dos Estados Unidos, é necessário dar uma breve visão histórica, ainda que, de certo modo, de um ponto de vista pessoal, mais do que da perspectiva de um historiador.

Durante séculos os árabes muçulmanos se identificaram como muçulmanos, e o Império Otomano era seu Estado. Com o declínio desse império e de outros Estados muçulmanos, junto com a concomitante ascensão dos Estados cristão-ocidentais, muçulmanos traumatizados buscaram explicações. Um grupo de árabes muçulmanos, os islamitas, continuava a ver o Islã como sua identidade primária. Podemos distinguir três grupos islamitas: 1. os modernizadores, que querem construir um Estado islâmico baseado na razão e na tecnologia, argumentando que o Islã é compatível com o pensamento moderno; 2. os fundamentalistas, que querem construir um Estado islâmico baseado no Corão e nas leis islâmicas da S*haria*, usando meios não-violentos; 3. os islamitas radicais, que também querem construir um Estado islâmico, mas praticam o Islã revolucionário radical. Os líderes intelectuais do segundo e terceiro grupos eram lideranças egípcias da Irmandade Muçulmana. Hasan al-Banna fundou

---

* Cosmovisão, termo calcado na filosofia e na epistemologia alemãs e que se refere a uma ampla visão de mundo. (N. da T.)

a Irmandade em 1928, no Egito, mas sua visão de mundo era pan-islâmica. Pelos padrões atuais de pensamento político islâmico, ele hoje seria considerado um político moderado. Sayyid Qutb, outro egípcio, é considerado, incontestavelmente, o líder intelectual do islamismo político radical[11].

No início do século XX, o conceito de identidade árabe, distinto da identidade religiosa, chegou ao Mediterrâneo Oriental. Diversos fatores que não discutiremos aqui levaram a essa mudança. A revolução árabe contra os turcos durante a Primeira Guerra Mundial foi o ponto nodal para muitos árabes cristãos e muçulmanos construírem uma identidade diferente da religiosa. Esse grupo – o dos nacionalistas árabes – consistia de muçulmanos seculares e de alguns cristãos. Havia dois subgrupos entre os muçulmanos seculares: os muçulmanos descrentes e os culturais, que são seculares, mas consideram o Islã como parte de sua herança. Os cristãos, no mundo árabe, também estavam divididos em duas facções, com diferentes pontos de vista. Um desses grupos, o grupo oriental ortodoxo, teve um importante papel na criação de uma identidade árabe distinta, e alguns maronitas foram também pioneiros em advogar a causa da identidade árabe, ainda que não tenham tido seguidores entre seus correligionários. Sob a lei otomana, os ortodoxos eram um *Millet* – uma nacionalidade baseada em sua religião. Eram chamados de *Rum,* ou seja, romanos orientais, e considerados parte dos grupos bizantinos. Em função da animosidade entre Roma e Constantinopla, esse grupo não procurou uma liderança no Ocidente, permanecendo regional. A ideologia política dos nacionalistas, geralmente classificada como de esquerda, é uma criação compartilhada por cristãos e muçulmanos que eram, e continuam sendo, a maioria desse grupo.

Os islamitas e os nacionalistas, mais do que qualquer outra ideologia ou grupo político no século XX, alternaram-se no fascínio que exerciam nos corações, nas almas e nas mentes dos árabes do Oriente Médio. Mas esses dois grupos sempre tiveram uma relação de antagonismo – às vezes uma batalha política ou intelectual, outras vezes uma luta violenta, como a perseguição a Nasser pela Irmandade Muçulmana e o ataque do exército da Síria contra a cidade de Hamma, que se tornou o baluarte da Irmandade. Os islamitas estão, claramente, em ascensão nos nossos tempos, enquanto os nacionalistas estão em franco declínio. Entretanto, esses dois grupos recentemente colocaram de lado suas diferenças, pois acreditam que a situação atual é uma luta pela sobrevivência básica. E são essas identidades de grupo compartilhadas que agora tentarei descrever.

---

11. I. M. Abu-Rabi, *Intellectual Origins of Islamic Resurgence in the Modern Arab World;* A. Moussalli, *Radical Islamic Fundamentalism.*

FATORES PARA ESSAS PERCEPÇÕES

Como se trata de uma área que inclui algumas das mais antigas civilizações mundiais, o Oriente Médio é um local em que fatores políticos, religiosos e sociais sempre tiveram um papel decisivo na determinação das mentes e percepções de seu povo. Escolhi agrupar os islamitas e os nacionalistas porque compartilham uma visão igualmente negativa sobre o Ocidente e sobre Israel, assim como compartilham características culturais geradas internamente, mas influenciadas por eventos externos que os traumatizaram e que continuam a modelar suas mentes e percepções.

Esses dois grupos têm quatro características internas em comum: 1. idealização de um passado reconstruído, 2. incapacidade de se movimentar em oposição às suas identidades subnacionais, 3. falta de respeito pelo cidadão comum e 4. ineficiência em resolver os problemas econômicos de suas sociedades.

Ambos os grupos idealizam um passado reconstruído, formado pelos desejos e esperanças atuais. A idéia do "passado como criação" é, certamente, central ao pensamento psicanalítico. Curiosamente, cada grupo escolheu um período diferente para reconstruir e idealizar. Por exemplo, alguns islamitas militantes idealizam o período do Profeta e dos quatro primeiros califas: todas as fantasias de perfeição, bondade e pureza são atribuídas a esse período. Alguns islamitas acreditam que a maioria dos muçulmanos vivia em *Jahelia* ("ignorância", a era que precedeu o Islã) na maior parte de sua história. Os nacionalistas idealizam períodos em que prevaleciam a tolerância e o pluralismo: o período da dinastia omíada, que se seguiu aos quatro califas e à presença árabo-islâmica na Espanha. Eles também "arabizaram" a resistência às Cruzadas – ou seja, à invasão estrangeira –, sugerindo que Israel é um poder conquistador similar aos da Idade Média. De fato, Saladino foi arabizado como o herói que derrotou os ocidentais; claro, Saladino era curdo e, sem dúvida, considerava-se muçulmano.

No entanto, há diferenças fundamentais entre as idealizações dos dois grupos. Hoje, a maioria dos islamitas, a princípio antiocidentais, antimodernistas e antidemocráticos, acredita que já têm um sistema perfeito e que não há nada a aprender com os "infiéis" ocidentais. Por outro lado, os nacionalistas são modernistas que aceitaram muitos valores ocidentais, ainda que também tomem posições ativas contra males tais como racismo e imperialismo. Eles não acreditam que tenham um sistema, mas estão procurando um sistema moderno. Para muitos, a história das atitudes ocidentais contra o Oriente Médio, particularmente as políticas passadas e as ações da Grã-Bretanha e da França, não fizeram do Ocidente um modelo a ser imitado. Esse histórico será desenvolvido mais à frente nesta mesma seção. Algumas idéias ocidentais de governo, como a criação de parlamentos e eleições, foram seguidas com pouco entusiasmo, e afinal acabaram fracassando. O segundo ponto comum tem sido o fracasso em se afastar suficientemente do tribalismo, com o intuito de se criar um consenso necessário ao nacionalismo – ou seja, ainda que muitas pessoas tenham se mudado para as cidades, enfraquecendo assim as historicamente poderosas alianças tribais, essas alianças foram substituídas por outras *lealdades subnacionais*: família, região, religião e seita. De fato, alguns grupos conseguiram desenvolver uma identidade nacional mais forte do que as identidades subnacionais. Por exemplo, antes da metade do século XX formaram-se alguns partidos pan-árabes com o objetivo de aumentar o nível de identidade nacional, mas esses esforços fracassaram. Alguns poderiam sugerir que a trágica história do partido Baath* faz um paralelo com a trágica história moderna do mundo árabe. Durante os anos de 1950 e 1960, o partido Baath arregimentava em grande número os "melhores e mais brilhantes" do Oriente Médio e significava uma grande promessa. Porém, nos anos de 1970 e 1980, os chamados regimes baathistas eram, na maioria das vezes, autoritários, liderados por uma minoria religiosa ou por um grupo de religião única de uma área geográfica específica. Em minha opinião, é difícil ver diferenças importantes entre esses regimes e as monarquias tribais dos xeques árabes.

Uma terceira área de similaridade é a falta de respeito pelo cidadão comum na forma de paternalismo político. Um grupo irá, de forma característica, nomear-se como guardião das "massas" pouco educadas, ignorantes e desinformadas para "guiá-las" e dizer-lhes o que é "bom" para elas. Na antiga história islâmica, o grupo que tomava decisões importantes, como no caso de uma sucessão, por exemplo, eram os companheiros do Profeta. Contudo, sugerir que esse era um método sem problemas e cooperativo de tomar decisões é negar todas as manobras que ocorreram a partir do momento em que o Profeta morreu. Quem escolhe essas pessoas agora? Não há um método formal para escolher esse grupo e, como resultado, os ricos e os poderosos geralmente ocupam essas posições. Para Qutb, as vanguardas são os muçulmanos que concordam com *sua* interpretação do Islã e assim desejam sacrificar-se e sofrer a fim de atingir seus fins. O partido Baath também se considerou como vanguarda; para eles, entretanto, essa noção veio do marxismo-leninismo.

A quarta semelhança é que nenhum lado desenvolveu um sistema que pudesse criar ou sustentar um desenvolvimento econômico. Os nacionalistas, no poder no Egito, na Síria e no Iraque, todos afinal fracassaram. Curiosamente, os islamitas declaram que nunca estiveram no poder em nenhum país, ainda que seja difícil deixar

---

* Partido político árabe fundado em 1950 para encorajar a união árabe e a amizade entre a Síria e o Iraque. (N. da T.)

de considerar os atuais regimes da Arábia Saudita e do Sudão como Estados islâmicos – Estados que também não conseguiram criar um desenvolvimento econômico sustentável para seus países e seus povos. Do meu ponto de vista, todos os regimes árabes atuais se concentram apenas na sobrevivência, mais do que em desenvolvimento econômico a longo prazo. E cada soberano (não necessariamente o líder) desses regimes exerce poder por toda a vida; seus mandatos só terminam quando morrem por doença ou assassinados por opositores. A corrupção é epidêmica: projetos econômicos são concedidos a familiares, camaradas, amigos ou aos que apostam no aumento de subornos; a distinção entre investimentos privados e públicos é virtualmente inexistente. Desnecessário dizer que essas condições não conduzem a um verdadeiro desenvolvimento econômico.

Sob tais condições políticas e sociais, a batalha pela democracia e pelo desenvolvimento econômico *podia* ter sido vencida. Porém, diversos fatores externos – a saber, a influência do Ocidente e de Israel – impossibilitaram essa ocorrência e, em última escala, contribuíram para a ascensão ao poder e para a consolidação das ditaduras vigentes. Creio discriminar abaixo os principais fatores externos que enfraqueceram as forças democráticas e modernistas nos países árabes do Oriente Médio.

O início do século XX trouxe três acontecimentos principais, cujas conseqüências ainda reverberam quase um século depois. Como resultado do aumento do poder dos turcos no Império Otomano – ou seja, com a elevação do status dos turcos no Império –, muitos árabes muçulmanos do Mediterrâneo Oriental e de parte de Aljazira, a península árabe, não mais se consideravam como cidadãos iguais na ordem política que se desenvolvia; os cristãos, é claro, *nunca* foram tratados como cidadãos iguais. Tanto os islamitas como os nacionalistas apontam para esse período como um fator importante na situação política atual do Oriente Médio, ainda que suas explicações difiram fundamentalmente.

Os islamitas condenam a revolta árabe como traição, uma vez que os árabes se revoltaram contra um Estado islâmico e apoiaram os "infiéis" em sua luta contra os muçulmanos. O objetivo dos islamitas é o estabelecimento de um Estado islâmico governado por um califa, similar ao antigo Império Otomano. Para os nacionalistas, porém, essa revolução foi o começo de um renascimento árabe e o ponto de partida para uma "nova" história árabe; eles não se rebelaram contra correligionários, mas contra o controle e a ocupação estrangeiros.

Durante a Primeira Guerra Mundial, os árabes foram encorajados a se rebelarem contra os turcos e a abrirem outra frente em troca da independência das partes árabes do Império. Contudo, enquanto os árabes negociavam sua independência com os britânicos, ocorriam dois outros eventos, cujos acordos secretos estavam sendo ao mesmo tempo negociados com o Ocidente. O primeiro foi o acordo secreto Sykes-Picot entre França e Grã-Bretanha, dividindo o leste árabe em dois mandatos para cada um. Devemos lembrar que o encontro dos árabes do mediterrâneo oriental com o colonialismo se deu *após* a Primeira Guerra Mundial, e sua subseqüente experiência com o Ocidente foi bastante difícil, marcada por traições e duplicidade por parte dos poderes ocidentais. Como conseqüência, não só fracassou a possibilidade de existência de um Estado árabe independente, mas também, onde antes havia um Estado único, agora havia vários Estados separados, com fronteiras arbitrariamente assinaladas. Essas fronteiras, por fim, ganharam vida própria e criaram novos países com diferentes mitologias e narrativas.

O segundo evento foi a Declaração Balfour, que deu à Grã-Bretanha um papel central na criação de um Estado judeu na Palestina, principalmente através da imigração judaica para um país que, naquela época, tinha uma população em mais de 90% árabe. A maior parte dos árabes não conseguiu se recuperar da promessa britânica de ajudar a criar um Estado judeu separado na Palestina. Fundamentalmente, que direito tinham os britânicos de dar um país que não era seu a outro povo? E o movimento de resistência palestino, que evoluiu como luta contra a perda de sua terra natal, foi pintado nas cores mais sombrias desde seu princípio. Por que isso? A apropriação do que antes era a Palestina em recém-criado Estado judeu, junto com o deslocamento dos árabes nativos imposto pelos novos imigrantes judeus vindos de toda a Europa (Ocidente), trouxeram consigo a *desvalorização* indiscriminada do povo palestino, permitindo ao Ocidente fazer vista grossa à privação e ao sofrimento incalculáveis que tiveram de suportar e continuam a suportar até hoje. Acredito ser extremamente importante aumentar a consciência ocidental no que se refere à enormidade do "problema" palestino e encorajar o entendimento sobre a complexidade da situação, assim como a empatia pela dor e pelo sofrimento sentidos pelo povo palestino até hoje – tudo em nome da "compensação" por crimes cometidos durante a Segunda Guerra Mundial por um poder *ocidental* (isto é, a Alemanha).

E, conquanto essa história possa ter muitos pontos em comum para todos os árabes, é importante ressaltar as diferentes experiências de três grupos geograficamente distintos.

Para os egípcios, a principal tarefa era lidar com o colonialismo. O Egito foi ocupado pela Grã-Bretanha em 1882, e teve uma história mais longa com o colonialismo. A maior parte dos egípcios é de muçulmanos sunitas, e seus ocupantes eram cristãos ocidentais. Assim, uma visceral "resposta islâmica" era previsível e até mesmo compreensível. Outra diferença com o Mediterrâneo Oriental e a Aljazira foi que a sociedade egípcia estratificou-se e tornou-se estruturalmente racista. No topo da pirâmide estavam os britânicos que, no auge de seu poder, desdenhavam o resto da Europa enquanto tratavam gregos menos europeizados, coptas de menor nível, judeus egípcios e cristãos sírios com insolente desprezo. E o que dava uma unidade perversa a todos esses grupos era o fato de também se sentirem superiores e, dessa maneira, desdenharem, o nível mais baixo da pirâmide, os muçulmanos egípcios. Esse período e essas práticas na história egípcia só terminaram quando Nasser alcançou total poder em 1954 e colocou fim a esse racismo. Pode surpreender a muitos saber que Nasser foi o primeiro egípcio a governar o Egito em dois milênios. A tarefa principal para os muçulmanos egípcios era lidar com os vestígios do colonialismo e com as barreiras erguidas pelo racismo; eles não tinham necessidade de romper com sua identidade islâmica.

A situação no Mediterrâneo Oriental era mais complexa, por ser a parte mais ocidentalizada e etnicamente heterogênea do mundo árabe. No início do século passado, os árabes, especialmente os árabes muçulmanos, tiveram que fazer uma mudança psicológica e agir como nenhuma outra sociedade árabe fizera antes: dissociarem-se da identidade que tiveram durante séculos e rebelarem-se abertamente contra um estado islâmico. Apesar da tentativa, não tiveram sucesso na busca pela independência. Falarei sobre a experiência de Aljazira um pouco mais tarde.

Mais três recentes desenvolvimentos aumentaram o conflito e a complexidade da situação. A primeira fonte atual do ódio árabe contra o Ocidente foi a derrota da Guerra dos Seis Dias, em 1967, e os efeitos das políticas israelenses subseqüentes nos territórios ocupados. Fatos e estatísticas não podem captar totalmente a devastação causada pela ocupação israelense. Mas citações de um pequeno ensaio do escritor Russell Banks, que visitou Israel e a Cisjordânia como membro do Parlamento Internacional de Escritores (PIE), durante o ataque israelense aos territórios palestinos, em abril de 2002, captam a situação melhor do que qualquer coisa que eu possa dizer:

descemos até Gaza, onde visitamos os campos de refugiados, encaramos a violenta destruição de todas as vizinhanças e vilarejos, testemunhamos a humilhação deliberada e calculada dos postos de controle e vimos, pela primeira vez, a espantosa escala, a dominação e a usurpação dos assentamentos judaicos[12].

Essa citação capta como cada escritor viu a situação através de sua própria experiência:

Analogias e comparações traçadas a partir do que já sabíamos nos forneceram alguns *insights* e aberturas para a compreensão. O Sr. Soyinka (nigeriano, vencedor do prêmio Nobel) e o Sr. Breytenbach (poeta e memorialista sul-africano) puderam ver paralelos bastante óbvios com o *apartheid* na África do Sul, assim como algumas diferenças. Eu poderia fazer comparações com os assentamentos ingleses na Irlanda

12. R. Banks, The Other Side of the Divide, *The Globe and Mail*, 6 abr. 2002, p. A 15.

do século XVII e notar que, na América do Norte, depois que os europeus subjugaram militarmente os nativos americanos, sua política de reassentamento e contenção correspondiam, de modos dolorosamente familiares, à política de Israel nos territórios ocupado, desde 1967[13].

Por fim, em uma descrição que poderia ter sido retirada de Fanon[14] sobre a colonização da Argélia:

> Bem próximo estava um assentamento judeu, parecendo um subúrbio de Denver. Com suas estreitas ruas e mini-alamedas, residências de vários andares e complexos de apartamentos, com suas estruturas pós-modernas, tudo isto bem iluminado por uma fileira de postes, parecia ter sido colocado intacto e da noite para o dia nos declives rochosos por uma pequena frota de naves espaciais gigantescas. Um pouco abaixo do assentamento, não muito perto, um acampamento militar israelense foi disposto com a precisão geométrica de um tabuleiro, com torres de observação nos cantos, alojamentos e depósitos posicionados estrategicamente entre as torres, com luzes de holofotes varrendo o chão no interior do conjunto e patrulhando o terreno próximo, desigual, cheio de pedregulhos e iluminado pela lua. E mais abaixo nas sombras, adjacente a Ramallah, um aglomerado de cubos de blocos de concreto escurecidos, um campo de refugiados, e a única luz que vinha de lá era a da pálida lua refletida nos tetos ondulados de aço. Jerusalém, o assentamento, o posto militar e o campo de refugiados – todos os quatro iluminados pela mesma luz da lua, todos os quatro visíveis do mesmo ponto em uma montanha próxima, em Ramallah, mas nenhum deles visível um ao outro[15].

Uma segunda fonte atual do ódio árabe, dirigido, em sua maior parte, aos Estados Unidos, deve-se às sanções econômicas contra o Iraque. Apesar do apoio emocional árabe ao Iraque durante a Guerra do Golfo, esse apoio foi um pouco ambivalente, pois Saddam Hussein era odiado. Contudo, o apoio árabe lhe foi dado por duas razões: o Iraque era visto por um ângulo mais favorável do que o Kuwait pelo povo árabe, e Saddam era visto como alguém que enfrentava o poder dos Estados Unidos. Muitos, no mundo árabe, consideraram brutais essas sanções, quase genocidas, e, em uma análise mais paranóica, sentiram que elas só poderiam ser impostas contra um Estado árabe ou muçulmano, e nunca contra um Estado ocidental, europeu ou cristão.

Mesmo depois de ficar claro que o regime no Iraque sobreviveria a essas sanções, os Estados Unidos continuaram a apoiá-las. Iraquianos comuns, que evidentemente não apoiavam o mandato de Saddam Hussein, foram os que pagaram com suas vidas (por doença ou mesmo inanição) em conseqüência das sanções. As coberturas da televisão e dos jornais árabes sobre as mortes estimadas em meio milhão de iraquianos enraiveceram o mundo árabe e causaram ressentimento contra os Estados Unidos, que eles consideraram responsáveis por essa enorme tragédia.

13. Idem, ibidem.
14. F. Fanon, *The Wretched of the Earth*.
15. R. Banks, op. cit., p. A15.

A terceira fonte de ódio árabe em relação ao Ocidente é a presença contínua de tropas, armamentos e bases militares americanas no Golfo Pérsico. Até a recente globalização, os árabes em Aljazira não eram colonizados nem expostos a influências ocidentais[16]. As tribos de Hijaz iniciaram a revolta árabe durante a Primeira Guerra Mundial. No entanto, logo depois, a família saudita, que não havia participado da revolução árabe, assumiu o poder no país. O que resultou foi um "acordo" saudita-americano, que garantia de forma transparente que os Estados Unidos usassem seu poder militar para proteger o regime da família saudita em troca da garantia de petróleo mais barato para o Ocidente. Talvez, aqui, eu esteja sendo um pouco cínico em minha análise, mas nos anos de 1990 tropas norte-americanas aterrissaram e *ficaram* em Aljazira. Para uma sociedade como esta, fundamentada na religião, a presença de tropas norte-americanas foi sentida por muitos como uma espécie de quase-colonialismo, e a resposta popular deveria ser vista como a de um primeiro encontro de uma sociedade islâmica com um poder superior cristão. Em termos mais retóricos, a *única* realidade para muitos árabes é de que isso seja considerado uma *ocupação* cujo objetivo é apoiar um regime ilegítimo, fornecer petróleo mais barato às devastadoras economias ocidentais, enquanto, indiretamente, também mata árabes muçulmanos ou lhes provoca fome, além de apoiar o ocupante ilegítimo das terras palestinas: o Estado judeu de Israel. Se os Estados Unidos pretendiam ganhar apoio para suas iniciativas no Oriente Médio, fracassaram miseravelmente aos olhos da maioria. Nem os nacionalistas nem os islamitas jamais acreditarão que as tropas norte-americanas foram enviadas para ocupar o solo árabe a fim de ajudar o povo árabe. Para ambos os grupos, então, isso é visto simbolicamente como um retorno ao colonialismo, encorajado por regimes arcaicos, voltados apenas para sua própria sobrevivência, profanando, sem qualquer respeito, o que muitos árabes consideram como os seus mais sagrados locais. Em particular para muitos islamitas de Jazira, essa presença militar ganhou um sabor especificamente religioso, já que eles consideram a presença das tropas norte-americanas uma ocupação, de fato, dos santuários mais sagrados do Islã por infiéis cristãos e judeus.

Dados todos os complexos e dolorosos antecedentes históricos, a subjetividade e a natureza religiosa da experiência árabe neste contexto, espero que este artigo esclareça a intensidade dos sentimentos de muitos árabes no Oriente Médio e comece a desmitificar – ainda que, certamente, *nunca justificar* nem *desculpar* – a violência da resposta que culminou nos devastadores ataques terroristas aos Estados Unidos em 11 de setembro. E, por mais estranho que isso pareça para as sensibilidades políticas e morais do Ocidente, os ataques orquestrados

---

16. B. Barber, *Jihad vs. McWorld*.

por Bin Laden aos Estados Unidos foram vistos, acredito eu, por muitos extremistas islâmicos, e mesmo por não-extremistas, como uma representação simbólica de uma retaliação defensiva contra os cruzados (cristãos) invasores.

Penso ser crucial ressaltar que a maioria dos homens-bombas envolvidos nos ataques aos Estados Unidos era de Aljazira – uma descoberta que reflete a violenta resposta de uma sociedade muito conservadora e devotamente religiosa à percepção de estar sendo colonizada ou ocupada por um poder estrangeiro (cristão).

AS MENTES E PERCEPÇÕES DOS OUTROS

Discorrer a respeito de psicologia de grupo é um processo intimidante. Na situação analítica, em que temos muito material clínico e um parceiro cooperativo, tanto a compreensão quanto as intervenções analíticas que fazemos refletem aspectos de nossa subjetividade[17]. Fora da relação analítica, e em situações emocionalmente carregadas, nossas percepções podem desempenhar um papel importante na maneira pela qual se interpreta um material não-clínico. Com isso em mente, minhas formulações são tentativas de descrever as mentes e as percepções de pessoas com quem convivi e a quem amei por 26 anos de minha vida. Mais tarde escolhi residir no Canadá; adoro a democracia de estilo ocidental e resido em uma. Também escolhi a psicanálise, não apenas para me entender e a meus pacientes, mas também para entender meu mundo e minha história. Assim, minhas explicações baseiam-se em um processo que vem ocorrendo em minha mente por aproximadamente 45 anos, desde que eu era adolescente.

Meus "dados" são milhares de horas de introspecção, diálogos, discussões, argumentos, batalhas intelectuais, assim como leituras de centenas de livros e de milhares de artigos sobre o assunto. O fato de esses dados estarem influenciados e transformados por minha subjetividade é incontestável. De fato, outro indivíduo com os mesmos dados pode chegar a um conjunto de conclusões completamente diferente.

Tento descrever as *percepções* das pessoas. Percepções não estão sujeitas a confirmação, concordância ou desacordo por qualquer forma cientificamente quantificável. Apenas relato o que *eu acho* que essas pessoas pensam e sentem. Enquanto o panorama histórico para esses sentimentos e percepções é vital, argumentos políticos são inúteis nessa área. Por exemplo, realmente não importa se o embargo ao Iraque foi causado pelos Estados Unidos, pelas Nações Unidas ou pelo próprio Saddam Hussein; seus efeitos e conseqüências são

---

17. L. Aron, *A Meeting of Minds*; O. Renik, Analytic Interaction, *Psychoanalytic Quarterly*, n. 62.

os mesmos. Penso que a imensa maioria do povo árabe vivendo no Oriente Médio acredita que o embargo foi imposto por e para os Estados Unidos. É irrelevante argumentar aqui que essa é uma visão errônea, já que estamos falando no que eles *acreditam*, e não em qual é a verdade.

Tento agora descrever como eu acho que as mentes coletivas dos "outros" funcionam, e quais são suas percepções. Embora seja difícil separar a cognição dos componentes emocionais da percepção, dividirei os dois e explicarei cada um separadamente, reconhecendo que essa divisão é um pouco arbitrária e heurística.

Mentes Anti e Não-democráticas

Sabe-se que jamais foram construídas sociedades verdadeiramente democráticas no mundo árabo-islâmico. Não explicarei aqui por que isso nunca ocorreu, mas formularei uma hipótese a respeito de suas implicações. Acredito haver uma relação dialética entre a ausência de sociedades democráticas e a falta de mentes democráticas – a saber, sociedades não-democráticas influenciam o desenvolvimento de mentes não-democráticas que, por sua vez, perpetuam sociedades não-democráticas. No entanto, é errôneo pensar que os membros dessas sociedades aceitem simplesmente sem questionar as diretrizes dos que as governam ou ocupam. Ao contrário, acredito que muitas pessoas desenvolvem seus próprios métodos de filtrar informações, dando-lhes suas próprias interpretações pessoais ou de pequenos grupos. Infelizmente, esse processo não está sujeito a investigação aberta ou a comprovação.

Uso os dois termos *antidemocrático* e *não-democrático* porque acho que os islamitas são antidemocráticos por definição, enquanto os nacionalistas se tornam não-democráticos por razões internas ou externas. Ao dizer que os islamitas são antidemocráticos, não estou criticando, apenas citando-os. Eles acreditam que um Estado islâmico é uma ordem divina e não deve ser resultado de desejos ou vontades do povo. Um Estado islâmico representa a soberania de Deus e não a soberania das pessoas. Eles são francos em seu desdém pela democracia, por eleições e parlamentos. As leis são as leis divinas contidas no Corão e na *Hadith* (os ditos e os deveres do Profeta). Idéias iluministas não são relevantes para a construção da nova sociedade islâmica. Se há um grupo que tem medo da modernização, é este[18]. Em contraste, os nacionalistas estão abertos às idéias iluministas. Não possuem um livro sagrado superior a qualquer outro livro. Infelizmente, os nacionalistas são produto de uma sociedade não-democrática, e muitos não foram muito além da mentalidade dos islamitas. O grupo procurou

---

18. F. Mernissi, *Islam and Democracy*.

um modelo de sociedade fora de sua cultura e religião. Entretanto, em função de sua mentalidade não-democrática e de sua trágica história com o Ocidente, eles acharam o modelo ocidental pouco convidativo. Os ideais do Iluminismo nunca se apresentaram como opção para eles. É possível que a natureza não-democrática do modelo soviético tenha encontrado ressonância em uma mente não-democrática, e o apoio da antiga União Soviética em sua luta tenha tornado esse modelo atrativo.

Quais são as características de uma mente (coletiva) como a que acabamos de descrever? Essa mente pode ser psicanaliticamente descrita como esquizoparanóide[19]. Esse tipo de mente não consegue tolerar um questionamento franco, dúvidas, diferenças e responsabilidades. Pessoas que vivem em uma democracia não conseguem avaliar plenamente os efeitos impregnantes que a atmosfera opressiva de uma sociedade não-democrática tem na vida e nas mentes das pessoas que vivem sob tais condições. Sejam elas resultado da vida sob um regime ditatorial ou do controle por um exército de ocupação: nessas condições, vive-se todo o tempo com medo. Seu vizinho pode estar secretamente traindo você. Vive-se sem regras claras. Sua casa ou sua família podem ser atacadas, ou pode-se ser preso sem ter cometido nenhum crime. Criam-se assim ansiedades persecutórias legítimas, que dividem o mundo em *nós versus eles*. Toda a bondade reside em nós, e toda a maldade é projetada neles, aqueles, "os outros".

Faz-se importante mencionar que essa cisão pode ser o desenvolvimento patológico de uma atitude cultural que valoriza a lealdade à família acima dos altos valores morais. Um velho provérbio árabe diz: "Eu e meu irmão contra meu primo, e eu e meu primo contra o estrangeiro". E se seu irmão é o agressor e o estrangeiro a vítima? Felizmente, sob condições normais, a maioria das pessoas não vive de acordo com esse provérbio.

Deve-se também observar que os dois grupos têm pontos de vista diferentes em algumas questões fundamentais no que se refere à modernização e/ou ocidentalização. Umas delas é a questão da igualdade de gêneros. Em minha opinião, nem as mais liberais interpretações do Corão e da *Hadith* permitiriam a igualdade social e econômica das mulheres, tais como visualizadas no Ocidente. Os nacionalistas não mantêm esse ponto de vista, citando que o status das mulheres cresceu durante o último século, particularmente durante os anos de 1950 e 1960 – período da ascendência política nacionalista. No grupo secular, a resistência ao progresso do conceito ocidental de "direitos das mulheres" era mais psicológica do que ideológica, mais no sentido do que nós no Ocidente chamaríamos de "sexismo".

---

19. M. Klein, Notes on Some Schizoid Mechanisms, *Envy and Gratitude & Other Works 1946-1963*.

Contrária à crença de que liberalismo e feminismo andam necessariamente de mãos dadas, o status das mulheres é melhor no Iraque[20], um dos regimes mais repressivos do Oriente Médio.

Outras duas questões – a separação entre Estado e religião e atitudes em relação à educação – também diferenciam os dois grupos. A separação entre Estado e religião progredia durante o período nacionalista, mas essa situação foi amplamente revertida em algumas áreas e interrompida em outras. Os nacionalistas tinham pouca tolerância pelas *madrassas*, austeras escolas religiosas islâmicas e, até onde sei, elas de fato não existiam de forma preeminente no Oriente Médio daquele tempo. O sistema educacional é similar ao do Ocidente. Contudo, a doutrinação política no estudo de história e de ciências sociais é menos sutil do que no Ocidente.

A Questão da Terra

A terra significa muito para os árabes. Ela é típica e ancestralmente administrada e transmitida de geração em geração. Na Palestina em particular, o "amor pela terra" ganha proporções românticas e quase místicas. A "perda da terra" é vivida como a perda de um objeto. De maneira mais significativa, a terra da Palestina contém alguns dos pontos de referência mais importantes das três maiores religiões semíticas do mundo: o cristianismo, o judaísmo e o islamismo. Além disso, na Palestina foram travados dois combates que constituíram as mais sérias ameaças às terras árabes na história moderna árabo-islâmica – a Revolta Árabe, de 1936 a 1939, e a Guerra Árabo-Israelense de 1948. Uma terceira luta fundamental, a Guerra dos Seis Dias, em 1967, contra Israel, resultou na ocupação do resto da Palestina por Israel. Até hoje, o incremento das conquistas de antigas terras árabes por Israel continua, na forma de novos "assentamentos" judaicos construídos em território palestino. Já que as principais estradas cobrem os dois lados e os israelenses têm preferência de tráfego, isso acabou resultando em divisão da Palestina em inúmeras partes desconexas. Essas restrições geográficas limitam efetivamente a capacidade de os árabes que vivem e trabalham na Palestina se moverem facilmente, até de um vilarejo a outro, causando grandes dificuldades a trabalhadores e a viajantes. O deslocamento não pode ocorrer sem que primeiro se passe por postos de controle israelenses, nos quais os "procedimentos de segurança" geralmente resultam em humilhação para os palestinos.

Os sofrimentos e a tensão impostos ao cotidiano desses palestinos pelo confinamento geográfico e pelos postos de checagem extremamente invasivos apenas alimentam o ódio e a raiva dos árabes em

---

20. B. Lewis, *What Went Wrong*.

relação a Israel e a seu aliado, os Estados Unidos. Ao mesmo tempo em que têm aparecido muitos artigos na mídia ocidental descrevendo como os colonos judeus sentiram o deslocamento quando evacuados de seus assentamentos ilegais, muito pouco se escreveu sobre os sentimentos dos árabes, alienados geograficamente, a respeito do seu enorme deslocamento, enquanto tentam ganhar a vida para si e suas famílias nas duras condições impostas a eles nos territórios palestinos controlados por Israel.

Terrorismo: o Poderoso e Tecnologicamente Avançado versus *o Fraco e Atrasado*

O que significam as palavras "terrorismo" ou "guerra ao terrorismo"? Seria a "guerra ao terrorismo" diferente de qualquer outro tipo de batalha militar contra um inimigo real ou visível? Muitos concordariam que o significado desses termos está extremamente condicionado aos quadros de referência política, cultural e temporal e, assim, não há possibilidade de se encontrar muito consenso em sua definição. Muitos árabes e muçulmanos acreditam que o terrorismo palestino se justifica e é comparativamente menor que o terrorismo israelense e ocidental. A diferença nos estilos de *apresentação* do terrorismo está na dependência do poder relativo e da tecnologia de um grupo, e exerce grande influência na maneira como o resto do mundo o verá.

Em um fórum de discussão de psicanálise na Internet, Peter Fonagy levantou a necessidade de compreender o momento definitivo como aquele em que as pessoas decidem abandonar a decência de sua espécie. É particularmente interessante considerar o cenário de um indivíduo entrando em um ônibus ou em um prédio cheio de pessoas ocupadas com suas atividades diárias, sabendo que vai morrer enquanto espera matar o maior número possível "deles". Menos dramático, mas igualmente letal, é o abandono lento e cumulativo da decência profundamente enraizada na espécie em que não há mais um momento definitivo; é algo que se pode ver nas ações cada vez mais destrutivas dos israelenses contra os palestinos. Com maior freqüência, um opressor poderoso pode conseguir esperar as coisas acontecerem e aguardar o tempo necessário; uma ocupação ou um embargo pode, lenta mas efetivamente, destruir a alma e o corpo dos "outros". O poderoso pode matar sem sujar suas mãos ou sem se expor a um perigo iminente, já que sua alta tecnologia lhe dá proteção. Pode escolher soltar bombas do céu para matar um terrorista; os civis inocentes que podem ser mortos são "danos colaterais", e essas mortes são "erros" não-intencionais.

Em contrapartida, os fracos e tecnologicamente atrasados não têm o luxo da escolha, nem o tempo para esperar, nem as habilidades dos fortes. Falta-lhes a tecnologia necessária para atingir seus alvos à distância, portanto precisam usar seus *próprios corpos* para atingir o objetivo. Além disso, já que muitos alvos – como complexos militares, industriais ou governamentais – são extremamente difíceis de atingir, o fraco deve escolher alvos que *possa* atingir: geralmente pessoas normais em suas atividades cotidianas. Precisa usar sua *única* oportunidade ao máximo para causar estragos nos inimigos. Dessa maneira, muitos árabes e muçulmanos, mesmo que horrorizados com a natureza dos ataques dos homens-bombas a civis inocentes, não vêem esses ataques como mais terríveis do que a morte lenta e metodológica de *seus* inocentes pelos mais poderosos.

IDENTIFICAÇÃO PROJETIVA

A grande maioria dos árabes e muçulmanos não se engaja nem apóia o terrorismo. No entanto, o apoio aos homens-bombas nos territórios ocupados tem aumentado de forma especial nos últimos meses. Por quê? Mesmo quando o apoio público era mínimo, muitas pessoas, inconscientemente, ou às vezes semi-inconscientemente, admiravam os homens-bombas. Raphael Moses[21], em sua contribuição a um simpósio sobre identificação projetiva, discutiu a relação entre Menachem Begin, antigo primeiro-ministro de Israel, e os colonos ultranacionalistas na Cisjordânia. Ele sugere que o Sr. Begin tenha se identificado projetivamente com as posições radicais dos colonos, pois eles podiam pôr em ação alguns pontos de vista que ele não se permitiria expressar diretamente, dando-lhe assim uma gratificação vicária por feitos que, conscientemente, ele não conseguia aprovar. Acredito que, pelo menos no mundo árabe, essa aprovação semi-consciente ou inconsciente do terrorismo pelos que não apóiam nem aprovariam essas atividades em outras situações predomina muito mais do que antes se pensava. Acho também que muitos homens-bombas sabem disso e sentem que esse apoio é muito mais habitual do que parece. Essa crença também confirma seus pontos de vista de que eles são a vanguarda de sua sociedade, reforçando assim seu objetivo e sua missão.

ÓDIO FRIO X ÓDIO FURIOSO

Uma das questões mais comuns que veio à tona nos Estados Unidos depois dos ataques do 11 do Setembro foi: "Por que eles nos odeiam tanto?" Tentei expor até aqui, neste capítulo, o que acredito serem alguns antecedentes históricos importantes e algumas razões político-religiosas para esses sentimentos de extrema raiva e fúria. Árabes e

---

21. R. Moses, Projection, Identification, and Projective Identification, em J. Sandler (ed.), *Projection, Identification, Projective Identification*.

muçulmanos do Oriente Médio sentem-se odiados pelo Ocidente mais do que nunca – inclusive mais do que o ódio que carregam dentro de si pelas mesmas razões. Mas há uma distinção a ser traçada entre o ódio *frio* do Ocidente, geralmente fleumático, calculista e não-explosivo, e o ódio *furioso* dos palestinos e de outros árabes e muçulmanos, emocional, exaltado e explosivo. O que podemos dizer aos que tiveram de sujeitar-se a uma ocupação brutal, cujas vidas ficaram reduzidas a condições subumanas, para quem *não* há futuro ou luz no fim do túnel? Por que a opinião mundial tolerou e aparentemente apoiou a situação extremamente desesperada na Palestina por mais de meio século? Suspeito que as respostas a essas questões, se existirem, serão bem dolorosas de se examinar.

Talvez tão doloroso quanto a miséria e a degradação sofridas pelos palestinos nos territórios ocupados tenha sido o embargo da ONU contra o Iraque, que resultou na morte estimada de meio milhão de crianças iraquianas. Em uma entrevista à *CBS News*, em 1996, Lesley Stahl perguntou a Madeleine Albright, Secretária de Estado de Clinton à época:

> CBS NEWS: "Ouvimos que meio milhão de crianças morreu no Iraque. Ou seja, mais do que as crianças que morreram em Hiroshima. E você acha que esse é o preço a se pagar?"
> MADELEINE ALBRIGHT: "Acredito que é uma escolha muito difícil, mas o preço? Achamos que esse é o preço a se pagar"[22].

Como *alguém* pode acreditar que há algo que justifique a lenta e dolorosa morte de meio milhão de crianças enquanto suas famílias, indefesas, aguardam e testemunham essas mortes? Esse tipo de ódio é similar ao que Bromberg[23] descreveu como frio, remoto, sem ambivalência, determinado e com forte desejo de fazer sofrer sem qualquer apego com o objeto.

O ódio frio, em última instância, pode ser mais letal que o ódio mais furioso e expressivo, e pode tomar a forma de extrema indiferença. Ódio frio é o que muitos alemães "bons" expressaram durante a Segunda Guerra Mundial. Por exemplo, Albert Speer, famoso por seu apreço por coisas refinadas como ópera, música clássica e arte, nunca matou um judeu. Do mesmo modo que Madeleine Albright, diplomata com alto nível de formação e inteligência, nunca matou ninguém. Contudo, ambos tomaram *decisões* e programaram *políticas* que mataram centenas e milhares de civis inocentes.

Um incidente que ocorreu enquanto eu escrevia este capítulo ilustrou bem as questões tanto de tecnologia quanto de ódio. Dois

---

22. T. Ali, *The Clash of Fundamentalisms*.
23. P. M. Bromberg, The Use of detachment in Narcissistic and Borderline Conditions, *Journal of the American Academy of Psychoanalysis*, n. 7.

palestinos se infiltraram em um assentamento judaico e mataram uma mulher e seus três filhos. Os dois palestinos foram mortos. Em algumas horas, vários palestinos foram mortos, incluindo cinco crianças. Os israelenses estavam seguros dentro da forte estrutura de seus tanques. Ainda que os israelenses tenham admitido que houve erro, nenhum árabe acreditou nisso. Eles acreditaram que tinha sido apenas uma vingança fria e calculada.

COMPONENTES EMOCIONAIS DAS SUBJETIVIDADES

Fato inegável é que os árabes estão derrotados, fracos e indefesos. No entanto, recusam-se a aceitar este estado, do modo como a Alemanha e o Japão aceitaram suas derrotas depois da Segunda Guerra Mundial. Muitos fatores levam a essa resistência.

Primeiro, a derrota dos árabes não foi total como no caso da Alemanha e do Japão.

A segunda diferença é a atitude nacional frente às razões da guerra. Na Alemanha e no Japão, os cidadãos, hoje em dia, tentam dissociar-se da ideologia e da narrativa daquele período. Não há uma mudança equivalente nas sociedades árabes e islâmicas. Os árabes jamais acreditaram que sua oposição à perda da Palestina e sua resistência à ocupação eram ou são erradas. Eles ainda acreditam que sua causa é correta, e há uma crença mística de que, ao final, seus direitos triunfarão. Como não há dúvidas sobre a pertinência de sua causa, é preciso encontrar outros motivos para sua derrota. A falta de desenvolvimento de uma mente democrática – a saber, uma posição depressiva – e o comportamento brutal dos inimigos levam a mecanismos projetivos: a justificativa reside nas conspirações dos "outros" e em sua superioridade tecnológica. Infelizmente, quando o foco está em "nós", o grupo que está sendo acusado torna-se "eles", e o grupo supostamente atacado permanece puro e inocente. Desse modo, os fundamentalistas muçulmanos culpam os muçulmanos infiéis e os seculares; os seculares culpam os ignorantes islamitas medievais; os marxistas culpam a burguesia, a burguesia culpa os socialistas. Nenhum grupo vê sua contribuição para essa situação desastrosa.

Um terceiro motivo de recusa para a aceitação da derrota é o medo genuíno do que aconteceria se eles perdessem por completo. Houve respeito pela integridade territorial do Japão e da Alemanha, que foram ajudados a reconstruir suas sociedades democráticas. O temor entre os muçulmanos e árabes é de que se roube mais terra: não apenas toda a Palestina seria tomada, mas também partes do Egito, Jordânia, Síria e Líbano. Não são medos paranóicos injustificados, pois Israel já fez e continua a fazer tudo isso, só recuando diante de pressão externa e de resistência armada. O Ocidente irá desmantelar alguns Estados nacionais (como fez com o Iraque) e redesenhar o mapa do Oriente Médio de acordo com sua necessidade, que é criar Estados fracos e confessionais que mal conseguirão sobreviver.

Apesar dessa negação, no fundo há um sentimento de desamparo, contra o qual são usados como defesa uma miríade de ideais e emoções. A primeira resposta emocional é de ódio e raiva. Quando falei a respeito de ódio "frio" e "furioso", não quis insinuar que árabes e muçulmanos não odeiem o Ocidente e Israel. Eles odeiam ambos. Mais ainda, a intensidade e a profundidade desse ódio têm justificativa em suas mentes. O ódio justificado é um estado perigoso, porque leva facilmente à desumanização do outro. Tragicamente, ambos os lados acreditam que seu ódio se justifica e não passa de uma reação ao ódio e comportamento dos "outros". Assim, qualquer coisa que fizerem é uma resposta justificada ao outro.

Outra reação ao estado de desamparo é a vergonha e a humilhação. Em geral, a sociedade árabo-islâmica orienta-se pela vergonha[24]. A vergonha é usada como técnica de educação infantil e para tornar o controle comportamental eficaz. A origem da vergonha nessa situação está em suas perdas, apesar da predominância numérica e de dinheiro. Nesse aspecto, ainda estão na era da cavalaria: dois homens, igualmente armados, decidirão a luta. Durante os ataques aéreos norte-americanos ao Afeganistão, um combatente árabe acenava para os jatos norte-americanos, desafiando-os a descer e lutar como homens. Muitos fatores tornam essa vergonha e essa humilhação letais. Um desses fatores é o conseqüente ódio e raiva. Se a vergonha e a humilhação forem passivas, podem resultar em depressão e em possível suicídio. Um segundo fator é que essas pessoas foram traumatizadas e brutalizadas tanto por seus líderes como por seus inimigos. Um terceiro fator, que tem sido uma forte motivação na história islâmica, é a crença na vida maravilhosa que aguarda o mártir após a morte. Todos esses fatores juntos levam a uma agressão justificada que desumaniza o outro e torna o assassinato do infiel, realizado a partir da própria morte, uma escolha positiva.

A inveja é uma questão freqüentemente levantada por escritores ocidentais que tentam explicar "por que eles nos odeiam". Não acho que a inveja seja um fator tão importante quanto outros a consideraram. É possível que essa inveja seja tão inconsciente que eu não consiga vê-la. A contratransferência igualmente pode ser um fator que ajude ou dificulte esse tipo de visão. Acho que muitas pessoas têm orgulho de sua cultura: elas vêem a superioridade técnica do Ocidente, mas consideram-no uma sociedade inferior.

---

24. J. Racy, Psychiatry in the Arab East, *Acta Psychiatrica Scandinavica*.

NOTAS CONCLUSIVAS

Neste ensaio, tentei dar voz a um grupo cujas narrativas não são ouvidas ou são distorcidas. Em conclusão, gostaria de acrescentar os seguintes pontos:

1. Essas narrativas são tão atrativas e tão "verídicas" quanto quaisquer outras. Elas não negam a legitimidade de outras narrativas, mas precisam ser ouvidas como representantes de narrativas ignoradas. Somente quando os dois lados aceitam a legitimidade da narrativa do outro, a verdadeira comunicação e negociação podem começar.
2. Não tratei dos motivos que levam uma minoria, a partir de uma enorme maioria, a escolher o "martírio" e o "ataque-suicida", porque não falei com nenhum homem-bomba, nem realizei uma autópsia psicológica.
3. É bastante tentador usar a "identificação projetiva" para esconder meus próprios pontos de vista. Para evitar tais impressões equivocadas, eis o que penso: considero que o estilo de democracia ocidental, com total separação entre Estado e religião, igualdade de gêneros, e sob o domínio da lei, é a única solução para as sociedades árabo-islâmicas. Sou contra todo e qualquer tipo de violência, contra civis, cometido por qualquer dos dois lados, e não há uma solução militar para este problema. A única solução é através de negociações.
4. Por fim, gostaria que meus colegas analistas começassem a estudar a história, as religiões e as sociedades árabes e islâmicas antes de falarem sobre a mente de um grupo que conhecem pouco. A situação ficaria perigosa se os psicanalistas se tornassem orientalistas, uma vez que o que eles nos contam sobre as mentes dos "outros" nada mais é do que a projeção de suas fantasias[25].

---

25. E. W. Said, *Orientalism*.

Parte III

Conseqüências do Terror

11. As Vozes do Silêncio

Aos que sofreram em 11 de setembro.
Aos que sofreram em todos os terrores coletivos.

Geneviève Welsh-Jouve

Depois do 11 de Setembro, surgiu rapidamente entre os psicanalistas a necessidade de um livro feito em grupo. Entendo isso como um convite para que psicanalistas e leitores tentem pensar juntos – reforçar vínculos, atacados não só em 11 de setembro, mas também na esteira de inúmeras atrocidades cometidas durante as guerras e genocídios que atormentaram a humanidade por todo o século XX. O que os homens fizeram ao homem? Se a psicanálise pode fazer qualquer contribuição para a vida social e política, é através da ajuda que pode dar, tornando os indivíduos mais lúcidos e autônomos e menos passionais. Nosso desejo de entendimento é algo ao qual nos aferramos, mesmo que, às vezes, possa ser tomado como terreno potencial para desculpas.

Parece paradoxal tentar falar em silêncio – ainda que eu ache necessário, a fim de pensarmos juntos. Em 11 de setembro, houve um caos estarrecedor: aviões colidindo com prédios, gritos de pessoas fugindo, enxurradas de imagens, corrida às armas, frases hiperbólicas na mídia. Medo, dor, desespero e raiva alternaram-se com o desejo de abençoado esquecimento. Será que tudo isso pode desvanecer um pouco para nos deixar pensar? É cedo demais? O silêncio da leitura oferece-nos uma pausa e a curiosidade por saber.

Desde as guerras e genocídios do século XX, se estivermos corretos em supor que a idéia de humanidade tem um significado universal, então a natureza da espécie humana está maculada em cada um de nós. Desde o 11 de Setembro, uma ameaça invisível, ubíqua e silenciosa pesa sobre todas nós, em todos os lugares.

CONTRA A CORRENTE DA TURBULÊNCIA: UM CONVITE PARA PENSAR EM CONJUNTO

De algum modo, os psicanalistas são instigados a falar, mesmo que estejam acostumados e treinados a ouvir calmamente as pessoas no silêncio de seus consultórios. O fato de falarmos como cidadãos ou como profissionais é, sem dúvida, uma questão relevante. Posto que podemos dar declarações do que vivemos em nosso trabalho em relação a traumas coletivos, e posto também que não toleramos uma verdade relacionada apenas com nossa identidade social particular, acredito então que podemos e devemos falar. E por quê? Porque a psicanálise não é apenas uma forma de tratar pacientes: é também um método de investigação a respeito dos lados mais sombrios das pessoas e uma teoria aberta da mente humana, relacionada ao corpo e à sociedade. Uma teoria realista fundada na vontade de compreender, se possível, a complexidade de crises e de controvérsias políticas e religiosas, de ver como os meios de sobrevivência e sua elaboração em situações de horror no passado podem nos ajudar nos dias de hoje – ainda que a situação atual aí esteja para nos lembrar que a capacidade de imaginar atrocidades parece não ter limites.

Sendo uma teoria aberta, a psicanálise tenta integrar a evolução da psicopatologia e a evolução social. Durante o século XX, muitos psicanalistas trabalharam e pensaram a respeito dos efeitos e marcas de traumas coletivos como genocídios, guerras e torturas.

Em contraste com os aspectos bem conhecidos e positivos da psiquiatria clínica (por exemplo, em relação ao distúrbio de estresse póstraumático), os psicanalistas descobriram a importância do silêncio em muitos aspectos: o silêncio dos sobreviventes, o silêncio como sinal durante a psicanálise, a transmissão silenciosa aos descendentes, o silêncio na sociedade. Focar o silêncio não é algo poético nem heurístico. É um traço negativo que a psicanálise tentou localizar em seus aspectos variados e dinâmicos, como buracos negros tanto nas pessoas como na sociedade. Acredito que seja importante para os propósitos deste capítulo dizer que eu tive de elucidar minha própria posição em relação aos traumas coletivos e aos silêncios que me dizem respeito pessoalmente. Tendo passado parte da minha infância na Argélia, durante a guerra, décadas depois percebi como meus pais tinham silenciado sobre os perigos da situação a fim de proteger seus filhos. Também percebi que o silêncio e o esquecimento atravessaram gerações, como se não houvesse sinais particulares a serem investigados na terra de meus avós e parentes irlandeses. Ao que tudo indica, não houve vestígio da Grande Fome de 1845* – já que a única receita que mantive de minha família foi de cozido à irlandesa.

---

* A Irlanda sofreu a Grande Fome causada por uma praga da batata, que atacou as colheitas por um período de quatro anos (1845-1849); disponível em http://www.discoverireland.com/br/about-ireland/history. (N. da T.)

O PAPEL DA MEMÓRIA E DOS SILÊNCIOS COLETIVOS

Depois de décadas de silêncio em discussões públicas sobre o extermínio nos campos nazistas, muitas autobiografias, ensaios, livros históricos e filmes começaram a aparecer em público. O "papel da memória" se estendeu do filme *Shoah*[1] a muitos outros resultados, num esforço de prevenir a infame tendência ao esquecimento. Isso levou ao reconhecimento das perdas e sofrimentos de milhões de pessoas e ao estabelecimento de fatos históricos que não mais podem ser negados. Esse reconhecimento pela sociedade parece ser uma importante base para a elaboração do trauma sofrido pelas vítimas.

A história está cheia de negações, silêncios e distorções – desde "Quem se lembrará dos armênios?" (sentença atribuída a Hitler no momento em que planejava a "solução final") até um autor francês bastante provocador, "11 de Setembro: pavorosa impostura". Só atualmente se fala do "Domingo Sangrento" na Irlanda do Norte, depois de um silêncio de mais de trinta anos. Não se mencionava a tortura durante a Guerra da Argélia até bem recentemente, quando as vítimas e seus filhos começaram a falar; alguns criminosos gabaram-se a respeito até que, por fim, um já bem envelhecido general Massu reconheceu, antes de morrer, que essas atrocidades tinham sido cometidas.

Ainda que o notável filósofo Hegel tenha dito que aprendeu com a história que esta não nos pode ensinar nada, vamos examinar que questões podem surgir da história.

Ao fim da Guerra do Peloponeso (século V a.C.), foi proclamada uma "lei de anistia" geral e, segundo ela, era absolutamente proibido mencionar qualquer lembrança relacionada à guerra. Sócrates, por exemplo, foi provavelmente sentenciado à morte não por corromper os jovens, falando de novos deuses ou da idéia de que o mais importante é os seres humanos se aperfeiçoarem, mas sim porque era amigo próximo dos aristocratas Crítias e Alcebíades, os quais, de acordo com essa lei, não deviam ser mencionados. Isso não desencorajou seu discípulo, Antístenes, que insistia na igualdade entre gregos e bárbaros, mestres e escravos. Trata-se de um exemplo interessante do conflito, em épocas históricas importantes, entre a necessidade da comunidade de impor o silêncio e o esquecimento e as posições individuais no tabuleiro de xadrez.

Sob o reino de Henrique IV, na França do século XVI, foi promulgada uma lei para manter em esquecimento compulsório os trinta anos de guerra entre protestantes e católicos. Os dois grupos haviam lutado e, ambos os lados, cometido atrocidades. Mas, a fim de impor a paz, Henrique IV tornou o esquecimento compulsório, querendo realçar a reconciliação entre os dois ardorosos grupos religiosos.

---

1. Documentário de Claude Lanzmann, com cerca de nove horas de duração, sobre o Holocausto (em hebraico, *Schoá*).

Na África do Sul, as pessoas que cometeram crimes raciais eram anistiadas, contanto que reconhecessem suas ações.

Hoje em dia, a memória e a justiça internacional parecem ser meios de lidar com esse tipo de conflito, especialmente quando pessoas de diferentes grupos no mesmo país lutaram umas contra as outras. E supõe-se que "quanto antes" deva ser "o melhor". O fato de a justiça internacional estar disponível dá esperança a todos os que precisam falar, reclamar e obter justiça, ainda que muitos processos pareçam impossíveis em cenários internacionais. No Camboja, por exemplo, não houve acordo a respeito de quem deveria julgar os membros do Khmer Vermelho*: cambojanos ou juízes internacionais. Enquanto isso, criminosos, testemunhas e vítimas envelhecem e desaparecem.

A justiça internacional não está ao alcance de todos. Lugares remotos da África, por exemplo, são campos de batalha de guerras desconhecidas pela nossa mídia. Suas conseqüências podem vir à tona de forma aparentemente repentina em algum lugar, ou podem permanecer despercebidas durante décadas. A justiça internacional não é reconhecida universalmente, a mídia não cobre todas as partes do mundo e manobras secretas fazem parte do jogo internacional. Assim, permanece a probabilidade de o silêncio encobrir certas atrocidades.

JUSTIÇA E PAZ SÃO IRRECONCILIÁVEIS?

Esta questão nos leva a algumas outras. O que constitui o silêncio coletivo no período subseqüente a guerras e atrocidades? Por que certos testemunhos foram suprimidos depois de guerras passadas? Por outro lado, deve-se questionar o excesso de discursos e de imagens sobre traumas coletivos mais recentes? O discurso se opõe ao silêncio do mesmo modo que a justiça parece se opor à paz nas situações históricas mencionadas acima? Podem-se evitar ciclos intermináveis de vingança?

Como psicanalista, eu diria que o reconhecimento pela sociedade do que aconteceu tem um papel a desempenhar no trabalho com as pessoas que buscam a ajuda da análise. Deve-se distinguir traumas imaginários das traumatizações reais, ainda que, em ambos os casos, a psique tenha de lidar com uma enxurrada insuportável de excitações opressivas. O sentido e a dinâmica são, sem dúvida, diferentes para cada pessoa, e nosso foco é na pessoa traumatizada, mais do que no trauma em si.

Como cidadã, fico confusa: em campos como história, estudos sobre guerras e análises políticas, as definições de terrorismo em

---

* Organização extremista comunista, liderada por Pol Pot, que governou o Camboja de 1975 a 1979, e cujo regime, estima-se, matou 1,7 milhões de pessoas, um quarto da população do país. (N. da T.)

geral não chegam ao consenso. O modo como os Estados nacionais regulam a violência costuma ter papel importante na tensão entre indivíduos e ideais coletivos. Mas quando os Estados apóiam secretamente guerras distantes ou grupos terroristas em guerras invisíveis, sobre as quais nós, cidadãos, sabemos muito pouco, como podemos confiar em dinâmicas de grandes grupos para lidar com ansiedades graves? "Estado de Bem-Estar Social, Estado de Direito": nós, enquanto ocidentais, até certo ponto confiávamos que isso deveria nos dar segurança. Hoje, os perigos de projeções recíprocas entre grupos e os pensamentos e rótulos prontos da mídia podem intensificar uma situação de espelhamento, com um grupo acusando o outro de terrorismo e vice-versa.

Mesmo assim a psicanálise pode fornecer pistas relativas ao entendimento desse processo permanente pelo qual, começando pela unidade insociável e anti-social mãe-filho, o indivíduo pode tanto transformar-se em sujeito alienado, unido a outras imagens onipotentes, ou se tornar autônomo, tendo admitido que ninguém é onipotente e que se é apenas um entre os demais, e aprendido a negociar a ambivalência resultante. Se todos pertencemos a grupos, a questão é: que quantidade de autonomia transferimos as nossos grupos e líderes?

Temos pouco conhecimento, de primeira mão, da psicologia dos terroristas, mas alguns analistas têm trabalhado extensivamente em prisões com pacientes de comportamento violento. Não devemos esquecer que as raízes da identidade individual não são apenas interpessoais, mas também instintivas e biológicas. A explosão de destrutividade no 11 de Setembro não pode ser analisada sem referência à quantidade de energia liberada pelos terroristas, seus suprimentos instintivos e, talvez, uma combinação de exaltação melancólica furiosa com sadismo frio.

Nem nas loucuras particulares de cada indivíduo nem em qualquer quadro sociopolítico específico podemos enxergar as raízes do terrorismo. De acordo com Freud, o passado subsiste em ideologias contidas no superego: na medida em que esse passado estiver ativo no superego, ele desempenhará seu papel na vida humana, junto ou separadamente de condições socioeconômicas.

Sigmund Freud não podia saber, em 1912, até que ponto a história corroboraria suas palavras quando escreveu:

Assim, talvez possamos ser forçados a nos reconciliar com a idéia de que é quase impossível ajustar as reivindicações do instinto sexual às exigências da civilização; que, em conseqüência de seu desenvolvimento cultural, renúncia e sofrimento, bem como o perigo de extinção no futuro mais remoto, não podem ser evitados pelo desenvolvimento da civilização da raça humana[2].

2. S. Freud, On the Universal Tendency to Debasement in the Sphere of Love, S.E., v. 11.

INDIZÍVEL, INTRANSMISSÍVEL, INAUDÍVEL...

"Não há palavras..." é o tipo de declaração corrente para descrever o que foi vivido em um trauma coletivo infligido pela e à humanidade. Seria pelo fato de ser indizível? Ou porque a representação se tornou impossível? Ou porque não havia ouvidos, nem ouvintes, nem editores? "Depois de Auschwitz, escrever poesia é cruel" (Adorno, 1986). Como se a possibilidade da linguagem tivesse sido assassinada. Ainda assim, Paul Celan escreveu poemas em alemão.

Ao fim do livro de Imre Kertész sobre deportação, *Sem Destino*[3], o jovem sobrevivente encontra um homem que lhe pergunta sobre o "inferno dos campos de concentração". Com isso, começa um diálogo entre dois estranhos. Um, o jornalista, faz perguntas com o intuito de saber (e fazer saber), de tal modo que parece já saber sem ter ouvido o jovem. Ele não está pronto para ouvir o sobrevivente, porque tudo o que quer é escrever uma série de narrativas para seu jornal, e porque o que ele pode ouvir ultrapassa sua experiência, e ele só quer exibir sua coragem intelectual ao apresentar atrocidades. O jovem não está preparado para responder perguntas; está, finalmente, a caminho de casa, e gentilmente tenta explicar isso ao outro, como se o fizesse a uma "criança ignorante".

Baseados nesse livro, podemos ver claramente que o discurso só pode significar algo se o risco dessa aventura de "dizer o indizível" ocorrer em uma relação de confiança e afeto.

Permanecer em silêncio ou escrever (ou falar) é um dilema enfrentado por muitos sobreviventes. Primo Levi e Robert Antelme, por exemplo, tiveram que escrever com urgência, assim que voltaram da deportação. Outros, como Jorge Semprún, escolheram deliberadamente permanecer em silêncio e vivos; Semprún só escreveu suas experiências décadas depois da guerra acabar. Alguns sobreviventes cometeram suicídio: falaram e morreram. Em alguns casos, falar foi questão de vida ou morte; em outros, silenciar foi uma proteção. Escrever ou viver. Escrever ou morrer. Mais tarde, transcrições por meio da ficção podem sugerir o que foi o sofrimento.

Ainda que se tenha estimulado muito o questionar e o falar em situações como a do 11 de Setembro, acredito que nem sempre o silêncio deve ser quebrado: ele pode ser a única defesa. A empatia com silêncio pode ser útil. Por que falar? A quem? Em que língua? Não ter palavras se tornou fraco e banal depois de tantas catástrofes? Onde buscar a energia necessária? Como a pessoa se sentirá depois de falar? O que os outros pensarão? O que farão com o que for dito por você? E o que sentirão depois de ouvir? Tantas questões, colidindo com as inúmeras tarefas e necessidades do período

---

3. I. Kertész, *Sem Destino* [*Sorstalanság*].

subseqüente de sobrevivência! Sob o manto de perguntas consensuais e pré-formatadas, aqueles que ajudam podem impedir-se de ouvir. Somente nos tornamos ouvintes quando uma relação humana se estabelece.

SILÊNCIO E DESUMANIZAÇÃO: ENTRE REFUGIADOS CAMBOJANOS EM PARIS

Focalizarei dois aspectos que pareceram importantes em meu trabalho e reflexão sobre refugiados cambojanos depois da era de Pol Pot: silêncio e desumanização. Como psiquiatra e psicanalista, tenho trabalhado com esses pacientes em um centro público de saúde mental, em Paris, desde 1980. Meu trabalho com sobreviventes de outras catástrofes anteriores também me impeliu a refletir sobre aspectos comuns e diferentes entre eles. Essa experiência com cambojanos em particular pode nos ajudar a refletir sobre o 11 de Setembro na medida em que for possível entender os efeitos da destrutividade e a relação entre silêncio e desumanização. Os efeitos de décadas de luto e de sua transmissão aos descendentes foram trabalhados por muitos psicanalistas. Quase todos os estudos insistem no silêncio dos sobreviventes, que às vezes estão separados ou não falam aos filhos, mas transmitem, por outros meios, tudo o que viveram.

Por muito tempo, na França, não sabíamos nada do que acontecia no Camboja de Pol Pot. Como resultado da propaganda, em alguns grupos havia até uma aprovação ideológica incondicional. O filme de Roland Joffé, *Os Gritos do Silêncio*, de 1984, foi o primeiro a alertar o público geral sobre o que acontecera. Gradativamente, na medida em que informações e testemunhos foram coligidos e tornaram-se disponíveis, ficamos sabendo que, entre 1975 e 1979, quase dois milhões de cambojanos tinham morrido.

Em nosso centro de saúde mental, a maioria dos refugiados cambojanos que conhecemos não falava espontaneamente do que tinha sofrido antes de sua chegada lá. Achamos que, sob certas circunstâncias, o silêncio era uma das condições para a sobrevivência. Além do genocídio, passaram pela provação da fuga, pelo sofrimento da vida nos campos transitórios e pela jornada até a França. Agora, tinham que se fixar em um país ocidental, objetivo que consumia toda sua energia. Apenas dissemos que estávamos informados sobre o Camboja e as atrocidades de Pol Pot, e que estaríamos prontos a ouvir a qualquer momento que quisessem falar.

Sabíamos que os cambojanos tinham que emudecer frente ao Khmer Vermelho, a fim de não serem descobertos, através de suas falas e sotaques, como pertencentes ao "grupo mau" de pessoas que o Khmer Vermelho queria exterminar. "Plante uma paineira em sua língua" era o lema das vítimas. Sob essa terrível ameaça, o silêncio estava claramente ligado à sobrevivência. Quando chegavam a nós, estavam desconfiados e não tinham certeza se seria seguro falar conosco. Eles achavam que nós e alguns intérpretes tínhamos ligações com as autoridades administrativas. Então, decidimos que tínhamos que ser cuidadosos e respeitar esse mecanismo de defesa, apesar de transmitirmos a idéia de que estávamos preparados para ouvi-los.

Dessa maneira, gradativamente, compreendemos que, com esses pacientes, o silêncio tinha diferentes explanações.

Primeiramente, eles não falavam conosco porque não falavam francês e tinham vergonha de falar através de intérpretes. Acima de tudo, sentiam que aquela provação era uma questão a ser lidada entre cambojanos. Além disso, não queriam contar aos filhos, a fim de protegê-los e deixá-los se adaptarem o mais calmamente possível às escolas francesas – para que pudessem ser como as outras crianças. Eles não queriam que os filhos vissem seu sofrimento, para não pensarem que tinham pais fragilizados.

A tensão entre silêncio e discurso teve de ser cuidadosamente analisada: às vezes, o que estava coberto pelo silêncio nem sempre era um sinal específico de trauma, mas sinal de uma ligação pré-consciente ou de um desejo que a vítima sentia vergonha de mencionar. Outras vezes, também, o falar podia resultar em uma retraumatização. Lidar com essas questões em contextos privados ou em ambientes terapêuticos é algo complexo, especialmente para quem foi atormentado pelos fantasmas insepultos que deixou para trás.

> Uma jovem cambojana cujos pais morreram de fome nas mãos do Khmer Vermelho veio se consultar, pois seu irmão havia dito que ela estava se comportando de modo instável há algumas semanas, sentando-se sobre os calcanhares na hora das refeições, ao invés de usar uma cadeira. Ela também achou que isso não fazia sentido e era algo louco — o fato de ser aquele o modo como costumava se sentar e comer quando criança no Camboja estava oculto em uma parte cindidia de sua psique. Quando veio me procurar, ela já sabia que eu tratara de muitos cambojanos. Estava confusa com o seu comportamento, mas, principalmente, estava ansiosa para ficar noiva de um homem, que a fazia recordar seu pai. Além disso, esse homem sempre rememorava suas terríveis lembranças da era de Pol Pot, ao passo que a tia dela a criara em Paris em total esquecimento. Ela procurava evitar se relacionar com o trauma. Precisava que eu agisse como mãe substituta que pudesse escutar seus medos e nomeá-los naquela época específica de sua vida.
> Contou-me que, alguns anos antes, tivera um pesadelo em que a mãe a chamava de volta. Ao escutar esse terrível pesadelo, a tia decidiu pagar alguém para ir ao Vietnã rezar uma oração, a fim de manter a mãe quieta. Eu apenas mencionei seu passado traumático

e seu medo de viver a vida como mulher, e ela se acalmou, perguntando-me como eu sabia tudo isso, como se eu fosse um oráculo. Então, ressaltei a óbvia diferença de idade entre nós e tentei mostrar-lhe que ela podia ocupar o seu lugar na cadeia de gerações. Claro, eu poderia ter trabalhado sobre o fato do trauma ser usado em sua situação edipiana para puni-la pelo desejo de possuir o pai, mas achei que isso só poderia ser compreendido em outro ambiente e depois de anos de trabalho psicanalítico. Ao invés disso, escolhi ser uma mãe substituta "suficientemente boa".

Em um ambiente psicanalítico, deve-se evitar que as interpretações sejam traumáticas e transformem o trauma em centro da vida psíquica. Da parte das pessoas que ajudam também há um perigo: ficar surdo ou centralizar-se demais no trauma e dar a impressão de saber mais do que a vítima como o trauma é "a" explicação para qualquer coisa que esteja errada.

Partindo de outro ponto de vista, não sabemos muito acerca das conseqüências neurobiológicas do trauma no cérebro humano, ou sobre os efeitos da recordação de lembranças traumáticas. Claro, é possível supor que haja diferenças relacionadas à duração entre situações traumáticas que se prolongaram por anos (com os efeitos da inanição e deficiências) e o choque súbito do 11 de Setembro.

Às vezes, muitas décadas depois de o trauma ter sido contado ou escrito, alguma coisa – um "detalhe", uma lembrança – pode colocar a vida de uma pessoa em risco. Um dos refugiados que conheci se matou depois de ter atacado um homem que havia roubado uma das cartas de sua mãe. Por quase duas décadas, ele passara por muitos períodos melancólicos. Ele nos procurou, pudemos ajudá-lo e, por alguns meses, ele ficou melhor. Depois do ataque, ele quis oferecer uma reparação ao homem que havia machucado, mas isso não foi possível – ele não foi compreendido. Dessa vez, não voltou a nos procurar. Suponho que ele não pôde suportar seu comportamento como agressor e não obter perdão. Esse silêncio ainda reside em mim.

Em Berlim, ao entrar no Museu Judaico, somos tomados pelo aparente vazio do prédio, centrado em volumes chamados "vazios". O silêncio, o vazio e a escuridão na torre em memória às vítimas da *Schoá*; milhares de esqueletos humanos amontoados em Phnom Penh*; cadáveres ressecados em Ruanda: os memoriais são silenciosos. O silêncio, aqui, reumaniza.

---

* Capital do Camboja. (N. da T.)

OS CRIMINOSOS SÃO SILENCIOSOS COMO ROBÔS

Grupos de homens sob a tutela de um líder, preparando-se silenciosamente em algum local remoto, são quase patognomônicos de uma ação terrorista. Como esse período silencioso de preparação pode ser entendido à luz da pesquisa histórica?

Por exemplo, por mais de uma década, de 1963 a 1975, Pol Pot manteve-se em silêncio, invisível, escondido na floresta, preparando suas ações letais em local isolado, viajando para a China, infiltrando-se entre as massas como professor bom e gentil de camponeses iletrados[4]. Pode ter parecido que suas ações foram repentinas: mas estavam sendo silenciosamente preparadas por duas décadas. Ele fingiu ter sido camponês no passado e jamais mencionou que fora educado em um colégio nobre. Agora, sabemos também que havia programas de extermínio escritos, na medida em que foram sendo descobertos. Sabemos que ele reduziu todos ao silêncio: nada estava acontecendo! A pesquisa histórica nos fez entender que os líderes dos genocidas estão apagando cuidadosamente todos os vestígios de suas ações: nada aconteceu! O silêncio sobre seu passado foi a condição que permitiu a Pol Pot manipular e seduzir seus seguidores, junto com uma certa aparência de bondade. Assim, ele surgiu quase como uma lenda viva, ou mesmo o fundador de um mito. Décadas antes da queda de Phnom Penh, ele havia se autonomeado "o Khmer de Origem das Origens".

Sua organização permaneceu secreta mesmo depois da queda de Phnom Penh. Os cambojanos deslocados só sabiam a afiliação de seus guardas através de uma palavra, *Angkhar,* que significa "organização". Durante um tempo, o nome dos assassinos, no Camboja, estava ausente ou oculto sob pseudônimos, acrônimos ou termos abstratos como este. Revelavam o menos possível seus nomes de nascimento (Pol Pot = Saloth Sar). Outro segredo dessa organização secreta era a prisão de Tuol Sleng, onde catorze mil pessoas morreram depois de torturadas[5]. Lá as regras eram mandamentos: prisioneiros só podiam falar para responder perguntas; do contrário, era estritamente proibido falar ou se comunicar de qualquer modo. Lá os torturadores eram senhores do discurso, da alma e do corpo de suas vítimas. Por esses meios, entre outros, eles escravizaram e desumanizaram suas vítimas.

Desse modo, o silêncio é uma ferramenta usada por assassinos para preparar, escravizar, eliminar todos os vestígios e escapar. Para organizar a desumanização de suas vítimas, eles as silenciam.

---

4. D. P Chandler, *Pol Pot, Brother Number One.*
5. Idem, *Voices from S-2.*

COMO SE PERPETRA A DESUMANIZAÇÃO?

Sem Nomes

As palavras que os criminosos usam para "nomear" suas vítimas são sinais que mostram como eles as privam de uma das qualidades primárias dos seres humanos: seus nomes. Eles as chamam de *Stucke* (pedaços), "alvos", "porcos", "esterco", "menos do que fezes", e assim por diante, ou podem simplesmente usar números, tudo a fim de organizar uma classificação e uma dicotomia. No Camboja, havia dois grupos: "os que comem" e "os que são comidos". No livro de Imre Kertész[6], um médico do campo pede que o narrador diga seu nome. Sua resposta automática é seu número. Como o médico insiste em saber seu nome, ele precisa se esforçar e, por fim, encontra-o, como se fosse uma lembrança distante. Os nomes das vítimas são aniquilados. Os nomes dos torturadores são ocultados.

Sem Corpo

Não se mantém nas vítimas o respeito pela integridade do corpo, pela idade, sexo, saúde. A pessoa estuprada, torturada, morta não mais é humana. Mas, então, o que ela é para o torturador? Uma coisa, animal ou fezes? Não se trata de uma situação de guerra em que é preciso matar o maior número possível de inimigos. É algo diferente. Seja repentina ou demoradamente, o corpo tem que ser aniquilado.

Nem o próprio corpo do torturador lhe pertence mais: ele o ofereceu à Causa, que pode mandar que seja desintegrado. Podemos supor que em grupos de terroristas também haja uma combinação de sadismo, crueldade primária e narcisismo fálico em relação à vítima, junto com essa rejeição.

Sem Alma

Alguns especialistas em Nuremberg enfatizaram que a característica mais comum dos nazistas aprisionados era sua falta de empatia: a negação dos sentimentos dos outros é uma hipótese suficiente ou podemos supor que se repudia a própria existência da alma?

O assassino não tem mais uma alma individual: ele pertence à Causa, com corpo e alma absorvidos no novo ego-ideal do grupo.

Sem Enterro

Uma das possíveis definições de raça humana é o fato de que seres humanos enterram seus mortos e organizam rituais funerais. Em

---

6. I. Kertész, op. cit.

Antígona, temos um exemplo do que ocorre quando se proíbe esses rituais aos enlutados. Em larga escala, faz parte do processo do genocídio não só abolir a possibilidade do ritual como também tornar inacessível a localização do morto: os cadáveres eram trasformados em fumaça pelos nazistas e em esterco para o plantio de arroz pelo Khmer Vermelho: eram transformados em nada.

O trabalho de luto coletivo fica prejudicado a não ser que a comunidade crie novas formas de fazer o luto através de diferentes meios de reumanizar o morto e a própria morte.

Sem Descendentes

"Exterminar até o último..." é uma espécie de lema no genocídio. Crianças, bebês, grávidas são mortos: os assassinos são, ao mesmo tempo, infanticidas, parricidas e matricidas.

Os sobreviventes estão de algum modo condenados a não ter filhos ou a apenas dar à luz a fim de, parcialmente, restaurar a linhagem. De algum modo, a procriação fica confundida com o propósito dos genocidas. Eles desumanizam suas vítimas: nas mãos deles, o silêncio é uma arma. Nas assim chamadas vítimas desumanizadas, o silêncio é um meio de sobrevivência.

MODERNIDADE E NOVOS PERIGOS:
COMO SE RELACIONAM?

Até certo ponto, os ataques do 11 de Setembro podem ser considerados como participantes de processos de destrutividade atuantes em outros traumas coletivos. Partilham com eles a violência cega contra civis e o ataque a um Estado baseado em uma autoproclamada ação religiosa de liberação e redenção. Sem dúvida, o número de vítimas durante o curto período dos ataques, junto com a espetacular cenografia, torna-o diferente de outros traumas coletivos, mas acredito que a essência seja a mesma: uma combinação de modernidade e arcaísmo.

Há razões para supor que possamos conseguir compreender por que o terrorismo, o extermínio, o genocídio e o mal existem? O que não pode ser representado em palavras no caso de um trauma coletivo massivo pode ultrapassar nossa capacidade de entendimento. Há uma falha geral na função da linguagem? O pensamento é, de diversas maneiras, severamente atacado em traumas coletivos massivos? Não há só um desafio intelectual nesse campo de pesquisa, mas também um dilema ético.

Só podemos ter duas posições possíveis:

1. Podemos ou devemos pesquisar uma explicação para o mal, para terrorismo e o genocídio; os psicanalistas, entre outros, podem contribuir para essa pesquisa.

2. Talvez a questão "por quê?" seja irrelevante; o que podemos fazer é coletar testemunhos de "como?" da forma mais exata possível, e confiar nas cortes internacionais para fazer justiça.

Temos exemplos de situações em que a questão "por quê?" é meramente descartada pelo terrorista. Também temos exemplos do genocida explicando suas motivações: Douch, o líder dos torturadores no Camboja, mandava seus homens "livrar-se da idéia de que era cruel bater em prisioneiros. Aqui não pode haver bondade. Deve-se bater neles por razões nacionais"[7]. Douch explicou que seu amor pela verdade era sua motivação. Destruir era purificar e atingir o triunfo da pureza do Camboja. Em 11 de setembro, os agressores foram treinados para estarem limpos, puros e em um estado mental de calma e frieza: sem ódio, nem bem nem mal, apenas fria destrutividade.

Em nível individual, às vezes, os psicanalistas podem tentar compreender a violência. Por exemplo, certos criminosos podem cometer assassinatos em um estado mental de frieza. A hipótese de violência fundamental e seu correlato, a fantasia de matricídio, impossível de representar, tem sido elaborada em estudos psicanalíticos[8], mas não pode ser aplicada diretamente a terroristas e seus amplos recursos e organizações.

Em nível coletivo, é preciso postular outros fatores: 1. a função do líder; 2. o papel da dinâmica entre o ideal do ego (um padrão formado pelas identificações com os pais e com ideais coletivos, com os quais um indivíduo tenta se identificar) e um ego-ideal (um ideal de narcisismo onipotente); 3. a batalha entre Eros e Tânatos. A "defusão"* da pulsão agressiva a partir do instinto de vida é realçada pela dinâmica de grupo e pela identificação com o líder e seu ideal. O cerne do ideal parece ser uma mistura de pureza e redenção, sugerindo a possibilidade de que os seres humanos se engajem nesses grupos para liberar a violência fundamental, os instintos sádicos e narcisistas fálicos, junto com mecanismos de negação de sua violência e da existência do outro.

Em termos mais gerais, há uma tendência humana a obedecer cegamente, a unir-se contra estranhos, a apegar-se aos grupos de referência que podem permear e perverter relações internas da religião, da ideologia e de ideais? A relação com a raça humana deve ser vista como uma relação primária com a mãe, e, às vezes, de um jeito tão radical que pode transformar certos homens em matricidas?

---

7. D. P. Chandler, *Pol Pot, Brother Number One*.
8. C. Balier, *Psychanalyse des comportements violents*.

* *Defusion*, termo em inglês referente à desativação de bombas, usado ainda no sentido de atenuar (tensão, crise), desarmar. (N. da T.)

Essa hipótese pode aplicar-se a um certo tipo de relação com um grupo? Há uma fantasia primária de fusão com a figura materna através da imersão na morte, em uma paradoxal tentativa primária de escape, enquanto que, ao mesmo tempo, funde-se com a figura materna? A hipótese de Freud sobre o assassinato do pai para explicar os alicerces da civilização pode necessitar ser ampliada com o assassinato da mãe na morte da civilização.

Há um grave perigo quando se levanta a questão de que todos os seres humanos pertençam à mesma espécie. O narrador do livro de Imre Kertész conjetura: "Eu estava quase duvidando que as pessoas ao nosso lado fossem como nós, que seriam feitos da mesma substância humana. Mas então eu pensei que pudesse estar errado, uma vez que, naturalmente, eu é que era de uma substância diferente". De certo modo, a palavra "desumanização" é em si uma armadilha, pois pode ser usada para confundir vítimas e assassinos em uma vergonhosa simetria.

Aqui, nós psicanalistas podemos perceber o maior perigo de todos – nossa modernidade promove uma regressão imperceptível na psique humana de muitas maneiras diferentes: traumatismos, excesso de excitação, inundações de imagens, tecnologia que dá poder, pobreza, e tantas outras situações que conduzem à falta de uma maturação silenciosa e lenta das palavras e dos pensamentos. Desse modo, muitas pessoas vivem em um mundo de "tudo ou nada", de relações duais mãe-filho marcadas pela cisão entre bom e mau. Em seu mundo interno, não atingiram a integração da contenção necessária, organizada em uma base triangular – pai, mãe e filho –, que lhes permita negociar sua ambivalência e seus limites, sua integração na raça humana.

Não apenas experimentamos o "mal-estar na civilização", não apenas "nós, civilizações, sabemos agora que somos mortais"[9], mas temos que encarar o fato de que a desumanização tende a se tornar alarmantemente comum.

REUMANIZAÇÃO

Nossa última esperança é que a reumanização ainda seja possível. Não é uma esperança de paz e amor, nem de que questões teóricas na batalha entre Tânatos e Eros nos dêem a ilusão de um modelo totalmente abrangente; trata-se do manifesto por um trabalho coletivo de testemunho e de criatividade.

Deixe-me recordar o fim do livro de Liam O'Flaherty, *Famine*, de 1937, como um exemplo de testemunho criativo. Uma das mensagens é que, apesar de todo o mal, um homem pode manter sua humanidade. Durante a Grande Fome de 1845, três milhões de irlandeses

9. P. Valéry, *Variété I et II*.

perderam suas vidas ou foram forçados à emigração. Nesse romance, todos da família do velho Kilmartin tinham morrido ou fugido. Ele é deixado só em um dia frio de inverno, morrendo de fome ao lado do cadáver de sua esposa. Poucos meses antes, ele gastara as últimas posses da família para enterrar dignamente um de seus filhos. Sua raiva em relação ao desejo dos demais filhos de economizar nos funerais havia ultrapassado a revolta deles. Agora ele está sozinho, e sabe que em breve irá morrer. Ele sai de sua casa para cavar o solo gelado com uma pá, vestindo apenas uma camisa, seguido por seu cachorro. "Farei um buraco para ela neste lugar, resmunga". Três vezes ele tenta: a terra está tão gelada que ele acaba caindo morto. O cachorro uiva e se acomoda no ombro do velho homem.

12. Terror na Infância

Abigail Golomb

A Convenção da ONU para os direitos da criança proclama que as crianças são indivíduos com plenos direitos – uma entidade legal a partir do momento em que nascem – e podem exigir que seus interesses tenham mais importância, não apenas como atitude de uma sociedade benevolente, mas como direito estabelecido. A Convenção especifica entre esses direitos o de ser protegida dos efeitos da guerra e do terror. Define tanto os direitos das crianças como a responsabilidade dos adultos e das nações em tomar medidas que garantam esses direitos. As capacidades em desenvolvimento das crianças são levadas em consideração quando se avalia até que ponto elas podem ser reconhecidas e ter total controle sobre suas vidas, mas enfatiza-se o status de cada criança como *indivíduo* na base de qualquer debate. Também leva em conta que a infância é um período vulnerável: enquanto se desenvolve, qualquer dano à pessoa, físico ou emocional, é não apenas diretamente prejudicial, mas também impede ou prejudica sua capacidade de desenvolver-se e também seu direito estabelecido de ser um indivíduo capaz de realizar todo o seu potencial. É tarefa da sociedade, através das nações que ratificaram a Convenção, assegurar o direito ao desenvolvimento de cada criança.

Uma teoria psicanalítica do desenvolvimento também vê a criança como um indivíduo que deve se desenvolver para chegar a ser um adulto maduro, independente e seguro. Crianças necessitam de um ambiente que permita seu desenvolvimento de acordo com suas capacidades evolutivas, em todos os campos; e há uma seqüência natural de desenvolvimento que, se perturbada, irá interromper, danificar ou mesmo atrasar o desenvolvimento adequado da crinça.

O terror, seja em sua forma literal de terrores noturnos ou de efeitos terríveis do terrorismo, agride o desenvolvimento em cada estágio; e quanto mais uma criança cresce em um clima de terror, mais estágios e funções serão afetados. Tentarei conceituar alguns efeitos, não por uma descrição sistemática de estágio-em-estágio, mas considerando temas mais abrangentes.

INDIVIDUALIZAÇÃO

O terror, por sua própria natureza, ataca a individualização. Tanto no caso de adultos quanto no de crianças, ele desumaniza. Há uma perda da identidade individual. As pessoas não ficam aterrorizadas pelo que são individualmente ou pelo que tenham feito pessoalmente, mas sim como figuras aleatórias, seja porque pertencem a determinado grupo ou pelo mero fato de estarem em determinado local. Para uma criança que procura entender causas e efeitos, isso é bastante prejudicial. Mas a infância é também o período em que a identidade está se desenvolvendo, e uma época particularmente vulnerável a qualquer ameaça à individualidade. Tornar-se indivíduo com plenos direitos é uma tarefa primária do desenvolvimento. Qualquer coisa que domine o indivíduo e faça dele uma cifra, uma ocorrência incidental, uma estatística, uma pessoa que perde sua importância, irá atrasar, deturpar ou destruir o processo de individuação[1]. O terror propriamente dito é impessoal, como também a reação da multidão.

O Diário de Anne Frank mostra bem como se pode manter a individualidade nas piores circunstâncias, e não é surpreendente que, de algum modo, se tenha tornado um símbolo de individualidade. Quando lemos a respeito de desastres horrendos, é sempre mais fácil estabelecer uma relação com a história de uma pessoa do que com o sofrimento de um grande número de pessoas.

No outro extremo, na série *Harry Potter*, o arquiinimigo, aquele que cresce com o medo, é chamado por muitos de "aquele-que-não-pode-ser-nomeado", criando um forte sentimento de terror sem nome. O maior medo de Harry é do medo em si, outro exemplo da essência do terror: crianças, assim como os adultos, tendem a centrar seus medos em um objeto concreto ou em uma situação, diminuindo assim a amplitude de seu medo; mas o mais aterrorizante é o próprio medo. Quando se encara a causa real, ou o evento real, pode-se começar a enfrentá-lo; mas na medida em que se tem "apenas" medo, o medo assume o controle, como se não houvesse nada a fazer contra ele. Rowling também criou os Dementadores, como as criaturas mais

---

1. M. S. Mahler; F. Pine; A. Bergman, *The Psychological Birth of the Human Infant.*

horripilantes jamais imaginadas, deixando sempre uma sensação de frio na espinha quando se cruza seu caminho:

> Parado ali na porta [...] havia um vulto de capa que alcançava o teto. Seu rosto estava totalmente oculto por um capuz. Harry baixou os olhos depressa, e o que ele viu fez seu estômago se contrair. Uma mão saía da capa e tinha um brilho cinzento, de aparência viscosa e cheia de feridas, como algo morto que se decompõe na água [...] Um frio intenso atingiu a todos. Harry sentiu a respiração entalar em seu peito e o frio penetrou por baixo da sua pele. Chegou ao fundo do peito, no seu coração[2].

Eis uma descrição ilustrativa de como o terror penetra por baixo de nossas peles, dentro de nossos corpos, como se torna parte de nós. É fácil imaginar que se crianças forem constantemente expostas a isso, sobrará pouco espaço para o desenvolvimento individual. Mas não é tudo. Os Dementadores não matam fisicamente; sugam a alma da pessoa, deixando-a sem identidade. Pode-se considerar os Dementadores como a personificação do terror. As expressões faciais de pessoas aterrorizadas são sempre as mesmas: as características faciais individuais parecem ter desaparecido. Isso é amedrontador para qualquer um, mas, para as crianças, é duplamente pernicioso: elas perdem sua própria identidade antes mesmo de estar totalmente fundada, e encontram a si mesmas espelhando o terror dos adultos – quando o espelhamento é uma ferramenta vital em seu desenvolvimento. Os pais espelham e refletem de volta para os filhos as emoções destes; as crianças aprendem sobre si mesmas através das reações metabolizadas e modificadas dos pais. Mas o terror apaga tudo isso. Não há compreensão consciente nem modificação cognitiva ou intuitiva dos medos das crianças, mas um esmagador senso de desastre que elas ingerem como se fosse o espelho de seus pais. Para as crianças, isso fará parte de seu desenvolvimento.

SEGURANÇA

Crianças brincam com seus brinquedos; às vezes quebram-nos sem querer e outras vezes de propósito. Elas esperam que eles sejam consertados, fiquem em ordem de novo. Sempre que possível, os pais fazem exatamente isso. Põem as coisas em ordem novamente. Caso não consigam, consolam a criança e ajudam-na a sentir a perda e a seguir em frente. Eles ensinam a criança a não quebrar seus brinquedos, assim ela não terá de sofrer a perda e o trauma mais uma vez. E se, mesmo assim, a criança ainda quebrar algum brinquedo, ela terá que aprender a aceitar as conseqüências de seus atos. A descoberta de que nem tudo pode ser consertado é uma tarefa importante do

---

2. J. K. Rowling, *Harry Potter and the Prisoner of Azhkaban*, p. 65-66. Edição brasileira: *Harry Potter e o Prisioneiro de Azkaban*.

desenvolvimento. Para levar a cabo essa tarefa, as crianças precisam ter uma base segura, sentir segurança em si, em seus pais e no mundo. Precisam ter um local seguro e uma pessoa de quem depender, a quem possam recorrer para se fortalecer. Com este senso interno de confiança básica, elas podem aprender a lidar com frustração, com perda e com medo.

Mas o terror é diferente. Por sua própria definição, destrói a sensação de segurança e bloqueia o caminho de volta à base segura. O terror floresce na insegurança, no desconhecido, no instável, no inesperado. Ele se nutre do imprevisível. Está à espreita em todos os cantos e não há nenhum ritual infantil que possa mantê-lo à distância. Em "Lines and Squares" (Linhas e Quadrados), A. A. Milne* apreende algo que a maioria de nós deve ter feito quando criança pequena: olhar para os próprios pés e nunca pisar nas linhas entre as pedras pavimentadas, pois, do contrário, algo terrível pode acontecer – o urso pode te comer! Este poema de Milne, para crianças bem pequenas, ilustra os medos, além de enfatizar a sensação de domínio que ajuda a criança a ultrapassar seus medos. Ele cria um sentido próprio para as coisas: pode predizer quando o urso virá, algo que se pode evitar não pisando nas linhas.

Mas, em um mundo de terror, os ursos são imprevisíveis. Eles não seguem nenhuma regra: podem aparecer a qualquer momento, em qualquer lugar, e não há nenhum talismã ou ritual – ou um genitor ou outro adulto forte – que possa proteger as crianças dos ursos do mundo. Elas continuarão a tentar dar sentido às coisas em seu próprio mundo, na medida em que não ter uma estrutura para colocar as coisas dentro também é aterrorizante; e, às vezes, os adultos prosseguem com isso também. Os adultos, que vivem na mesma situação aterrorizante, terão desenvolvido algum tipo de ritual, crença ou pensamento mágico próprio para enfrentar a situação e, geralmente, transmitem-no à criança. Assim, em uma situação real de homens-bombas, alguns pais não deixarão os filhos andarem de ônibus, ou os proibirão de ir ao correio ou excursionar com a escola etc. Há nisso uma certa lógica, mas ainda é pensamento mágico, um jeito de ter controle sobre uma situação incontrolável. Outro exemplo dessa forma de sentir que há controle pode ser visto na atitude frente às máscaras de gás durante a Guerra do Golfo, em 1991. Antes de começar a guerra, a máscara de gás era o símbolo extremo do terror para o povo israelense. Tinha terríveis conotações, das câmaras de gás aos filmes de terror, em que as máscaras eram vistas como parte de alienígenas (por si só um termo aterrorizante). Mas, assim que as pessoas começaram a usar as máscaras regularmente, como parte

---

* Alan Alexander Milne, autor de literatura infantil conhecido por ter criado "O Ursinho Puff". (N. da T.)

do ritual para entender que o soar da sirene era um aviso para um ataque de mísseis, a máscara se tornou o cobertor protetor, a chupeta, o objeto transicional* (na terminologia de Winnicott) do país. As crianças pintavam flores na caixa que continha a máscara e avisavam os pais para não esquecerem a máscara quando saíssem de casa; tratavam as máscaras como uma extensão da segurança que seus pais podiam lhes dar. É assim que os símbolos crescem em um contexto cultural. Alguns indivíduos tinham seus medos pessoais da máscara e não foram influenciados pela mudança de atitude; mas a cultura tem uma forte influência nas pessoas em geral, e, em particular, nas crianças – tão ávidas de que as coisas façam sentido. As crianças darão qualquer explicação que puderem, do seu próprio jeito, porque o mais aterrorizante é não ter explicação. É ainda melhor quando a explicação está expressa em termos familiares e compreensíveis, como as crianças que podem citar toda a história de Saddam Hussein e de seus mísseis e até desenhar esses mísseis, mas que, quando perguntadas sobre o que destruiu suas casas, respondem "o trovão e o relâmpago".

ENTENDIMENTO – DANDO SENTIDO ÀS COISAS

Assim, vemos que as crianças, em seu processo de desenvolvimento, têm uma necessidade de entender, de dar sentido às coisas, a fim de enfrentá-las e seguir em frente. As coisas que não conseguem entender ficam encapsuladas em seu mundo interno, talvez para que lidem com elas quando estiverem mais velhas, quando poderão dar sentido à experiência vivida. Nesse meio tempo, o encapsulamento absorve energia e espaço emocionais, na medida em que a criança precisa "ignorá-lo" até que possa lidar com ele. Se o "encapsulamento" assumir uma qualidade aterrorizante, a energia necessária para bloqueá-lo será maior.

Isto é verdadeiro tanto em casos de trauma individual como no caso de terror nacional. Em casos de abuso infantil dentro da família, o dano mais extremo pode ser o psicológico e, geralmente, a inexplicabilidade e a imprevisibilidade da situação é o mais aterrorizante. As crianças assumirão – até preferem assumir – que elas causaram a violência, ao invés de viver com a sensação de que se trata de uma violência que não faz sentido. Assumirão a identidade de vítima, para não ficarem sem identidade; criarão uma história para explicar a violência e o terror, ao invés de enfrentá-los sem nenhuma explicação.

Esses mecanismos de defesa são em si necessários e úteis. Todos usamos a dissociação, a negação e o deslocamento quando encaramos

---

* Na terminologia de Winnicott, o cobertor, a chupeta, o paninho que os bebês usam como objetos transicionais para se acalmar e poder adormecer tranquilamente. (N. da E.)

um trauma imediato. A psique cinde, evita ou nega tudo com o que não possa lidar imediatamente. Com o tempo, quando a emergência passa, pode-se voltar ao trauma, digeri-lo, assimilá-lo e lidar com suas conseqüências. Em situações opressivas, às vezes é impossível fazer isso depois, na medida em que não há impressão cognitiva da situação, só a memória afetiva. Isso é bastante difícil de lidar em adultos, e eles ressaltam repetidamente que o não-lembrar e/ou o não-entender pode ser mais aterrorizante do que o acontecimento mais terrível. Mas, para as crianças, se elas vivem isso como parte de seu crescimento, esse "não saber" e "não entender" torna-se uma parte de seu ser. Elas podem adotar a história, explicando por que isso está acontecendo, e podem usar os símbolos dos adultos[3]. Mas para elas tudo isso irá se tornar, mais ainda do que para seus pais, uma parte da realidade. Para dar sentido às coisas, elas podem confundir passado e presente, imaginação e realidade – qualquer coisa que as ajude a ter uma história coerente, que dê sentido ao que estão passando. Isto cria um senso de controle, de domínio – tão vital para seu desenvolvimento. Elas escolherão seus ídolos e figuras de identificação da sociedade, geralmente porque consideram seus pais fracos (incapazes de defender a si próprios ou a seus filhos do terror e de suas conseqüências). Elas podem se identificar com o agressor[4] ou almejar tornar-se um homem-bomba, um terrorista – como um ideal do ego, um modo de salvar o mundo ou suas próprias almas. A agressão como defesa contra ameaças ao *self* psicológico, não somente contra o ser físico, é especialmente comum quando o jovem é exposto a pais imprevisíveis ou hostis, ou mesmo a outros adultos que lhe sejam significativos[5]. As defesas de agressão e evasão podem então se tornar influências organizadoras na construção do *self*, na formação da personalidade.

EFEITOS TRANSGERACIONAIS

Tudo o que está descrito acima se aplica a crianças que crescem em uma atmosfera de terror, de horror imprevisível. Mas o que dizer a respeito de crianças crescendo com pais (ou em uma sociedade) que já foram traumatizados? Quando o próprio pai se encontra oprimido por suas experiências, quando estas já se tornaram parte de sua personalidade, inevitavelmente ele irá transmitir isso aos filhos como parte de sua herança.

3. O trauma escolhido: V. D. Volkan, Bosnia-Herzegovina, *Mind and Human Interaction*, n. 7 (3).
4. M. Hirsch, Two Forms of Identification with the Aggressor, *Praxis der Kinderpsychologie und Kinderpsychiatrie*, n. 45.
5. P. Fonagy; G. S. Moran; M. Target, Aggression and the Psychological Self, *International Journal of Psycho-Analysis*, n. 74.

Muito já se escreveu sobre a segunda e a terceira geração das vítimas do Holocausto, que deram a seus filhos um legado de silêncio ou um legado de memória – a necessidade de manter a lembrança do terror através das crianças, como se apagar o que aconteceu fosse ainda mais aterrorizador. Pode-se observar problemas similares em situações aparentemente diferentes, como a transmissão de trauma transgeracional entre os *campesinos* em El Salvador[6]. Esta é uma transmissão transgeracional das vítimas. Mas há também o problema dos filhos dos criminosos, ou da segunda geração dos derrotados. Na Alemanha, as dificuldades de lidar com os resultados do nazismo deixaram pouco espaço para lidar com o trauma das crianças que sobreviveram a bombardeios, perda dos pais, ruptura total e assim por diante – todas as conseqüências da guerra, com o sofrimento adicional de uma atmosfera emocional complexa, em que prevaleceu o silêncio, e a necessidade de as crianças nada perguntarem[7]. Essas crianças também tinham necessidade de dar sentido às coisas, de entender o que lhes acontecera, de sentir que seus pais e a comunidade serviram como escudo protetor – ao menos emocionalmente. Mas a geração dos pais estava ocupada lidando com seu próprio trauma, e os filhos foram deixados no vácuo.

Também há problemas para filhos de heróis traumatizados. Pouco se escreveu a respeito, no passado, como se a sociedade tivesse a necessidade de afirmar que heróis são heróis e não podem fazer nada errado. Mas, gradualmente, há o reconhecimento do fato de que, se o pai é um herói de guerra pós-traumático, ainda é pós-traumático. Ele é supersensível a barulhos e fica furioso se os filhos ligarem a televisão; tem um limiar de frustração muito baixo, e as crianças, por sua própria natureza, são geralmente frustrantes. Ele se zanga com os filhos por razões que nada têm a ver com eles, enquanto estes não podem ficar zangados com o pai – ele é um herói de guerra! Eles ficam na situação de tentar entender o incompreensível e tentar apaziguar e agradar um pai que não pode ser agradado. Essa confusão se intensifica pela atitude da sociedade em relação ao pai – admiração. Os que abusam de crianças são, ao menos, criticados pela sociedade, e a criança pode ao menos ter uma justificativa para si. Mas não é esse o caso quando a sociedade considera que a função da criança seja defender e ajudar o pai!

Assim, vemos que quando toda uma sociedade, ou uma parte específica dela, tem um papel a desempenhar e um trauma a ser elaborado, as crianças, que tanto dependem dessa sociedade, são deixadas de lado, porque esse papel é necessário para a sociedade, ou porque o

---

6. J. Dickson-Gomez, The Sound of Barking Dogs, *Medical Anthropology Quarterly*, n.16.

7. W. Bohleber, comunicação pessoal, 2003.

trauma bloqueia a capacidade de lidar com os problemas dos outros. A negação e a dissociação tornam-se os principais mecanismos de defesa tanto para os adultos como para as crianças – e mais uma vez estamos diante do fato de que, para as crianças, isto fará parte de sua personalidade.

VIVENDO COM TERROR, VIVENDO COM VIOLÊNCIA

A maioria das crianças mencionadas acima são vítimas do passado de seus pais ou de um trauma da sociedade, ou transformaram-se em memoriais para o que seus pais sofreram, ou estão sobrecarregadas com a preservação da imagem dos pais. Não lhes é permitido um desenvolvimento normal, que inclui individuação, curiosidade e a necessidade evolutiva de questionar e de lidar com as respostas, e nem a necessidade evolutiva de sentir que o mundo adulto está ali para elas, ao invés de elas estarem lá para servir às necessidades do mundo adulto.

Mas e em relação às crianças que não estão lidando com o passado, e sim crescendo em meio ao terror diário? Até mesmo as guerras mais terríveis chegam ao fim. Mas o terror, por sua própria definição, é um processo contínuo e insidioso, que penetra na trama cotidiana da sociedade aterrorizada. Isso se aplica ao terrorismo nacional e à violência urbana. As pessoas passam a reconhecer que o terror e a violência tornaram-se uma realidade diária, e elas desenvolveram os mecanismos de defesa necessários para permitir-lhes a sobrevivência psíquica nessas situações. Os números exatos são impressionantes – e faz parte da nossa negação não enxergar os números. Seja nos subúrbios de New Haven[8], em Ruanda, em Israel, nos territórios palestinos, nos países que formavam a antiga Iugoslávia, em vários períodos, e em diferentes pontos da América Latina – as crianças estão crescendo em uma atmosfera de negação ou emudecimento das reações emocionais à violência. Em várias sociedades que estão constantemente expostas à violência, mães[9] descrevem:

> seus sentimentos em relação à exposição de seus filhos à violência e as formas pelas quais tentaram resolver o problema. Como reiteraram inúmeros exemplos de violência, havia geralmente uma qualidade factual permeando seus relatos, provavelmente relacionada ao fato de viverem em meio a tanta violência[10].

8. B. M. Groves; B. Zuckerman; S. Marans; D. J. Cohen, Silent Victims, *Journal of the American Medical Association*, n. 269

9. Groves et al., op. cit.; R. P. Lorion; W. Saltzman, Children's Exposure to Community Violence, *Psychiatry*, n. 56; J. D. Osofsky; G. Cohen; M. Drell, The Effects of Trauma on Young Children, *International Journal of Psycho-Analysis*, n. 76; J. E. Richters; P. Martinez, The NIMH Community Violence Project: I, *Psychiatry*, n. 56.

10. J. D. Osofsky, Infants and Violence, em J. D. Osofsky; H. E. Fitzgerald (eds.), WAIMH *Infant Mental Health*, p. 166-167.

Isso é bem parecido com a experiência cotidiana de viver em um país exposto diariamente a ataques terroristas: em 2000, quando a Intifada foi retomada em Israel, cada ataque era um choque e as pessoas reagiam com horror, raiva e pesar – e também com o estreitamento dos laços familiares e o apego às famílias e às comunidades. Mas conforme o tempo foi passando, ficou impossível continuar com essas reações: só se pode absorver certa quantidade de tragédia. Agora, quando se anuncia um ataque terrorista, há mais uma checagem interna para ver se há algum conhecido naquela área e, a seguir, uma retomada das atividades normais. Belgrado, durante o bombardeio, passou por mudanças similares[11], e os palestinos têm sido expostos a um medo contínuo parecido. Todas as três situações incluem graus variados de desamparo, que apenas aumenta a negação, a reversão ao "tudo como sempre" – quando geralmente o tudo significa identificar-se com os homens-bombas (no caso das crianças palestinas) ou com os que querem erradicar os terroristas à força (do lado israelense). De qualquer maneira, a vida humana tomou um significado muito diferente de dois anos antes: toda a atitude em relação à violência real e cotidiana (não só nas séries de TV) mudou, assim como a violência urbana assumiu um tom mais factual. É com isso que as crianças estão crescendo hoje em dia, coincidindo com as notícias de matanças em massa em outras partes do mundo, com retratos dramáticos e reais de crianças mortas, mutiladas ou órfãs. Essas são as "melhores" manchetes, e é isto o que as crianças digerem no jantar como cota diária. Seus pais já não conseguem mais exprimir choque moral e indignação a respeito de cada caso individual; não conseguem mais tratar cada incidente como a tragédia humana e individual que é; geralmente continuam a conversa ou citam alguma atitude política. Não há mais qualquer fé de que os adultos possam resolver esses problemas: prevalece uma espécie de impotência e fatalismo. Procura-se viver o presente e evita-se pensar no futuro, o que pode realçar as pequenas coisas do dia-a-dia, mas também nega à criança o sentimento de segurança no presente, cuja finalidade é dar esperança de coisas boas em seu próprio futuro.

Já existem pesquisas relativas aos efeitos, nas crianças, de crescer nessa atmosfera de violência constante. Assume-se que crianças que crescem em meio à violência urbana e as que vivem em zonas de guerra têm muito em comum[12]. As pesquisas mostraram um crescimento de comportamento agressivo nas crianças expostas regularmente à violência e um aumento da ansiedade ou de sintomas

---

11. T. Satjner-Popovic, 2002, comunicação pessoal.
12. C. C. Bell; E. J. Jenkins, Traumatic Stress and Children, *Journal of Health Care for the Poor and Underserved*, n. 2; J. D. Osofsky, The Effects of Exposur.

depressivos[13]. Há um aumento da violência e da delinqüência entre os jovens. E há cada vez mais pesquisas neurológicas que mostram as mudanças reais ocorridas no cérebro de pessoas traumatizadas, inclusive crianças, e também em crianças negligenciadas[14]. Estes são apenas alguns exemplos que revelam que a violência e o terror a longo prazo de fato afetam as crianças, em um estágio em que elas ainda estão se desenvolvendo e, assim, têm grande influência na formação de suas personalidades e comportamentos. Mas, além dessas importantes mudanças, há também a mudança cultural de valores e de atitudes em relação à vida humana, em relação aos outros (os terroristas são sempre os "outros", e isso facilmente se generaliza) e aos valores nacionais. Uma sociedade em constante luta contra o terror e contra a violência desenvolve, como grupo, comportamentos que não seriam adotados no nível individual, como os soldados fazem certas coisas no exército que jamais fariam – ou deveriam fazer – na vida civil. Os mandamentos que se aplicam ao nosso dia-a-dia e que foram criados biblicamente, porque são nossas maiores tentações (e as leis das nações modernas são criadas pela mesma razão), vergam-se diante da necessidade de sobrevivência. Isso significa que as crianças crescem ora com valores diferentes, ora com uma confusão de valores, na idade em que os valores estão sendo incorporados à sua personalidade.

Se a criança for repetidamente exposta à violência, os efeitos provavelmente serão mais significativos ou graves conforme ela vá ficando mais velha. A criança virá a esperar a violência no seu dia-a-dia e, com o passar do tempo, poderá ficar imune e sem sentimentos diante dessa exposição[15].

Fonagy, Moran e Target[16] mostraram que as crianças podem usar a agressão para proteger seu *self* psicológico – o sentido interno de quem elas são – quando há hostilidade constante no seu mundo exterior. Se os pais não servem ou não podem servir como pára-choque entre elas e essa hostilidade – e estamos lidando com casos em que os pais não podem mesmo, porque eles também estão ameaçados –, então começamos um ciclo de uso da violência e da agressão não apenas como solução prática para os problemas, mas também como uma parte inerente da personalidade das crianças.

---

13. M. R. Cooley-Quille; S. M. Turner; D. C. Beidel, Emotional Impact of Children's Exposure, *Journal of the American Academy of Child and Adolescent Psychiatry*, n. 34.
14. A. N. Schore, Interdisciplinary Developmental Research as a Source of Clinical Models, em M. Moskowitz et al. (eds.), *The Neurobiological and Developmental Basis for a Psychotherapeutic Intervention*.
15. J. D. Osofsky, Infants and Violence, p. 177.
16. P. Fonagy; G. S. Moran; M. Target, op. cit.

CONCLUSÃO

O terror é, de fato, algo aterrorizante. Todas as crianças passam por alguma experiência de terror, mas dentro dos limites normais de uma infância normal. Se elas têm medo de lobos à noite ou de fantasmas no quarto[17], isso faz parte de seu aprendizado a respeito do mundo, de seus medos e sentimentos íntimos, que estão começando a conhecer e sobre os quais não têm controle ou domínio como em um jogo. Desse modo, imagens, jogos e histórias e poemas infantis ajudam-nas a superar e a lidar com esses medos, e há um mundo adulto ali para contê-las, consolá-las e fortalecê-las nesse esforço.

Mas quando esses escudos protetores estão rompidos, a criança tem que se desenvolver em condições adversas sem a plena sustentação da família e da comunidade, já que estas estão também ameaçadas; e ela adquire defesas adultas como parte de seu dia-a-dia.

Nesse sentido, o terror atinge seu alvo e, pelo bem das crianças de todo o mundo, deve ser combatido.

---

17. S. Fraiberg; E. Adelson; V. Shapiro, Ghosts in the Nursery, *Journal of the American Academy of Child Psychiatry*, n. 14.

13. O Trauma e Suas Conseqüências

Sverre Varvin

O trauma psíquico representa um golpe para a mente – algo externo invade e transgride as fronteiras da mente, resultando em um estado de desamparo. A traumatização extrema é uma seqüência de eventos especial e complicada; designa um ato (ou atos) intencional maldoso feito ou arquitetado por pessoas, organizações (por exemplo, grupos terroristas) ou Estados a fim de causar dano ao indivíduo, a grupos e organizações sociais, ou produzir uma situação de medo, desamparo e uma desestabilização duradoura e prolongada. Pode ser executada em um contexto de supressão e opressão, geralmente contra um pano de fundo de terror organizado pelo Estado e/ou violência política que mira determinados grupos, tais como comunidades étnicas, movimentos políticos ou grupos sociais. Alternativamente, em situação pacífica, pode atacar inocentes que vivem uma vida normal. Em todas as situações, o objetivo é produzir medo em escala massiva e destruir ou desestabilizar relações sociais. O propósito político e o objetivo nessas situações pode ser estranho ou totalmente alheio às pessoas diretamente afetadas. Elas podem sentir que são *figurantes* em um cenário bizarro, uma *mise-en-scène* de pessoas malucas. Os efeitos freqüentemente são sérios, e podem ser duradouros se não forem tomadas medidas apropriadas. Neste capítulo, descrevo alguns efeitos comuns de traumatização individual e em massa, e esboço algumas medidas importantes que se pode tomar. Deve ficar claro desde o início que nem todos que foram expostos a essas sérias experiências desenvolvem reações pós-traumáticas, ainda que a maioria experimente tensão grave. Em quase todas as situações, a comunidade – família, grupo, comunidade local – será afetada e, dependendo das circunstâncias, ameaçada em suas funções e estrutura.

Para o indivíduo, a tarefa importante é superar o desamparo, fazer o luto pelas perdas e retomar o controle de sua vida. Para o grupo, o importante é neutralizar a fragmentação e o isolamento dos membros afetados e restabelecer a coesão, a liderança e o apoio dentro do grupo. Processos que são postos em movimento, tanto em nível individual quanto grupal, depois de uma traumatização massiva impedem essas importantes tarefas. Portanto, é preciso entender o que é o trauma, o que ocorre durante a traumatização e também descrever os diferentes processos pós-traumáticos.

O QUE É TRAUMA E O QUE ACONTECE DEPOIS?

O trauma psíquico é causado por experiências que expõem o indivíduo a um tipo de risco que o coloca em uma situação de terrível impotência. Durante momentos pavorosos de opressão por afetos intoleráveis, o que acontece não pode ser entendido nem neutralizado. A pessoa não consegue entender porque suas capacidades mentais estão total ou parcialmente paralisadas; em regra, a pessoa está fisicamente limitada e nada pode fazer para aliviar a dor – por exemplo, fugir ou lutar. Esse tipo de desamparo quase total é vivido como abandono ou deserção; freqüentemente há o sentimento subjacente de que alguém podia ter ajudado, mas não o fez. Muitas pessoas traumatizadas revivem essa situação em sonhos, em que estão expostas a extremo perigo enquanto pode haver outras pessoas em volta, mas que nada fazem para ajudar. Quando ignorado, esse estado mental pode persistir e deixar uma cicatriz sob a forma de falta de confiança nos outros e até de desconfiança evidente. Se o trauma foi causado por atos maldosos de outras pessoas, pode surgir um profundo sentimento de humilhação e de vergonha. A pessoa traumatizada torna-se então vulnerável e terá dificuldades de tolerar atitudes condescendentes, falta de respeito e coisas do tipo. Isso está no cerne da experiência traumática e é o principal motivo para ressaltar que tratar e ajudar a pessoa ou o grupo vitimados deve sempre envolver trabalhar com as relações entre as pessoas e com o potencial do grupo, para apoiar e ajudar seus membros.

O conceito de trauma é amplamente usado na literatura médica e psicológica. Originalmente, na literatura médica, tinha o sentido de uma agressão aos tecidos do corpo[1]; foi depois ampliado também para

---

1. J. Erichsen, *On Railway and Other Injuries of the Nervous System*.

o "tecido da mente"². A metáfora "tecido da mente" se refere em parte à idéia de que a mente funciona através de conexões associadas de sensações e idéias, e que essas conexões se rompem em conseqüência do trauma. Portanto, o importante no trauma é o fato de afetar a capacidade de dar sentido à nossa experiência. Pesquisas recentes e a experiência clínica mostram com propriedade que essa "ruptura do tecido da mente" diz respeito a importantes funções mentais. Quando uma pessoa fica desamparada, as funções mentais que participam da criação de símbolos e palavras, os elementos fundamentais do processo de dar sentido à experiência, podem ser mais ou menos postos fora de ação. Se o sentido emocional do evento traumático não for minimamente reconstituído, pode ocorrer que, em situações posteriores de tensão – por exemplo, quando surgirem afetos intensos –, a pessoa não será capaz de lidar com esses afetos e lhes dar sentido. Se a desconfiança se desenvolveu, então a possibilidade de usar os outros para aliviar esses difíceis estados emocionais pode diminuir. O resultado será, provavelmente, um círculo vicioso.

Depois de um dano traumático, a capacidade mental (na realidade, das funções mente-cérebro) pode ficar perturbada a ponto de a adaptação e o desenvolvimento tomarem uma direção patológica empiricamente observável. Os efeitos do trauma podem ser bastante prejudiciais, e freqüentemente duradouros. O pano de fundo para isso é complexo. No nível cerebral, podem-se observar mudanças na forma de funcionamento dos circuitos neuronais. O principal problema é que os centros cerebrais superiores, que nos ajudam a coordenar experiências emocionais intensas e colocá-las em um quadro temporal (na parte pré-frontal do cérebro), têm um papel pequeno na importante modulação contínua de experiências emocionais que ocorre nas partes inferiores do cérebro. Em circunstâncias normais, quando somos estimulados, depois de um tempo podemos refletir a respeito do que nos perturbou. Para que isso aconteça, os circuitos neuronais que conectam as partes superiores e inferiores do cérebro devem funcionar razoavelmente bem. Em estados pós-traumáticos têm sido observados distúrbios nessas conexões neuronais. Isso obviamente gera problemas no nível mente-cérebro, cuja expressão se observa nos problemas diários para lidar com emoções intensas detectados em muitas pessoas traumatizadas. Os estados emocionais, geralmente aterrorizantes e disfóricos, estão geralmente ligados a imagens concretas relacionadas a eventos traumáticos. Devido a esse distúrbio no nível mente-cérebro, situações atuais que remetam ao trauma original podem ser vividas de modo tão aterrorizante quanto antes[3]. Há uma

---

2. S. Freud, *Studies on Hysteria*.
3. D. Silove, Is Posttraumatic Stress Disorder an Overlearned Survival Response?, *Psychiatry*, n. 61 (2); B. van der Kolk, The Psychobiology of Posttraumatic Stress Disorder, *Journal of Clinical Psychiatry*, n. 58 (Suplemento 9); S. Varvin, Die

interação desse distúrbio mente-cérebro com o ambiente, mediado, entre outros fatores, pelo círculo vicioso de desconfiança descrito acima, sendo que o efeito de retraimento social da disfunção mente-cérebro se estabiliza em condições pós-traumáticas. Isto caracteriza o trauma não resolvido.

Entretanto, o trauma, devido à sua própria natureza, não é, necessariamente, um impedimento natural para o desenvolvimento maduro. Algumas pessoas conseguem integrar as experiências e ajustar-se, apesar dos danos sofridos; outros terão incapacidades duradouras e problemas de ajustamento – talvez até o fim da vida. Para quase todos, contudo, um trauma jamais será esquecido: permanecerá sempre como uma experiência que, de algum modo, mudou a perspectiva de vida da pessoa.

Conseqüentemente, o trauma não resolvido não é algo do passado: se a pessoa não for ajudada, permanecerá como um insistente presente. Em casos graves, o trauma não só persistirá como uma lembrança presente insistente do que aconteceu, mas afetará a percepção de mundo, os relacionamentos com os outros e consigo própria. O problema central tem relação com afetos difíceis, e a tarefa mais importante da psicoterapia, e de outros tratamentos de pessoas traumatizadas, é realçar o que chamamos de capacidade mentalizadora, para fazer o paciente lidar melhor com vestígios e derivados da experiência traumática tal qual se atualizam no presente, inclusive os subseqüentes e complicados processos de luto.

A mentalização é uma capacidade que torna a pessoa capaz de entender a si própria e aos outros, de modo significativo, como sujeitos com emoções e motivações próprias que podem ter sentido. Refere-se aos processos subjacentes à organização da mente. Sem essa capacidade, não é possível diferenciar-se dos outros, e também é difícil tomar a perspectiva do outro, conceituar e entender estados mentais em geral, tanto próprios quanto alheios[4].

Quando essa capacidade é afetada no trauma, só se pode entender os outros em termos dos próprios medos projetados: por exemplo, um estado mental em que me sinto inseguro, achando que os outros podem me fazer mal, pode traduzir-se diretamente em uma convicção de que a outra pessoa tem de fato a intenção de me machucar. Não é possível refletir ou tentar entender, e a pessoa pode recorrer a um comportamento de luta-ou-fuga, ou ficar paralisada de ansiedade. O outro é considerado de forma bastante concreta em termos das próprias projeções da pessoa. Esse modo de vivenciar os outros pode ser tão aterrorizante que é "aprisionado" ou encapsulado na mente, vindo

gegenwärtige Vergangenheit, *Psyche – Zeitschrift für Psychoanalyse und Ihre Anwendungen*, n. 59, p. 9-10.
4. P. Fonagy; M. Target, Playing with Reality, *International Journal of Psychoanalysis*, n. 77 (2); S. Varvin, Body, Mind and the Other, em S. Varvin; T. Stajner-Popovic (eds.), *Upheaval*.

à tona apenas em condições de excitação ou medo. Para alguns, isso pode ocorrer freqüentemente.

O pano de fundo contra o qual se desenvolvem estados pós-traumáticos complexos é formado por distúrbios no nível de circuitos neuronais, distúrbios em funções mente-cérebro e distúrbios na capacidade de simbolizar e mentalizar vivências. O trabalho psicanalítico com pessoas expostas a traumas está, em parte, fundamentado na idéia de que os traumas podem realmente ser simbolizados e elaborados, ou, alternativamente, que os efeitos da encapsulação de experiências traumáticas podem ser revelados através de tratamento psicanalítico. Em outras palavras, no trauma, algo alheio, "o evento traumático", invade o indivíduo, irrompendo através de quaisquer barreiras que a mente tenha ativado como linha de defesa[5]. O trauma invade a mente, tornando-se uma característica dominante do seu panorama interno[6] e controlando a pessoa nos principais aspectos da sua vida, o que pode ser chamado de "processo pós-traumático".

Da perspectiva das relações de objeto, o trauma representa a perda de proteção interna relacionada ao outro interiorizado – primariamente, os sentimentos necessários de confiança básica e de domínio. Também afeta a onipotência infantil e a auto-idealização, que são os aspectos mentais subjacentes necessários para garantir o sentimento subjacente de segurança, reminiscente do sentimento de segurança da infância de que "não importa o que aconteça, estarei protegido". Isso pode ser vivenciado como a perda do outro, protetor e empático, ou como relações danificadas com os outros internalizados que, caso contrário, dariam sentido aos pensamentos e às ações[7]. Quando essa ligação interna é rompida, danificada ou destruída, o apego aos outros pode ser considerado perigoso. Relacionar-se com o outro (externo e interno) – na psicoterapia, por exemplo – pode significar, então, um risco ainda maior de reviver a sensação original de desamparo e o ressurgimento do sentimento de ter sido abandonado em desespero absoluto. As conseqüências podem ser padrões de retraimento e a criação de uma espiral negativa, uma vez que, ao mesmo tempo, o retraimento significa a perda de uma possibilidade de apoio.

Assim, a mente traumatizada se apega a certos momentos específicos que podem, seja gradual ou repentinamente, desligar sua ancoragem do fluxo de tempo subjetivamente vivido e, desse modo, impedir a mente de organizar o sentimento adequado de cronologia em que o

---

5. S. Freud, *Beyond the Pleasure Principle*, S.E., v. 18.
6. K. T. Erikson, Notes on Trauma and Community, em C. Caruth (ed.), *Trauma*; H. Rey, *Universals of Psychoanalysis in the Treatment of Psychotic and Borderline States*.
7. W. Bohleber, Die Entwicklung der Traumatheorie in der Psychoanalyse, *Psyche – Zeitschrift für Psychoanalyse und Ihre Anwendungen*, n. 54 (9/10); D. Laub; D. Podell, Art and Trauma, *International Journal of Psychoanalysis*, n. 76 (5).

"passado" precede e é distinto do "presente" e do "futuro". Em uma condição traumática, essa cronologia é minada e geralmente "convertida" na amorfa (fragmentada) experiência temporal existencial, conhecida a partir de estados oníricos e da fantasia, em que as distinções entre passado, presente e futuro ficam obscurecidas. Na melhor das hipóteses, as percepções podem ser julgadas como se qualquer sinal que tivesse certa semelhança com sinais do perigo antes percebido fosse avaliado como sinal de perigo[8]. Essa maneira de perceber o ambiente pode ser descrita como "colapso do tempo"[9]. Na pior das hipóteses, o trauma transforma a experiência temporal em uma experiência fragmentada, totalmente desconectada da estrutura de tempo biográfico. Nessas condições, as percepções e sensações corporais e do ambiente nem mesmo ficam ligadas por meio de qualquer forma de pensamento. Ao contrário, pode haver intrusões perceptivas imediatas não-simbólicas na mente.

Na condição pós-traumática, o processo de simbolização é distorcido, na medida em que não pode se pode dar aos pensamentos das áreas dissociadas da mente um lugar temporalmente significativo na narrativa autobiográfica emocional e/ou na descrição real do estado atual da mente da pessoa, tal como na relação com o psicoterapeuta, com a família, amigos ou outras pessoas do ambiente. A fragmentação temporária permite que as emoções de ansiedade, agressão e depressão dominem e, de certa maneira, destruam a tentativa de dar sentido[10] e de formação de símbolos[11]. Um encontro com outra pessoa pode tornar-se então potencialmente aterrorizante e pode ser sentido como complicado, confuso ou como uma imersão em uma luta interna de poder.

O golpe ao *self* e ao sentimento de auto-estima complica ainda mais a situação. O efeito da desumanização pode ser duradouro e implicar um profundo sentimento de vergonha. Este pode ser considerado como conseqüência de a pessoa ter sido tratada como ser não-humano ou como ser humano de menor nível, mas também porque, em circunstâncias extremas, a sobrevivência pode exigir ações segundo padrões primitivos, incompatíveis com os padrões normais do superego e do ideal do ego da pessoa[12].

Assim, os efeitos do trauma podem ser duradouros e complexos e influir em diversas dimensões da relação da pessoa com o mundo externo, que podem ser resumidas como se segue[13]:

---

8. I. Matte-Blanco, *Thinking, Feeling and Being*.
9. V. D. Volkan, *Bloodlines*.
10. J. Bruner, *Acts of Meaning*.
11. S. Varvin, *Mental Survival Strategies after Extreme Traumatisation*.
12. S. A. Sas, Ambiguity as the Route to Shame, *International Journal of Psycho-Analysis*, n. 73.
13. B. Rosenbaum; S. Varvin, The Enunciation of Exiled and Traumatised Persons, em S. Varvin; T. Steiner-Popovic (eds.), *Upheaval*.

1. *Relações sujeito/corpo – outro:* o retraimento emocional diminuirá a capacidade de relacionar-se com os outros de modo significativo e de usar os outros para ajudar no processo de modulação dos afetos negativos. Em estados de perturbação, a pessoa pode ficar incapaz de simbolizar e, portanto, de entender emoções e sensações difíceis. A autoproteção e o autoconforto podem ser afetados porque a confiança em objetos internos bons – ou seja, lembranças e representações de boas relações anteriores – é afetada como resultado do sentimento de ter sido abandonado. Conseqüentemente, os meios mais importantes que o homem tem para manter e criar segurança – os recursos dos outros e também os próprios – são afetados pela traumatização.
2. *A relação do indivíduo com o grupo:* o retraimento emocional e as dificuldades de relacionar-se com outros afetam o sentimento de pertencimento a uma família e a um grupo. Quando o trauma também afeta o grupo, a segurança de pertencer a uma família, a uma comunidade, ou mesmo a uma nação, pode ficar abalada. Além do mais, aspectos importantes da identidade de uma pessoa podem mudar, na medida em que o indivíduo traumatizado pode se sentir alienado e prejudicado. A identidade do grupo também pode mudar, dando lugar ao desespero e à desesperança. Os membros do grupo não são mais capazes de se apoiar uns aos outros. Pode ficar difícil lidar com a agressão, o egocentrismo pode dominar e o cuidado pode se tornar negligência.
3. *A dimensão cultural:* essa dimensão diz respeito à relação do indivíduo com a cultura, ou seja, religião, narrativas, lendas populares, textos filosóficos, códigos morais, normas e assim por diante. Esse é o nível em que se estabelece o sentido, e é o reservatório onde se encontram meios de entender temas existenciais, crises da vida, desafios do desenvolvimento, ritos de passagem, e assim por diante. Em épocas de trauma e de tensão, é importante que esses recursos estejam disponíveis para o indivíduo no processo de dar sentido à vida, tanto em nível individual como grupal. A maneira como líderes agem e interpretam os acontecimentos será de extrema importância. Sabe-se que ocorrem situações perigosas para o grupo quando seus líderes interpretam os eventos traumáticos de modo a clamar por vingança ou por quaisquer outras ações destrutivas. Tal como descrito em diversos capítulos deste livro, isso causa a demonização do inimigo, e pode seguir-se um interminável ciclo de vingança e retraumatização. Seja qual for a necessidade de agir contra os criminosos, é importante que os indivíduos e o grupo tenham a oportunidade de fazer o luto por suas perdas. Pode-se conseguir ajuda para os difíceis processos do luto, entre outros, dos recursos culturais do grupo, freqüentemente mediados por líderes formais e informais.

SINTOMAS E PROBLEMAS DEPOIS DA TRAUMATIZAÇÃO

Os sintomas e problemas individuais depois da traumatização são complexos e dependem da gravidade do trauma, de fatores da personalidade, de traumas anteriores, da ajuda recebida durante e depois do trauma e da atitude da sociedade em relação às vítimas. Três categorias de problemas são tidas como sintomas essenciais:

1. uma vivência de intrusão de lembranças, imagens e imagens oníricas derivadas da cena traumática;
2. retraimento emocional e fuga ao contato com pessoas, locais e tudo que possa lembrar o trauma;
3. sensação intensificada de alerta e "nervosismo".

Essas três categorias de sintomas podem ser todas vistas como meios de sobrevivência. A primeira, intrusão, pode ser vista como meio de repetir a experiência traumática a fim de tentar encontrar outra saída na fantasia – ou seja, de abolir a dolorosa experiência de desamparo. A segunda, o retraimento, é vista como um método de se proteger de lembranças dolorosas. A sensação intensificada de alerta está relacionada ao sentimento de que, se o pior aconteceu, pode acontecer novamente a qualquer momento. Ficar em guarda passa a ser, assim, uma precaução racional.

Observa-se geralmente que essas estratégias diferentes são usadas em ocasiões diversas, dependendo das circunstâncias. Concentram-se no fato de que o mais importante depois de grave traumatização é tentar sobreviver mentalmente. Entretanto, é óbvio que as estratégias em si podem causar outros problemas. Além disso, podem ocorrer muitos outros sintomas e problemas: dor no corpo (um modo de vivenciar lembranças dolorosas de forma concreta, não simbolizada ou traduzida em lembranças), doenças físicas mais graves (úlcera estomacal, problemas cardíacos etc.), vício em drogas e alcoolismo (para aliviar a dor), depressão (em tentativas falhas de luto), e assim por diante. Sem contar que o sentimento profundo de vergonha pode ser a parte mais prejudicial da experiência pós-traumática – e a mais difícil de superar.

A traumatização grave sempre implica perdas. Freqüentemente é preciso fazer o luto pela perda de pessoas próximas, mas há também outras perdas, como a perda da cultura (para os exilados), a perda de possibilidades etc. Quando o mundo interno é atormentado por problemas pós-traumáticos e o mundo externo oferece pouca ajuda, seja porque o indivíduo não é capaz de utilizar a ajuda fornecida ou porque simplesmente não há ajuda, o luto torna-se então mais complicado. Pessoas deslocadas e refugiadas freqüentemente se tornam "enlutados perenes"[14]: elas não conseguem desistir da esperança de retorno ou não conseguem perceber que os seres que lhes eram próximos estão realmente mortos e que as perspectivas de futuro realmente mudaram. A esperança mágica de restauração do "jeito que era" mantém-se no limbo. Elas não conseguem nem fazer o luto nem deixar de fazê-lo. Desse modo, não conseguem mentalizar suas experiências vinculadas ao trauma e à perda, pois essas experiências, e suas conseqüências, ficam trancadas na mente. Apegam-se a imagens congeladas dos traumas e à crença fixa de que "um dia" tudo voltará a ser como antes.

Um aspecto importante do processo de recuperação consiste no que Volkan chama de libidinização do mundo interno. Isso significa, resumidamente, que as imagens e representações mentais, as lembranças de relações boas, de consolo e de apoio, devem ser trazidas de volta à vida no mundo interno.

A seguinte descrição é de um encontro com um homem gravemente traumatizado que, até certo ponto, conseguiu restabelecer sua capacidade mentalizadora e assim criar vínculos com seu mundo interno (relibidinizar as relações). A precariedade desse equilíbrio fica demonstrada no incidente que se segue:

O paciente, de um país do Oriente Médio, era refugiado na Noruega, e havia vivido a perseguição e os maus-tratos mais cruéis que se possa imaginar. Tinha encerrado a terapia algum tempo antes, mas voltou nesse momento para mais uma sessão. Ele ouvira falar de novas atrocidades no seu país de origem, e um antigo sonho recorrente reaparecera.

"Ele estava em um vilarejo do seu país de origem, e estava aterrorizado com homens que queriam matá-lo. Havia muitas pessoas em alerta e tomando conta, e ele conhecia algumas. Tentou gritar." [Ele mostra na sessão um grito mudo.]

Tinha sido um sonho recorrente que evoluíra, durante a terapia, de uma situação em que ele estava muito só, atacado apenas pelos assassinos, para outro sonho em que a família tomava conta dele, mas sem dar qualquer ajuda. Durante a terapia, esse sonho, juntamente com a maioria dos outros sonhos maus, desaparecera. Ele fora realmente atacado, e quase morto, em uma rua de sua terra natal, há muitos anos. O significativo a respeito do sonho, e que também ajudou o paciente a sair de sua crise, tinha a ver com o impacto que causara no terapeuta e com o impacto que a reação do terapeuta causara nele. A parte importante do sonho era o grito silencioso, não os agressores violentos. Isso evocou uma reação no terapeuta que demonstrou ao paciente que o grito fora ouvido. O sonho foi, assim, a criação de uma cena em que o paciente demonstrava vividamente o perigo, o medo e o abandono vinculados ao trauma original. Ao contar o sonho, no contexto da terapia, na presença de um ouvinte empático, ele não mais estava sozinho entre pessoas que poderiam tê-lo ajudado, mas não o fizeram. Não se sentia mais abandonado. Acalmou-se durante a sessão, sentindo-se mais seguro. Parecia que um outro empático fora evocado dentro dele, uma relação interna fora restaurada e se tornou emocionalmente significativa (relibidinizada), e, então, ele pôde começar a se consolar e a permitir também reações de tristeza e sofrimento. Ainda que as histórias

---

14. V. D. Volkan, September 11 and Societal Regression, *Mind and Human Interaction*, n. 12.

que ele ouvira em sua terra natal fossem muito dolorosas, não mais o oprimiam. Em outras palavras, foi capaz de mentalizar seu doloroso estado emocional.

Esse aumento da capacidade de mentalizar estados mentais emocionalmente difíceis pode então dar início ao processo por meio do qual sua relação com a experiência recente (a atrocidade em seu país de origem) podia, ao menos, fazer algum sentido. Essa situação foi um exemplo de ajuda em situação aguda. Demonstra, contudo, como a pessoa traumatizada precisa de outro ser humano que queira e possa ouvir a intensa dor interna resultante dessas atrocidades.

CONCLUSÃO

Ajudar vítimas equivale a ajudá-las a sobreviver. As feridas da alma devem, de certo modo, tornar-se cicatrizes com as quais se possa conviver. Quando uma pessoa está traumatizada, isso afeta a família e o grupo. Em traumatizações massivas tais como guerras e o ataque do 11 de Setembro, grupos inteiros e sociedades estão sofrendo. Há efeitos graves no nível mente-cérebro, assim como em níveis ou dimensões sociorrelacionais e culturais. Um esforço integrado para ajudar indivíduos e sociedades traumatizados deve levar em consideração as três dimensões – ou seja, deve-se entender como questões de identidade, assim como estados emocionais, são interdependentes e regulados pelos discursos culturais que produzem sentido. Esses discursos são intensamente afetados pela violência traumatizante, por exemplo, do terror organizado pelo Estado, em que se atacam valores inerentes e esquemas básicos para "o sentido da vida". Elaborar o "aqui e agora" da relação terapêutica pode reparar o colapso de tempo observado na traumatização, e assim conseguir a historização das experiências traumáticas, dispondo a experiência traumática no passado como uma parte dolorosa, porém inevitável, da história pessoal. O resultado esperado é que essas experiências deixem de colorir ou de perturbar as relações atuais e a realidade, ou que não o façam com tanta intensidade e freqüência. Isso também se pode conseguir em um nível coletivo, em que líderes e outros indivíduos importantes ajudem o grupo a lidar com complexos processos de luto.

14. Sociedades Traumatizadas

Vamik D. Volkan

Depois de viver um trauma massivo – uma catástrofe que afeta centenas, milhares e até milhões de pessoas – muitos indivíduos sofrerão diversas formas de "distúrbio de estresse pós-traumático" (DEPT). No entanto, o foco deste capítulo ultrapassa o DEPT. Ao invés de examinar respostas individuais a traumas massivos, ressalto as respostas da sociedade, que podem ser divididas em duas categorias: em primeiro lugar, a modificação ou a iniciação de processos sociopolíticos que refletem respostas psicológicas compartilhadas ao desastre massivo; e em segundo, a transmissão transgeracional, ou a transmissão de certas funções psicológicas de membros do grupo afetado às gerações seguintes, mesmo àquelas que ainda nem tinham nascido quando a catástrofe ocorreu, mantendo "viva" a influência do trauma original através das gerações. Antes de examinar essas duas categorias de respostas da sociedade, é importante considerar as causas do trauma massivo, uma vez que as respostas sociais diferem, dependendo da causa do desastre.

DIFERENTES TIPOS DE TRAUMA MASSIVO

Alguns desastres ocorrem em função de causas naturais, como tempestades tropicais, enchentes, terremotos, incêndios florestais ou erupções vulcânicas. Alguns são desastres acidentais provocados pelo homem, como o acidente da usina nuclear de Chernobil que, estima-se, lançou na atmosfera cinqüenta toneladas de material radioativo.

Às vezes, a morte de um líder político funciona como trauma massivo compartilhado, como nos assassinatos de John F. Kennedy nos Estados Unidos[1] e o de Yitzhak Rabin em Israel[2]. Há outros momentos em que o público se identifica com certas pessoas cujas atividades realçam a auto-estima tanto dos indivíduos como de toda a comunidade, e a morte repentina dessas pessoas torna-se um trauma massivo. Por exemplo, quando a professora Christa McAuliffe e os astronautas norte-americanos morreram, em 1986, na explosão do ônibus espacial Challenger[3]. O fato foi especialmente traumático para os escolares norte-americanos que acompanhavam o lançamento, pois McAuliffe lhes fora apresentada como modelo exemplar. Quando as crianças ficam traumatizadas, os pais também ficam. Pelo fato de centenas de milhares de crianças terem ficado traumatizadas pela explosão do Challenger, ela tornou-se um trauma massivo.

Um tipo muito específico de desastre compartilhado se deve à ação *deliberada* de um grupo inimigo, como em conflitos étnicos, nacionais, religiosos e ideológicos. Essas catástrofes intencionais vão de ataques terroristas, desde os cometidos pela Al-Qaeda em 11 de setembro de 2001, até genocídios, como na antiga Iugoslávia e em Ruanda, na década de 1990. Em alguns ataques de um grupo externo (o "outro"), o grupo afetado fica passivo e indefeso, algumas vezes ao extremo. Em outros conflitos, como em guerras, ambos os lados são ativos e podem ficar traumatizados, na condição de vítimas.

Freqüentemente, no entanto, pode ser difícil distinguir diferentes tipos de desastres massivos. Tomemos, por exemplo, o terremoto na Turquia, em agosto de 1999, que matou mais de vinte mil pessoas. Obviamente foi um desastre natural, mas também pode-se considerá-la uma catástrofe acidental provocada pelo homem, já que muitas estruturas que ruíram durante o terremoto não foram construídas dentro de padrões apropriados. Depois do desastre, descobriu-se que alguns construtores haviam subornado autoridades locais a fim de construir prédios mais baratos, porém sem segurança. Além do mais, esse terremoto em particular estimulou sentimentos étnicos. Depois dele, o pessoal de resgate e emergência de muitos países – incluindo a Grécia – acorreu à Turquia para ajudar nas buscas e salvamentos. Ao publicarem fotos e histórias do pessoal de resgate da Grécia, os jornais turcos ajudaram a humanizar os gregos que, por décadas, foram sempre vistos como "inimigos" pelos turcos. De fato, pouco tempo antes do terremoto, a Turquia e a Grécia quase entraram em guerra por causa de uma disputa pelos recifes de Kardak/Imia, próximos à

---

1. M. Wolfenstein; G. Kliman, *Children and the Death of a President*.
2. H. S. Erlich, Adolescents' Reactions to Rabin's Assassination, em A. Esman (Ed.), *Adolescent Psychiatry*; A. Raviv et al., Young Israelis' Reactions to National Trauma, *Political Psychology*, n. 21.
3. V. D. Volkan, *Bloodlines*.

costa turca do mar Egeu[4]. No caso do desastre, novos sentimentos étnicos positivos foram estimulados e o terremoto na Turquia mostrou que não podemos realmente separar a influência de alguns desastres naturais da influência de interações entre sociedades vizinhas.

CARACTERÍSTICAS COMUNS

Todos os tipos de desastres massivos compartilham certas características: por exemplo, todos os tipos de catástrofes ameaçam o senso de "confiança básica" dos indivíduos afetados[5] e isso, por sua vez, cria ansiedade compartilhada e regressão social[6].

Durante os primeiros anos de vida, a criança aprende a confiar em sua mãe ou em outras pessoas que cuidam dela. Ao internalizar essa confiança, a criança, por sua vez, desenvolve um senso generalizado de confiança básica. Não poderíamos atravessar uma ponte ou voar em um avião se não tivéssemos confiança básica extensiva a nosso ambiente e que incluísse a confiança nos engenheiros que construíram a ponte ou nos pilotos do avião. Desastres massivos corroem nosso senso de confiança básica e induzem a sinais de perigo da infância[7], especialmente a ansiedade pela perda da mãe, de seu amor e da segurança que ela oferece.

Durante dois meses após o terremoto na Turquia, houve mais ou menos quatro mil outros abalos sísmicos. O senso de confiança básica mantido pelas pessoas que viviam na área afetada ficou prejudicado. Afinal, se não é possível confiar no solo em que se pisa, em que mais se irá confiar? Leo Rangell[8] escreveu a respeito da ruptura do "chão" e dos "arredores" das vítimas de desastre. Para ele, o apego à terra e/ou aos arredores da pessoa é um pré-requisito psíquico para a manutenção do estado social de estabilidade. Quando o chão e os arredores desmoronam, ocorre uma ansiedade básica devido à ameaça de dano, ou mesmo de aniquilação do *self*. Quando essa ansiedade básica é compartilhada por membros de um grupo afetado por um trauma massivo, pode-se criar uma regressão social. Durante o primeiro ano depois do terremoto, observei sinais e sintomas de regressão de grandes grupos, tais como aumento da crença mágica, em Istambul. Muitas pessoas construíram ou pensaram em construir, por exemplo, jaulas de ferro para dormir. Elas acreditavam que, caso ocorresse outro terremoto, as jaulas as protegeriam. Enquanto havia um núcleo de verdade para o senso de segurança engendrada, seja por tomar ou

---
4. Idem.
5. E. H. Erikson, *Childhood and Society*.
6. V. D.Volkan, Large-group Identity, *Mind and Human Interaction*, n. 13.
7. S. Freud, *The Ego and the Id*.
8. L. Rangell, Discussion of the Buffalo Creek Disaster, *American Journal of Psychiatry*, 1976. n. 133.

levar em consideração essas precauções, essa idéia refletia basicamente um pensamento mágico amplamente difundido. A construção de uma jaula de ferro refletia o dano ao senso de confiança básica das pessoas e sua ansiedade pelo prejuízo à sua auto-representação.

Similarmente, depois de um desastre causado por inimigos, a confiança básica dos membros do grupo afetado se deteriora. Por exemplo, depois do 11 de Setembro, pelo fato de a Al-Qaeda ter usado aviões como armas, a hesitação das pessoas acerca de viagens de avião refletiu uma falta de confiança básica. Ao mesmo tempo em que é verdade que as pessoas respondiam à existência de um perigo real, sua resposta também se origina da ansiedade em relação a uma ameaça à confiança básica.

A resposta a perdas (de pessoas, terra, prestígio, fortuna) e o luto são também comuns a todos os tipos de desastres massivos. Por exemplo, podemos encontrar sobreviventes de qualquer tipo de desastre com *culpa do sobrevivente*[9]. O grau de recuperação social depois de um trauma massivo de qualquer tipo depende do grau do dano ao que Kai Erikson[10] chamou de "tecido da comunidade". Se esse tecido não se romper, muito provavelmente o grupo afetado se envolverá em uma "regeneração biossocial". Esse processo pode ser explicado pelo seguinte exemplo fornecido por Williams e Parkes[11]: nos cinco anos após a morte de 116 crianças e 31 adultos na avalancha de rochas e terra no vilarejo galês de Aberfan, houve um aumento significativo da taxa de natalidade entre mulheres do vilarejo que não perderam nenhum filho no acidente.

Uma regeneração biossocial, algo indireta, ocorreu entre os cipriotas turcos durante o período de seis anos (1963-68) em que eles se viram forçados pelos cipriotas gregos a viver em enclaves sob condições subumanas. Eles foram massivamente traumatizados, mas o tecido comunitário permaneceu intacto, principalmente por conta da esperança de que a terra natal, a Turquia, viria em sua ajuda. Enquanto eles tivessem um "salvador" baseado na realidade – a Turquia –, o trauma massivo não rompia o tecido comunitário. Enquanto a população de Aberfan "equilibrou" o número de crianças perdidas com o aumento da taxa de natalidade, os cipriotas turcos criaram periquitos em gaiolas. Os periquitos não são pássaros nativos de Chipre, ainda que durante esse período houvesse centenas e mais centenas desses pássaros em todos os lugares – em casas, em quitandas e outras lojas.

---

9. W. G. Niederland, Clinical Observation on the "Survivor Syndrome', *International Journal of Psycho-Analysis*, n. 49.

10. K. T. Erikson, Loss of Communality at Buffalo Creek, *American Journal of Psychiatry*, n. 133.

11. R. M. Williams; C. M. Parkes, Psychosocial Effects of Disaster, *British Medical Journal*, n. 2.

Em outro artigo[12], descrevo em detalhes como esses pássaros em gaiolas representavam os cipriotas turcos "aprisionados". Resumindo, enquanto os pássaros cantassem e se reproduzissem, a ansiedade dos cipriotas turcos permanecia sob controle. Esse *hobby* era uma defesa compartilhada contra a ansiedade acerca da aniquilação.

Se o tecido do grupo se romper depois de um trauma massivo de qualquer tipo, e se não houver um "salvador" por perto, ocorre então o que podemos chamar de "degeneração biossocial". Ou seja, o grupo permanece em um estado regressivo, que dá início a certas atividades que inibem as atividades de promoção de vida da sociedade e exprimem agressão contra o grupo afetado. Depois do acidente de Chernobil, 31 pessoas morreram instantaneamente, mas, em função das doenças causadas pela exposição à radiação, a taxa de mortalidade agora atinge milhares e continua a crescer. Essa perda cada vez maior de vidas envenena constantemente a sociedade e a mantém em estado regressivo. A idéia de contaminação por radiação durou muitos anos. Milhares de pessoas na vizinha Belarus se consideravam contaminadas pela radiação, tanto em realidade quanto em fantasia; assim, faziam prevenção ou interrompiam a gravidez, temendo uma descendência com defeitos de nascença – exatamente o oposto do que ocorreu em Aberfan. Em Belarus, as normas existentes para buscar um parceiro ou parceira, casar e planejar a família foram significativamente perturbadas por esse trauma massivo.

No final da década de 1990, pude observar outra drástica degeneração biossocial, dessa vez em Tskhinvali, capital da Ossétia do Sul. Ocorreu uma guerra entre georgianos e ossetas em 1992, logo depois que a República da Geórgia reconquistou sua independência da União Soviética. Além de arruinar a infra-estrutura de Tskhinvali e das áreas vizinhas, a guerra destruiu sua dinâmica familiar. Depois da guerra, muitos homens da Ossétia do Sul tiveram que ir para lugares distantes, como Moscou, procurar emprego. Suas esposas, deixadas para trás, também tiveram que trabalhar e passaram a ser consideradas mulheres "soltas", já que trabalhavam em empregos antes exclusivamente masculinos. Quando os maridos retornaram, a violência doméstica aumentou, e houve muitos divórcios. Em um cenário como esse, o crime e a promiscuidade sexual foram às alturas; tanto jovens como crianças se envolveram nessas atividades. Em uma sociedade em que a virgindade ainda é uma preocupação importante na escolha da parceira, os homens da Ossétia do Sul começaram a se casar com mulheres cada vez mais novas, até mesmo adolescentes, devido à idéia compartilhada de que, quanto mais jovem, maior a probabilidade de ainda ser virgem. Assim, o modo

---

12. V. D. Volkan, *Cyprus – War and Adaptation*.

tradicional de vida havia desaparecido, deixando em seu lugar o caos[13].

TRAUMA MASSIVO NA MÃO DOS OUTROS

Enquanto todos os tipos de trauma massivo até certo ponto compartilham certas características, a representação mental do trauma causado por um inimigo étnico, nacional, religioso ou ideológico influencia a identidade do grupo afetado. Baseado no que disse Erik Erikson[14] sobre o núcleo da identidade do indivíduo, a identidade de grande grupo pode ser descrita como um senso compartilhado de similaridade entre milhares ou mesmo milhões de pessoas, a maioria das quais jamais se conhecerá na vida, enquanto, ao mesmo tempo, compartilha certas características com outros em regiões vizinhas. Inicialmente, quando surge um conflito de grande grupo com um grupo vizinho, os laços entre membros pertencentes ao mesmo grupo se intensificam. Há uma mudança de investimento dos membros em sua identidade de grande grupo, que agora pode suplantar a identidade individual[15]. Quando o grupo está sob estresse, submete-se aos dois princípios seguintes: (1) manter a identidade de grande grupo separada da identidade do inimigo e (2) manter fronteiras psicológicas entre os dois grandes grupos a qualquer preço[16]. Mais ainda, quando surge um conflito com outro grupo, há uma tendência maior de um grupo projetar seus aspectos indesejados em seu inimigo.

Quando os grandes grupos não são os "mesmos" e têm uma "fronteira" entre eles, essas projeções tornam-se mais estáveis, porque um grupo tem maior segurança de que os aspectos indesejados "grudarão" no inimigo, não voltando nem prejudicando o grupo que faz a projeção[17]. A segurança da "fronteira" às vezes leva à demonização e à desumanização[18] do inimigo em diversas gradações, a fim de preservar a "diferença" entre os dois grupos e dar sustentação à coesão da identidade de cada um deles. Terminada a fase aguda de guerra, esses dois princípios geralmente permanecem operacionais

---

13. V. D. Volkan et al., *Gender Issues and Family Violence*.
14. E. Erikson, Growth and Crisis in the Healthy Personality, *Identity and Life Cycle*.
15. V. D. Volkan, *Bloodlines*; *Das Versagen der Diplomatie*; Psychoanalysis and Diplomacy, Part I; *Journal of Applied Psychoanalytic Studies*, n.1.
16. V. D. Volkan, *The Need to Have Enemies and Allies*; *Bloodlines*; *Das Versagen der Diplomatie*.
17. Para mais detalhes a respeito de psicologia de fronteira, ver V. D. Volkan, Large-group Identity, *Mind and Human Interaction*, n. 13.
18. V. W. Bernard; P. Ottenberg; F. Redlich, Dehumanization, em N. Sanford; C. Comstock (eds.), *Sanctions for Evil: Sources of Social Destructiveness*; R. Moses, On Dehumanizing the Enemy, em V. D. Volkan; D. A. Julius; J. V. Montville (eds.), *The Psychodynamics of International Relationships*.

por anos ou mesmo décadas futuras. Qualquer coisa que as perturbe leva à possibilidade de ter de receber de volta os aspectos indesejados que foram projetados. Isso traz uma ansiedade massiva que, por sua vez, pode induzir novos processos sociopolíticos no intuito de aliviar a ansiedade e proteger a identidade do grupo. Em uma situação como essa, o grupo pode se sentir autorizado a fazer qualquer coisa para preservar sua identidade.

Quando um grupo é massivamente traumatizado por um desastre natural, a longo prazo as pessoas traumatizadas e/ou seus descendentes se voltam para o "destino" ou para Deus[19] para entender e assimilar os efeitos da tragédia. Pode haver sentimentos de desamparo, mas não de humilhação nem redução extrema da auto-estima. Afinal, argumentam, Deus é onipotente, deve ter um motivo para causar esse sofrimento e, ainda assim, precisa ser amado. Ser ferido por um "ser divino" ou pelo "destino" é bem diferente de ser ferido por um grupo étnico, religioso, nacionalista ou ideológico próximo. Quando um grande grupo é traumatizado por um desastre acidental, então o conceito do "outro" perpetrador se limita a um número bem pequeno de pessoas, tais como engenheiros que não construíram uma represa de boa qualidade ou construtores que usaram cimento barato. Atualmente, na maioria dos lugares, esse pequeno grupo de "malfeitores" pode ser forçado por meio do sistema legal a ressarcir as pessoas diretamente afetadas pelo desastre. Isso dá à vítima uma espécie de ganho secundário que ajuda a abolir sentimentos de humilhação e desamparo.

O que diferencia antes de tudo um desastre causado por inimigos de outras catástrofes é o fato de, no primeiro caso, criar-se um senso extremo de humilhação e de raiva impotente, associado ao desejo frustrado de vingança. Se as circunstâncias não permitirem que os membros do grupo afetado elaborem sua humilhação, façam o luto por suas perdas e transformem sua passividade em atividade, então começa a vincular-se em sua identidade de grande grupo um senso de vitimização compartilhada. Os membros do grupo traumatizados por seus inimigos transmitem suas funções psicológicas inacabadas às novas gerações. Essa transmissão influencia a identidade do grupo.

Ainda voltarei a essa idéia para explicar como um trauma massivo vivido pelos ancestrais de um grupo pode se vincular à identidade do grande grupo. Mas, primeiro, descreverei como grandes grupos adotam ou alteram aspectos de sua sociedade em resposta a traumas massivos.

---

19. R. J. Lifton; E. Olson, The Human Meaning of Total Disaster, *Psychiatry*, n. 39.

MODIFICAÇÃO E/OU IMITAÇÃO
DE PROCESSOS SOCIAIS E POLÍTICOS

Há muito sabemos que desastres naturais e acidentais causados pelo homem evocam respostas sociais, políticas e legais. Algo como o desastre de Buffalo Creek, em fevereiro de 1972, em que o rompimento de uma represa de detritos nas montanhas da Virgínia Ocidental, nos Estados Unidos, inundou dezesseis cidades, em um raio de aproximadamente 27 quilômetros, com milhões de galões de detritos e lama, matando 125 pessoas. As conseqüências desse trauma acidental têm sido estudadas por psicanalistas[20], sociólogos[21] e advogados. Esses estudos mostram evidências da interligação de pessoas traumatizadas, seu meio social e processos legais.

No mesmo ano do desastre de Buffalo Creek, comecei a estudar as respostas de grandes grupos a traumas causados por grupos inimigos. Naquele mesmo ano houve um golpe no lado grego da ilha do Chipre. Depois desse golpe, os cipriotas turcos, que viviam em pequenos enclaves desde 1963, quando irrompeu o conflito, temeram que as pessoas que tomaram o poder do lado grego pudessem aniquilá-los. Mas, durante o verão de 1976, um exército da Turquia chegou à ilha, iniciando uma guerra. O resultado dessa guerra foi uma divisão *de facto* da ilha em um norte turco e um sul grego. Nos três primeiros anos após a divisão da ilha, estudei as respostas sociais dos cipriotas turcos ao trauma pelo qual passaram. Baseei meus estudos principalmente em entrevistas psicanalíticas individuais. Tentei compreender seus mundos internos, seus conflitos mentais e suas defesas típicas. Aproximei-me deles como se fossem pacientes em busca de psicanálise e como se eu estivesse conduzindo um processo de diagnóstico. Eu perguntava sobre seu desenvolvimento, sonhos e organização de personalidade. A seguir, investiguei como a representação mental do trauma externo (guerra) estava entrelaçada com seus mundos internos. Quando essas entrevistas foram reunidas, surgiram alguns temas comuns: percebi que, apesar das diferenças psicológicas internas dos indivíduos, a enormidade do evento externo e de sua representação mental criou respostas comuns. E é justamente o conjunto dessas respostas comuns que nos ensina a respeito das respostas sociais aos traumas.

Muitos métodos amplamente usados por pesquisadores de sociedades traumatizadas implicam perguntar sobre as respostas individuais ao trauma, mais do que descobrir os processos internos que as produzem. Além disso, as questões são formuladas de um modo que

20. Ver L. Rangell, Discussion of the Buffalo Creek Disaster, *American Journal of Psychiatry*, n. 133.
21. K.T. Erikson, Loss of Communality at Buffalo Creek, *American Journal of Psychiatry*, n. 133.

dá pouca informação sobre como e por que tais processos passam a existir. Esses métodos não revelarão as respostas sociais a traumas massivos, uma vez que o pesquisador não cogita fazer perguntas destinadas a descobrir fenômenos com os quais não esteja familiarizado. Ainda que perceba alguns fenômenos sociais incomuns, esse tipo de pesquisa de pergunta-resposta irá revelar muito pouco, ou mesmo nada, sobre seu significado.

Um dos fenômenos sociais que diagnostiquei no norte do Chipre, no segundo e terceiro anos depois da guerra, foi o "fenômeno da coceira". Os cipriotas turcos desenvolveram uma crença compartilhada de que as águas das praias do norte do Chipre estavam contaminadas por um organismo que causava coceira. Apesar dessa crença, o medo da contaminação não deixava ninguém fora da água, e as autoridades de saúde jamais encontraram na água qualquer organismo que pudesse causar coceira. Entrevistei muitos médicos da área, e nenhum deles teve pacientes com um problema real de coceira. Mas o rumor sobre a coceira se espalhou e virou uma preocupação social. Como psicanalista, eu conhecia as investigações psicanalíticas sobre coceira disponíveis à época[22]: coceira pode ser um sinal de ansiedade reprimida, raiva reprimida ou excitação sexual reprimida. Então tentei formular o que acontecia nessa fantasia compartilhada por debaixo da pele dos cipriotas turcos um ou dois anos depois da guerra.

As operações militares turcas do verão de 1974 tinham começado nas praias do norte da ilha, no auge da temporada de mergulho, quando cipriotas gregos e turistas ali enxameavam. Os turcos eram tolerados, mas era motivo de humilhação freqüentar uma praia que não mais pertencia a seu grupo. A ação militar no verão de 1974 viu essa área de lazer juncada de mortos, e as manchas da cal virgem que fora esparramada por cima dos corpos, como medida higiênica, permaneceram até metade da primavera do ano seguinte. O exército turco marcou o local com uma estátua em honra aos que ali pereceram no primeiro dia da guerra, e o lugar foi então consagrado tanto por morte e sofrimento quanto por triunfo. Em pesquisa de campo ao local, seis meses depois da guerra, pude ver os pertences pessoais de soldados há muito mortos e de civis que fugiram apressados: pilhas de camisas, botas e outros artigos dos militares gregos ainda se amontoavam no local, com cal virgem espalhada em volta deles. Os pais alertavam seus filhos a não tocar em nada, pois lhes faria mal (daria *coceira*), dados os resíduos da cal ou as bactérias dos corpos em decomposição.

Ainda que o rumor sobre a coceira possa, a princípio, ter sido vinculado às praias do norte próximas a Keryneia, onde de fato a cal

---

22. Ver H. Musaph, Psychodynamics in Itching States, *International Journal of Psycho-Analysis*, 1968. n. 49; H. Musaph; J. R. Prakken, *Itching and Scratching*.

fora usada, é provável que tenha havido uma contaminação psicológica para outras praias que caíram sob domínio turco após a guerra. Depois que as praias do norte foram saneadas e os turcos voltaram a nadar e a tomar sol ali, foram veiculadas notícias alertando sobre a necessidade de informar qualquer objeto suspeito encontrado. Ainda que as pilhas de objetos pessoais e as manchas de cal virgem tivessem desaparecido, devem ter deixado traços na memória. E não era incomum encontrar na água pedaços de plástico verde associados aos sacos usados para transportar corpos após a operação militar. Quando pedaços de plástico molhados aderiam à pele de um banhista, este os arrancava imediatamente. Sinais de tiros e cápsulas de balas nas paredes dos hotéis e de outros prédios lembravam a tragédia de um ou dois anos antes, ainda que se pudessem ouvir as alegres risadas dos banhistas. Apesar de o cenário ser de alegria despreocupada ao ar livre, como em qualquer outro local de veraneio, eu conseguia captar alguns significados ocultos nas piadas e nos comentários aparentemente triviais que as pessoas faziam. Uma piada bastante comum era sobre o fato de que peixes pequenos mordiam os banhistas. Diziam um para o outro: "Estão tão acostumados a comer carne humana [referindo-se aos cadáveres que outrora ali flutuavam] que agora eles tentam nos comer também!" Uma risada nervosa seguia-se ao comentário. Minhas entrevistas com as pessoas permitiram-me formular o seguinte: o fenômeno da coceira parece ter suas raízes nas circunstâncias reais em que a cal virgem do tipo jogado sobre os corpos de fato provoca coceira e queimadura. Mesmo depois de a cal ter desaparecido, a coceira continuou a ser uma conexão simbólica com os mortos. Representava não só os sentimentos de culpa dos sobreviventes que tinham expulsado os inimigos de suas casas (agora a cal queimava *suas próprias* peles), mas também a prova de que os sobreviventes de fato estavam vivos, como as sensações na pele deixavam claro. As mordidas dos peixes e os pedaços grudentos de plástico verde ajudaram a perpetuar a crença na "coceira".

Uma metodologia para diagnóstico e compreensão de processos sociais e políticos similares depois de situações de guerra foi colocada em prática mais sistematicamente após a invasão do Kuwait, e, mais tarde, essa mesma metodologia foi aplicada a outras sociedades traumatizadas[23]. Em 1993, uma equipe do Centro para o Estudo da Mente e da Interação Humana (CEMIH)*, cuja direção ficava a meu cargo na época, fez três visitas diagnósticas ao Kuwait e entrevistou mais de 150 pessoas, dos mais diferentes antecedentes sociais e faixas etárias, para estudar como a representação mental da invasão do Iraque em 1990 ecoara nos mundos internos das pessoas, e se eles

---

23. V. D. Volkan, *Bloodlines*.
* Center of the Study of Mind and Human Interction , CSMHI. (N. da E.)

tinham iniciado ou modificado processos sociais e políticos. Mais uma vez, nossa técnica baseou-se em entrevistas clínicas diagnósticas. Como se pode facilmente imaginar, descobrimos que muitos kuwaitianos sofriam de DEPT (distúrbio de estresse pós-traumático) não diagnosticado. Contudo, nossa ênfase nessas entrevistas não era no diagnóstico individual, mas na descoberta de mudanças em convenções e processos sociais.

Depois que os dados das entrevistas foram coligidos, buscamos temas comuns que pudessem indicar percepções compartilhadas, expectativas e defesas contra conflitos criados pelo evento traumático. Esses "temas comuns" podem não ficar registrados na consciência pública representada em notícias e na produção cultural, mas vêm à tona quando os observamos em muitas entrevistas. Descobrimos, por exemplo, que a percepção dos jovens kuaitianos do sexo masculino em relação aos estupros de mulheres kuwaitianas pelos iraquianos, durante a ocupação, generalizou-se, no sentido de que, em algum nível, eles achavam que todas as mulheres kuwaitianas estavam maculadas. Descobrimos que muitos jovens que estavam noivos e iam se casar quiseram adiar o casamento, e que os que ainda não estavam noivos também quiseram evitar relacionamentos mais sérios. Pelo fato de as mulheres estupradas serem tradicionalmente desvalorizadas na cultura do Kuwait, essa percepção generalizada ameaçava as convenções referentes à idade ideal para casar. Ainda que essa mudança não tenha gerado perigo real, criou certa ansiedade social.

Encontramos expressões ainda mais diretas de "má adaptação" social no Kuwait após a libertação. Durante a invasão e a ocupação, muitos pais foram humilhados, diante dos filhos, por soldados iraquianos, que às vezes batiam, espancavam ou, ao contrário, deixavam-no indefeso diante das crianças. Em casos em que a humilhação ou a tortura ocorreram longe da visão de seus filhos, os pais geralmente desejavam esconder o que lhes acontecera. Sem necessariamente terem consciência disso, os pais começaram a se distanciar de certas interações emocionais cruciais com os filhos, especialmente os filhos homens, a fim de esconder ou negar sua vergonha. A maior parte das crianças e dos adolescentes, contudo, "sabia" o que acontecera aos pais, tivesse testemunhado ou não esses acontecimentos.

Muitos edifícios escolares na Cidade do Kuwait foram usados como câmaras de tortura durante a ocupação iraquiana. No entanto, quando visitei a cidade durante esse projeto, ao olhar para as escolas e outros prédios foi difícil acreditar que a catástrofe tivesse ocorrido apenas três anos antes. Com exceção de uns poucos prédios com buracos de balas nas paredes, mantidos intencionalmente como "memoriais", e da auto-estrada que leva ao Iraque ainda com veículos militares destruídos alinhados, a cidade parecia completamente renovada. Os adultos não falavam aos filhos sobre o que havia acontecido nas escolas durante a invasão, mas as crianças sabiam e, quando voltaram para as escolas reformadas, o "segredo", como era de se esperar, causou-lhes problemas psicológicos. As crianças menores – evidentemente sem saber o motivo – começaram a se identificar com Saddam Hussein em lugar de se identificar com seus próprios pais. Em exemplo relatado, numa peça de teatro escolar sobre a invasão iraquiana, as crianças aplaudiam clamorosamente o jovem que representava Saddam Hussein[24].

"Identificação com o agressor" é o termo psicanalítico para o período em que a criança se identifica com o genitor do mesmo sexo com quem está competindo pela afeição do genitor do sexo oposto[25]. Na infância, esse processo resulta em crescimento emocional da criança. Por exemplo, pela identificação com o pai, que ele considera um "agressor", o menino realiza uma espécie de iniciação ao mundo masculino. Em outras situações, no entanto, como nas de muitas crianças das escolas primárias do Kuwait, a identificação com o agressor – nesse caso, com Saddam Hussein – obviamente pode gerar problemas.

A repetição do cenário do "pai distante" nas famílias kuwaitianas pôs em funcionamento novos processos dentro dessa sociedade. Muitos meninos, que precisavam se identificar com seus pais para desenvolver sua própria masculinidade, respondiam mal à distância entre eles e os pais – resultando, por exemplo, em formações de gangues juvenis. Frustrados pelos pais (e mães) distantes e humilhados, que não conversavam com eles sobre os traumas da invasão, uniam-se em grupos, expressando suas frustrações coletivas. Em certa medida, sem dúvida, a formação de "gangues" é normal no desenvolvimento do adolescente, na medida em que os jovens afrouxam seus laços internos com as imagens de pessoas importantes da infância e ampliam sua vida social e interna através do investimento em "novas" imagens objetais, assim como em membros do grupo da mesma idade. No curso normal dos eventos, entretanto, essa "segunda individuação"[26] conserva a continuidade interna com os investimentos da infância do jovem. Por exemplo, o "novo" investimento na imagem de uma estrela de cinema está inconscientemente conectado com o "velho" investimento na imagem da mãe edipiana; um "novo" investimento em um amigo permanece de algum modo conectado com a "velha" imagem de um irmão ou de outro parente. As imagens de pais humilhados e indefesos necessariamente complicaram a relação inconsciente entre os investimentos "novos" e "velhos" dos jovens kuwaitianos. De fato, como encontramos em outras situações também, quando muitos pais são afetados por uma catástrofe infligida por "outros", as gangues adolescentes que se formam depois da fase aguda do trauma compartilhado

---

24. G. B. Saathoff, Kuwait's Children, *Mind and Human Interactions*, n. 7.
25. A. Freud, The Ego and the Mechanics of Defense, *The Writings of Anna Freud*.
26. P. Blos, *The Adolescent Passage*.

tendem a ser mais patológicas. No Kuwait, as novas gangues estavam extremamente envolvidas em roubos de automóveis – um novo processo social envolvendo o surgimento de um crime essencialmente não existente no Kuwait antes da invasão.

A equipe do CEMIH fez algumas sugestões às autoridades kuwaitianas, com base na pesquisa realizada. Propusemos uma série de estratégias políticas e educacionais para ajudar a sociedade a fazer o luto por suas perdas e a falar abertamente do desamparo e da humilhação da ocupação, de modo a diminuir a cisão entre gerações e também entre subgrupos na sociedade kuwaitiana. Por exemplo, entre os que tinham lutado diretamente contra os iraquianos e os que tinham fugido do Kuwait e retornado ao final da invasão. Quando apresentamos delicadamente nossas descobertas sobre as crianças e os adolescentes às autoridades kuwaitianas, sentimos, contudo, que eles próprios queriam cuidar de seus problemas, sem envolvimento direto de pessoas de fora.

Antes de descrever a segunda categoria de respostas sociais ao trauma massivo deliberadamente causado por outros – transmissão transgeracional –, é importante observar que uma avaliação de respostas da primeira categoria – mudanças sociais e políticas – envolve mais do que conduzir entrevistas em profundidade. Uma das técnicas que desenvolvemos se refere ao que eu chamo de "pontos quentes". Toda sociedade traumatizada tem seus pontos quentes: locais tais como cemitérios nacionais, jazigos ou monumentos em honra de pessoas ou coisas perdidas durante o trauma. A visita a esses locais com membros da sociedade traumatizada permite que os pesquisadores cheguem rapidamente ao cerne do que eles representam. De muitas maneiras, sinto que essas visitas são para a psicologia de grande grupo aquilo que, para o indivíduo em processo de análise pessoal, é recontar sonhos com associações livres. Ambos podem mostrar um caminho direto para os processos psicológicos ocultos e simbólicos. Levar membros do grupo afetado pessoalmente a esses locais (às vezes, até acompanhados por membros do grupo inimigo) freqüentemente traz à tona desejos profundamente reprimidos, sentimentos, afetos e convicções que, de outra forma, podem permanecer ocultos[27].

TRANSMISSÃO TRANSGERACIONAL

Se quisermos compreender os efeitos persistentes e duradouros do trauma massivo nas mãos de um grupo inimigo, em uma sociedade, devemos examinar os mecanismos de transmissão transgeracional.

---

27. Para um estudo detalhado de diagnóstico de processos sociais modificados ou novos depois de um trauma massivo, ver V. D. Volkan, The Tree Model, *Mind and Human Interaction*, n. 10.

Um dos mais conhecidos exemplos de uma forma relativamente simples de transmissão transgeracional vem das observações de Anna Freud e Dorothy Burlingham[28] de mulheres e crianças durante o bombardeio nazista a Londres. Freud e Burlingham observaram que crianças de até três anos de idade não ficavam ansiosas durante os bombardeios a não ser que suas mães ou substitutas estivessem com medo. Isso refletia a fluidez entre as "fronteiras psíquicas" da criança e de suas mães ou responsáveis. Quando a Segunda Guerra Mundial terminou, e os sobreviventes dos campos de concentração nazistas tiveram filhos, aos poucos descobrimos mais a respeito da transmissão transgeracional. Começamos a avaliar que se pode transmitir muito mais dos adultos para os filhos do que ansiedade ou outros afetos como depressão ou elação. Há extensa literatura sobre a transmissão transgeracional do trauma de sobreviventes do Holocausto e de sua descendência[29]. Os filhos de sobreviventes identificavam-se com seus pais e, desse modo, exibiam alguns sinais e sintomas referentes ao que estava incluído na psique dos pais. Como o conceito de "identificação" é bem conhecido, tanto na psicanálise como em termos gerais, não me atenho a esse tema neste capítulo. Ao contrário, concentro-me no conceito de "imagens depositantes"[30] para entender como ocorrem as transmissões transgeracionais.

O fenômeno bem conhecido de "filho substituto"[31] ilustra bem essa forma de projeção: um filho morre; logo depois, a mãe engravida novamente e o segundo filho vive. A mãe "deposita"[32] sua imagem do filho morto – inclusive a relação afetiva com ele – na identidade em desenvolvimento do segundo filho, que agora tem de cumprir a função de manter essa imagem "depositada" dentro dele. Há diferentes maneiras de a criança responder a essa função: ela pode se adaptar como filho substituto, "absorvendo" com sucesso o que foi nela depositado; pode desenvolver uma "dupla identidade", experimentando o que podemos chamar de "organização fronteiriça de personalidade"; ou, alternativamente, ser condenada a tentar viver segundo a imagem idealizada do irmão morto dentro de si e tornar-se obsessivamente movida pelo desejo de sobrepujá-la.

---

28. A. Freud e D. Burlingham, *War and Children*.
29. Para uma lista de livros e artigos relevantes, ver J. S. Kestenberg; I. Brenner, *The Last Witness;* I. Kogan, *The Cry of Mute Children*; V. D. Volkan; G. Ast; W. Greer Jr, *The Third Reich in the Unconscious*.
30. V. D. Volkan, *Six Steps in the Treatment of Borderline Personality Organization*; V. D. Volkan; G. Ast; W. Greer Jr, *The Third Reich in the Unconscious*.
31. A. C. Cain; B. S. Cain, On Replacing a Child, *Journal of the American Academy of Child Psychiatry,* n. 3; E. O. Poznanski, The "Replacement Child", *Behavioral Pediatrics*, n. 81.
32. V. D. Volkan, *Six Steps in the Treatment of Borderline Personality Organization*.

Similarmente, adultos drasticamente traumatizados podem depositar suas auto-imagens traumatizadas nas identidades em desenvolvimento de seus filhos. Um sobrevivente do Holocausto que parece bem ajustado pode ser capaz de comportar-se "normalmente" porque depositou aspectos de sua auto-imagem traumatizada no *self* de seus filhos[33]. Assim, as crianças agora respondem ao horror do Holocausto, "libertando" a vítima mais velha de seu sofrimento. Assim como os filhos substitutos, as respostas próprias dessas crianças ao se encarregarem das auto-imagens danificadas dos pais variam porque a psicologia individual de cada filho se estrutura independentemente das imagens depositadas.

Depois de viver um trauma massivo infligido por um grupo inimigo, os indivíduos afetados ficam com auto-imagens similarmente (ainda que não identicamente) traumatizadas pelo evento compartilhado. Na medida em que essas centenas, milhares ou milhões de indivíduos depositam suas imagens similarmente traumatizadas em seus filhos, o efeito cumulativo das imagens influencia a forma e o conteúdo da identidade de grande grupo. Todas essas imagens depositadas ligam-se por sua associação com o mesmo evento traumático. Ainda que cada filho da segunda geração tenha uma organização de personalidade individualizada, todos compartilham vínculos similares com a representação mental do trauma, e as mesmas tarefas inconscientes de arcar com essa representação. A tarefa compartilhada pode ser a de manter viva a "memória" do trauma dos pais, a de fazer o luto por suas perdas, a de reverter sua humilhação ou a de se vingar em nome deles. Caso a geração subseqüente não possa efetivamente cumprir suas funções compartilhadas – o que geralmente acontece –, elas então serão passadas para uma terceira geração, e assim por diante. Essas transmissões transgeracionais criam uma rede poderosa e invisível entre os membros do grande grupo.

Dependendo das circunstâncias externas, as tarefas compartilhadas podem mudar de função de geração a geração[34]. Por exemplo, em uma geração, a tarefa compartilhada pode ser a de fazer o luto pela perda do ancestral e sentir sua vitimização. Na geração seguinte, a função compartilhada pode ser a de expressar um senso de vingança pela perda e vitimização. Entretanto, qualquer que seja sua expressão em cada geração, manter viva a representação mental do trauma ancestral permanece sendo a tarefa essencial. Além do mais, como a tarefa é compartilhada, o sofrimento de cada nova geração reforça a identidade de grande grupo. Denomino essas representações mentais de

---

33. I. Brenner, Returning to the Fire, *Journal of Applied Psychoanalytic Studies*, n.1.

34. M. Apprey, The African-American Experience, *Mind and Human Interactio*, n. 4; V. D. Volkan, *Six Steps in the Treatment of Borderline Personality Organization; Bloodlines; Das Versagen der Diplomatie;* Psychoanalysis and Diplomacy, Part I, *Journal of Applied Psychoanalytic Studies*, n.1.

"trauma escolhido" de grande grupo[35]. De modo evidente ou latente – ou de ambos, alternadamente –, um trauma escolhido pode continuar a existir por anos ou por séculos. Sempre que se desenvolver uma nova crise étnica, nacional ou religiosa no grande grupo, seus líderes, intuitivamente, reativam lembranças de traumas escolhidos do passado a fim de consolidar o grupo, emocional e ideologicamente.

O comportamento de Slobodan Milosevic e de seu séqüito antes da guerra dos sérvios contra os muçulmanos bósnios em 1990-91, e também antes do conflito com os albaneses de Kosovo, em 1998, exemplifica essa função de liderança. Ao reativar o trauma escolhido dos sérvios – a "memória" da Batalha de Kosovo em 28 de junho de 1389 – Milosevic e seus seguidores criaram um ambiente em que grupos inteiros de pessoas com quem os sérvios viveram em relativa paz – como iugoslavos – tornaram-se alvos "legítimos" da violência sérvia. Conforme se aproximava o 600º aniversário da Batalha de Kosovo, os restos mortais do príncipe Lazar, o líder sérvio capturado e morto na Batalha, foram exumados. Por um ano inteiro, antes de as atrocidades começarem, o caixão viajava de um vilarejo sérvio a outro e, a cada parada, ocorria uma espécie de cerimônia funeral. Essa "excursão" criou um "colapso de tempo": a tendência dos sérvios foi reagir como se Lazar tivesse sido morto na véspera, e não seiscentos anos antes. Sentimentos, percepções e ansiedades em relação ao acontecimento do passado foram condensados em sentimentos, percepções e ansiedades em relação aos acontecimentos atuais, especialmente sobre a incerteza econômica e política que se seguiu ao início do declínio e colapso do comunismo soviético. Como Lazar tinha sido morto por muçulmanos otomanos, os muçulmanos da então Bósnia – e depois os albaneses de Kosovo (também muçulmanos) – passaram a ser vistos como uma extensão dos otomanos, dando aos sérvios a "oportunidade" de vingar-se no presente do grupo que os havia humilhado tantos séculos antes. Nesse contexto, muitos sérvios se sentiram "autorizados" a estuprar e a matar muçulmanos bósnios e albaneses de Kosovo[36].

INTERVENÇÕES TERAPÊUTICAS

Quando uma catástrofe está em sua fase crítica, o que organizações internacionais tais como o Alto Comissariado das Nações Unidas para os Refugiados (ACNUR), a Organização Mundial de Saúde (OMS), a Cruz Vermelha e o Crescente Vermelho podem fazer pelas pessoas afetadas depende, sem dúvida, das condições locais. Pode ser

---

35. V. D. Volkan, On "Chosen Trauma", *Mind and Human Interaction*, n. 3; *Bloodlines*; *Das Versagen der Diplomatie*.
36. Para maiores detalhes sobre a reativação do trauma escolhido sérvio e suas conseqüências, ver V. D. Volkan, *Das Versagen der Diplomatie*.

excessivamente perigoso que trabalhadores de saúde mental do exterior entrem em certas áreas a não ser que se garanta um nível mínimo de segurança, o que pode levar algum tempo. Quando se estabelece a segurança e esses especialistas em saúde mental chegam ao local, a forma de abordarem as pessoas traumatizadas está bem documentada em manuais tais como os feitos pela OMS/ACNUR[37]. Esses manuais destinam-se principalmente a indivíduos traumatizados, fornecendo informações sobre métodos de intervenção em crises, técnicas de relaxamento, problemas com álcool e drogas e assim por diante, mas não mencionam as duas categorias de respostas sociais.

Conforme fomos tendo maior consciência das respostas sociais compartilhadas aos traumas massivos nas mãos de inimigos, nós do CEMIH tivemos a idéia de apresentar aos especialistas em saúde mental, nativos de uma sociedade traumatizada, os processos sociais e políticos modificados ou renovados, vinculados ao trauma. Há um provérbio turco que diz: "um peixe que vive na água não sabe o que é água". Esses especialistas não tinham ciência das respostas sociais ao trauma porque as viviam. Além do mais, não tinham à disposição nenhuma informação de como reconhecer e responder aos processos sociais alterados resultantes do trauma compartilhado. Queríamos mostrar-lhes a água em volta deles, agora turvada e cheia de algas, na esperança de que essa introspecção pudesse levá-los a desenvolver meios de liberar a água de seus poluentes. Em outras palavras, queríamos ampliar o conceito de "medicina preventiva" para incluir a compreensão e as respostas às mudanças sociais que ocorrem depois de um trauma massivo.

O CEMIH começou a participar de um experimento promissor na República da Geórgia. Por quase cinco anos, a partir do final da década de 1990, colaboramos com psiquiatras e psicanalistas georgianos pertencentes à Fundação para o Desenvolvimento de Recursos Humanos, em Tbilisi, e com professores e psicólogos da Ossétia do Sul no Palácio da Juventude e no Centro para os Direitos Humanos, em Tskhinvali, em um projeto de "medicina preventiva" para suas sociedades traumatizadas. Nosso programa tinha o intuito de ajudar os profissionais nativos que cuidavam de crianças a investigar seus próprios traumas associados à guerra de 1991-92, para que pudessem cuidar melhor e talvez ajudar a evitar que as crianças carregassem os efeitos do trauma para a vida adulta e os transmitissem para futuras gerações. Por volta de noventa crianças traumatizadas da Ossétia do Sul encontravam-se semanalmente em grupos de 20-25 com instrutores que já haviam examinado suas próprias respostas ao trauma e seus próprios sentimentos étnicos, além de já terem passado por diálogos psicopolíticos com membros do grupo inimigo. O CEMIH supervisionou

37. OMS/ACNUR, *Mental Health of Refugees*.

esse trabalho e continuou a investigar as respostas próprias desses profissionais, indo à Geórgia de quatro em quatro meses em um período de dois anos. Aos poucos, as crianças puderam investigar suas próprias reações ao trauma por intermédio do "brincar", de desenhos e de discussões. Ao mesmo tempo em que é difícil obter estatísticas científicas na Ossétia do Sul, descobertas por meio de narrativas ilustram claramente que as noventa crianças atendidas no programa – ao contrário de outras crianças da região – não entraram para o crime nem para a prostituição em uma época de degeneração biossocial em Tskhinvali.

Nosso programa deu outro passo adiante: buscamos formar "grupos nucleares" de profissionais de saúde, tanto da Geórgia como da Ossétia do Sul, com quem havíamos trabalhado, para ajudar a quebrar o ciclo de inimizade entre os dois grupos a partir de dentro de cada comunidade. Usando o conceito de "diálogo psicopolítico", uma técnica desenvolvida pelo CEMIH em seu trabalho com parlamentares, líderes políticos e outros membros influentes de sociedades traumatizadas, a equipe da CEMIH organizou encontros de pequenos grupos em que os profissionais investigavam seus próprios sentimentos étnicos, rituais e percepções do "inimigo", começando a diferenciar as expectativas fantasiadas, a seu próprio respeito e a respeito de seus inimigos, das expectativas realistas. Sempre que possível, reuníamos pequenos grupos de profissionais de saúde mental dos grupos antagônicos para uma série de diálogos similares. Ainda que eu não dê detalhes aqui sobre a técnica[38], esses diálogos podem ter bom resultado ao gerar uma recuperação psicológica e emocional entre os dois grupos a partir do interior de cada um deles.

Depois de cinco anos, é cedo demais para dizer se conseguimos influir de maneira significativa nos processos sociais e na potencialidade de transmissões transgeracionais na Geórgia e na Ossétia do Sul[39]; a "medicina preventiva" em sociedades traumatizadas é, necessariamente, um trabalho de longo prazo, e programas experimentais que usam seus princípios ainda são bastante novos. Se este ou qualquer outro experimento irá se desenvolver e evoluir para uma metodologia bem fundamentada dependerá muito da disponibilidade constante de fundos, assim como de considerações e "permissões" políticas. Infelizmente, a falta de resposta que nosso trabalho recebeu das autoridades locais no Kuwait não é um caso isolado, e esse é um dos maiores obstáculos para o tipo de "tratamento" para sociedades traumatizadas que eu gostaria de incentivar. Mas sabemos bem demais o custo da falta de coragem de reabrir feridas da psicologia de

---

38. Ver M. Apprey, Heuristic Steps for Negotiating Ethno-national Conflicts, *New Literary History*, n. 27; V. D. Volkan, *Bloodlines; Das Versagen der Diplomatie;* e, em particular, The Tree Model, *Mind and Human Interaction*, n. 10.

39. V. D. Volkan et al., *The Third Reich in the Unconscious*.

grande grupo *de modo terapêutico*, antes que evoluam para traumas escolhidos. As respostas sociais a uma guerra ou a uma situação de guerra podem não surgir durante anos depois do trauma compartilhado, e a conexão do problema atual com a causa do passado geralmente se perde. As sociedades freqüentemente ficam perplexas diante dos sintomas que surgem, podendo desenvolver explicações incorretas e/ou inadequadas. Uma vez que a causa real permanece desconhecida, tentativas de reagir a seus efeitos são facilmente frustrantes ou mesmo podem piorar a situação. Envolver profissionais de saúde mental, nativos, como "agentes de tratamento" dos resultados mal-adaptativos de mudanças sociais e de transmissões transgeracionais teoricamente faz muito sentido. No entanto, as organizações internacionais apropriadas devem sancionar e apoiar a prática para que receba o desenvolvimento metodológico e as medidas de pesquisa de campo merecidos.

Mesmo tendo acumulado bastante conhecimento em relação ao DEPT individual, precisamos lembrar que no ápice das hostilidades étnicas, nacionais ou religiosas, sociedades inteiras também mudam. Ainda que mudanças sociais após o conflito aumentem o "peso" da destruição física, do colapso econômico, das restrições políticas, suas causas psicológicas também precisam ser cuidadosamente investigadas. O profissional de saúde mental deve ter consciência de que a ajuda que pode prestar precisa ultrapassar o tratamento de casos individuais de DEPT. Profissionais estrangeiros e nacionais podem igualmente se empenhar no desenvolvimento de estratégias que rompam a transmissão transgeracional e suas conseqüências perniciosas. Os psicanalistas que desejem trabalhar com outras disciplinas sistematicamente e em campo podem oferecer *insights* importantes para o desenvolvimento dessas estratégias.

Conclusão

Enfrentando o Terror:
um apelo a favor da reflexão e do diálogo

Sverre Varvin

O terror e o terrorismo nos confrontam com o lado mais sombrio da natureza humana. Não só enfrentamos a possibilidade de que agir de forma não-humana e desumanizar os outros é uma possibilidade individual para a maioria de nós, dependendo do contexto social específico, mas também somos forçados a refletir sobre a possibilidade de que a tendência à desumanização alheia faça parte da própria natureza humana. Se não, não seria necessário erguer barreiras contra o assassinato e o incesto, criar lei e ordem, e valorizar formas mais humanas e cuidadosas de criar filhos. Falar em natureza humana, contudo, pode evitar o problema e obscurecer os motivos. Leopold Nosek, em seu capítulo "O Terror na Vida Cotidiana", lembra-nos que a natureza humana pode nos impelir tanto para a ação quanto para o pensamento ou reflexão. De fato, a civilização se constrói baseada em pensamento e reflexão: podemos construir representações psíquicas com as quais podemos trabalhar conflitos e tensões sem precisar recorrer à ação ou mesmo à ação violenta. Isso é, na realidade, a base de nossa cultura. E o capítulo de Nosek verifica a exploração e o abuso endêmico de mulheres e de crianças através do tráfico e da depravação de muitos, como resultado do comércio de drogas e de armas, algo bastante preocupante. Um antecedente importante desses problemas pode ser encontrado na falta de elaboração mental de conflitos e dilemas básicos do homem. A destruição de culturas pelo desarraigamento de pessoas, presente no Brasil e em muitos outros países, proporciona terreno para um confronto com o primitivo que há em cada um de nós. A violência e o terror são, seguindo essa linha de raciocínio, resultado de uma falta de elaboração mental (reflexão), tanto no nível individual quanto no nível cultural.

Caso grave a esse respeito, e tema importante e comum a muitos capítulos deste livro, é a triste possibilidade de que "a vítima de ontem [...] se torne o criminoso de hoje", como nos lembra Salman Akhtar. Trata-se de um fenômeno amplamente estudado, mas, neste volume, é visto de ângulos mais profundos. A falta de elaboração mental e cultural (a reflexão individual e a reflexão no nível da cultura) de estados de vitimização, seja no indivíduo ou no grupo, pode ter efeitos destrutivos posteriores. Por meio do mecanismo de identificação com o agressor, unido à projeção de partes fragmentadas ou desumanizadas de si em outros seres humanos, o futuro criminoso prepara o caminho para desumanizar ou destruir o outro, a fim de restaurar, magicamente, certa dignidade. Ser um criminoso torna-se então um ato individual de reparação imaginária. Pode-se observar facilmente esse motivo em assassinos seriais, como descreveu Akhtar.

Entretanto, deve-se questionar se realmente todos os criminosos antes foram vítimas. Afinal, os fatos contradizem essa conclusão. Na terrível história do Batalhão 101*, Browning[1] descreve como "homens normais" de Hamburgo participavam ativa e voluntariamente dos terríveis massacres de judeus na Polônia em 1942-43. Parece não haver evidências de que esses homens tenham sido individualmente vitimizados em suas vidas. Essa e outras situações de atrocidade em grande escala mostram de modo convincente que há um potencial para a desumanidade em cada um de nós – talvez especialmente no sexo masculino, como argumenta Nancy Chodorow, de um ponto de vista psicanalítico e histórico-social, e também por J. Anderson Thomson Jr., de uma perspectiva diferente, descrevendo as origens sociobiológicas da agressão e da destruição. Talvez de modo mais notável, esses fatos apontam para a necessidade de considerar o contexto em que pode surgir a violência, especialmente a importância da dinâmica de grandes grupos como algo necessário para compreender o terror e o terrorismo. Parece que, para que a violência ocorra, pode ser suficiente ter sido vitimizado como membro de um grupo ou identificar-se com a vitimização do grupo.

Neste volume, buscamos esclarecer os antecedentes do problema do terror. As várias contribuições para o livro podem ser realmente vistas como reflexões sobre o desencaminhamento da natureza humana e sobre o *contexto* em que isso pode acontecer: a base biológica, o

---

* O Batalhão 101 era uma unidade da polícia alemã que, durante a ocupação nazista da Polônia, teve papel central na prática da "Solução Final" contra o povo judeu. Os membros do Batalhão participaram da captura e da expulsão dos judeus, poloneses e ciganos, da destruição dos guetos, da deportação para os campos de concentração e dos fuzilamentos em massa de dezenas de milhares de civis. (N. da T.)

1. C. B. Browning, *Ordinary Men*.

meio interno, ou o espaço mente-corpo, assim como o espaço social e cultural, entendido em termos da dinâmica de grandes grupos. Sem dúvida, é um quadro complexo, mas que nos leva além do cenário retaliativo de vingança e destruição e nos permite achar meios de reumanizar as relações interpessoais e de grupo por meio da compreensão das raízes do terrorismo e de outros tipos de violência em nível individual, social, e também entre nações.

De fato, a dinâmica de grandes grupos é o ponto central deste livro. Estão os processos psicológicos e/ou políticos compartilhados envolvidos em atos agressivos massivos e, em caso afirmativo, de que maneira? Em análises recentes e em debates sobre terror, tem-se por certo que os processos sociais e políticos são importantes, mas o papel desempenhado pelos processos psicológicos compartilhados tem sido menos compreendido. O que tinham em comum os "homens normais" do Batalhão 101, os assassinos em massa da Bósnia, de Ruanda e do Camboja, e os seqüestradores do ataque de 11 de setembro? O que formatou e formou esses grupos, cuja maioria são homens, quando prepararam, organizaram e levaram a cabo suas atrocidades? Regressão e identificação parecem ser conceitos muito importantes nesse contexto. Quando grupos étnicos e sociedades são ameaçados, pode-se notar um movimento regressivo no funcionamento mental do grupo, que inclui a idealização do *self* e uma necessidade irracional de imputar a culpa e identificar um inimigo externo, projetando as más e fracas qualidades próprias nos outros. Awad, em seu capítulo sobre a situação no Oriente Médio, discute como essa situação cria tensões internas e tendências não-democráticas ou antidemocráticas. O indivíduo, nesse movimento regressivo, identifica-se com o destino do grupo ao qual pertence, fazendo dos problemas desse grupo – freqüentemente definidos por um líder carismático e, na maioria das vezes, extremamente patológico – seu próprio destino individual. Nesse processo, o que é definido como tarefa do grupo torna-se responsabilidade individual. A vergonha e a humilhação do grupo são então projetadas em outro grupo (americanos, judeus, muçulmanos) e, na tentativa de restaurar a coerência e a funcionalidade do grupo, as partes humilhadas devem ser destruídas. Erlich nos mostra de que maneira uma situação como essa cria um solo fértil, especialmente nos jovens, para o desenvolvimento de "mentalidades terroristas": não necessariamente estados mentais patológicos, mas uma vontade de sacrificar-se pela causa maior do grupo. Além do mais, essa mentalidade pode ter sido herdada dos ancestrais através da definição de um trauma compartilhado – uma representação mental da humilhação original imposta ao grupo em algum momento do passado, como descreve Volkan. A tarefa torna-se não só recuperar-se da derrota e do denegrimento que são resultado da atrocidade real e presente, mas também desfazer uma injustiça histórica. A tendência à violência é assim estimulada pela representação compartilhada de traumas antigos ocorridos no grupo.

Ao invés de procurar as características individuais do terrorista (a psicologia do terrorista) – uma empreitada que não teve muito sucesso –, temos pesquisado as pré-condições para o terrorismo, especialmente na dinâmica de grandes grupos, e as pré-condições humanas básicas para o uso de violência desumanizadora. Esta pode potencialmente desenvolver-se em qualquer ser humano, dependendo das circunstâncias. Assim, avançamos muito, não apenas na compreensão dos efeitos do terror e das terríveis conseqüências tanto para os adultos (Varvin) como para as crianças (Golomb), mas também na tentativa de compreender o terrorista e o que se chama de mentalidade terrorista. Nesse projeto, a compreensão psicanalítica mostrou-se indispensável. A psicanálise, em sua origem como psicologia da personalidade, e em sua extensão para a compreensão dos princípios da natureza humana e também da psicologia de grupo, pode, em nossa opinião, esclarecer as condições subjacentes da violência desumanizadora que o terror e o terrorismo representam. Nesse trabalho interdisciplinar, também usamos idéias de outras ciências (ciência política, sociologia, história, antropologia) a fim de fornecer um quadro histórico mais amplo das raízes da violência política. O terrorismo e os atos de terror têm uma longa história e já estiveram presentes em muitos contextos históricos e sociais. Vedantam nos guia nessa história e nos dá uma compreensão dos antecedentes complexos do terrorismo moderno. Bohleber inspira-se em estudos culturais e religiosos, assim como em estudos de ciência política, em seu estudo psicanalítico sobre o terrorismo moderno de inspiração religiosa. Os elementos básicos nas ideologias que dão sustentação às fantasias coletivas e à mentalidade terrorista individual mostram, contudo, e surpreendentemente, muitas similaridades com a ideologia nazista, por exemplo.

Compreender, com certeza, não significa desculpar. Definitivamente somos contra o uso de força e violência que venha a ferir inocentes. Portanto, também é relevante fazer uma vigorosa advertência contra o apelo atual de guerra contra o terrorismo. Como Akhtar, Varvin, Volkan e outros que contribuíram para este livro tornaram manifesto de diferentes modos, a violência humilhante causa ódio tanto no indivíduo quanto no grupo. Pode-se evitar a necessidade de vingança se a dignidade do indivíduo e do grupo puder ser de novo restaurada. Esse ponto de vista tem conseqüências importantes para a prevenção e implica claramente que se deve pôr a ênfase em áreas bem diferentes das que se fazem presentes na agenda atual. Akhtar descreve um quadro de referência para essa abordagem, e Golomb aponta para importantes áreas referentes à proteção da criança em desenvolvimento. Çevik nos proporciona reflexões importantes de como a globalização moderna pode ser uma força positiva a esse respeito.

Durante a produção deste livro, a situação mudou radicalmente. Quando eu escrevia o primeiro esboço, declarei que nos aproximávamos de uma guerra que poderia desestabilizar toda uma região ao colocar em ação processos grupais destrutivos, que envolveriam vítimas em grande escala. A raiva induzida pela vergonha poderia ser uma força dinâmica potente levando a mais violência e a possíveis atrocidades que, a longo prazo, poderiam resultar também em transmissão transgeracional de busca por vingança. A situação do povo iraquiano era quase catastrófica depois de muitos anos de severa e cruel opressão e de uma tentativa devastadora de mudança de regime em 1991. Naquela ocasião, os Estados Unidos retiraram, na última hora, seu apoio, e foram cometidas atrocidades extremas pelo regime de Saddam, seguidas de mais de dez anos de sanções, junto com uma "guerra silenciosa" de constantes bombardeios em um país completamente empobrecido. Durante o período de sanções, acompanhei a situação bem de perto, através também do que os pacientes iraquianos me contavam no tratamento, e aprendi bastante a respeito de um regime cuja crueldade ultrapassa nossa imaginação. Entretanto, os imensos sofrimentos do povo iraquiano eram vividos em silêncio, como também foi o caso de muitas outras situações de atrocidade constante. Como bem descreveu Welsh-Jouve, baseada em sua experiência clínica, o silêncio das vítimas, geralmente baseado em medo, vergonha e na incapacidade de falar, freqüentemente encontra a resposta mobilizada por culpa e também envergonhada e relutante do espectador não envolvido.

Para a maioria do povo iraquiano, a necessidade há muito expirada de mudança de regime foi o resultado almejado. Contudo, quando há a insistência de que as mudanças só são possíveis por meios violentos, é preciso ter consciência dos ciclos destrutivos que podem ser colocados em funcionamento. No momento, a situação no Iraque está próxima do caos. Não há autoridades locais adequadas, e duras batalhas políticas estão por vir. Nesse contexto, podem-se temer as conseqüências da demolição de toda autoridade iraquiana, enquanto se liberta o país da ditadura. O fato de que as casas estão sendo roubadas e saqueadas, e o museu nacional vandalizado, sem contar a continuidade de uma situação sem lei, tudo isso presta testemunho de um país em que as autoridades interna e externa estão seriamente minadas. É óbvio que a paz ainda precisa ser alcançada.

O perigo pode ser ainda maior quando atitudes e pensamentos fundamentalistas prevalecem em jogo. Não há espaço para reflexão nem para o reconhecimento de erros. Pode-se dizer que o fundamentalismo coloca um desafio real para o nosso tempo e que devemos ser cautelosos quando alguém – seja um líder de Estado ou um líder terrorista – começar a falar em "única solução". Estamos todos imersos, como diz Nosek, em um mundo moderno e globalizado que, no entanto, não chegou a qualquer acordo com os selvagens nem com os não-civilizados. Há mais de cem anos, Joseph Conrad nos deu um *insight* das conseqüências devastadoras de nosso encontro com esse tipo de alteridade, ilustrada em passado recente no filme de Coppola *Apocalypse Now!* Esse estado mental fundamentalista tem suas raízes em um senso infantil de onipotência, em nossa pré-história e em diversas ideologias antidemocráticas do mundo atual. Além do mais, como Chodorow demonstrou, a questão de gênero tem grande importância em referência a isso. O macho parece estar muito mais sujeito à dinâmica destrutiva de humilhação e de vitimização.

Acreditamos que decisões políticas baseadas em reflexão a partir de múltiplas perspectivas podem, afinal, atingir soluções mais eficientes e mais humanas. Isso é evidentemente necessário hoje, e fala contra qualquer tipo de *Pax Romana** – paz construída sobre a supremacia de poder –, contra a qual Freud advertiu em sua carta a Einstein há mais de setenta anos[2]. Nossa esperança é de que este livro possa fornecer algumas perspectivas necessárias para a reflexão nestes tempos de terror e de horror.

---

* Expressão latina, conforme o Dicionário Houaiss, paz imposta pela força da nação mais forte sobre os povos derrotados, como a que vigorou nas províncias dominadas por Roma. (N.da T.)

2. S. Freud, *Why War?*, *S.E.*, v. 22.

Bibliografia

ABU-RABI, Ibrahim M. *Intellectual Origins of Islamic Resurgence in the Modern Arab World.* Albany: State University of New York Press, 1996.
ADORNO, Theodor W. [1950]. *Studien zum autoritären Charakter* (abreviado). Frankfurt a/M: Suhrkamp, 1973.
_____. *Prismes*: critique de la culture et de la société. Paris: Payot, 1986.
ADORNO, T.; FRENKEL-BRUNSWIK; Else; LEVINSON; Daniel J.; SANFORD, R. Nevitt. *The Authoritarian Personality.* New York: W. W. Norton, 1950.
AKHTAR, Salman. A Third Individuation: Immigration, Identity and the Psychoanalytic Process. *Journal of the American Psychoanalytic Association,* n. 43 (4), 1995.
_____. *Immigration and Identity*: Turmoil, Treatment, and Transformation. Northvale, NJ: Jason Aronson, 1999.
_____. Psychodynamic Dimension of Terrorism. *Psychiatric Annals,* n. 29, 1999.
_____. The Distinction Between Needs and Wishes: Implications for Psychoanalytic Theory and Technique. *Journal of the American Psychoanalytic Association,* n. 47, 1999.
AKHTAR, Salman; BROWN, Jodi. Animals in Psychiatric Symptomatology. In: AKHTAR, S.; VOLKAN, Vamik D. (eds.). *Mental Zoo*: Animals in the Human Mind and its Pathology. Madison: International Universities Press, 2003.
ALEXANDER, Richard. *The Biology of Moral Systems.* New York: Aldine de Gruyter, 1987.
ALI, Tariq. *The Clash of Fundamentalisms*: Crusades, Jihad and Modernity. London/New York: Verso, 2002.
ANDERSON, Benedict. *Imagined Communities:* Reflections on the Origin and Spread of Nationalism. London: Verso, 1983.

APA. *Diagnostic and Statistical Manual for Mental Disorders* – IV. Washington: American Psychiatric Association, 1994.

APPREY, Maurice. The African-American Experience: Transgenerational Trauma and Forced Immigration. *Mind and Human Interaction*, n. 4, 1993.

_____. Heuristic Steps for Negotiating Ethno-national Conflicts: Vignettes from Estonia. *New Literary History:* Journal of Theory and Interpretation, n. 27, 1996.

ARON, Lewis. *A Meeting of Minds* – Mutuality in Psychoanalysis. Hillsdale, NJ/London: Analytic Press, 1996.

AUST, Stefan; SCHNIBBEN, Cordt (eds.). *11 September:* Geschichte eines Terrorangriffs. Stuttgart: DVA, 2002.

BAKER, Peter. Russia Still Opposed to Iraq Attack: Putin Hints at Cooperation in Return for Free Hand in Georgia. *The Washington Post,* Washington, 14 set. 2002.

BALIER, Claude. *Psychanalyse des comportements violents.* Paris: PUF, 2002.

BANKS, R. The Other Side of the Divide. *The Globe and Mail,* Toronto, p. A15, 6 abr. 2002.

BARBER, Benjamin. *Jihad vs. McWorld:* How Globalism and Tribalism Are Reshaping the World. New York: Ballantine Books, 1995.

BARON-COHEN, Simon. *Mindblindness:* An Essay on Autism and Theory of Mind. Cambridge: MIT Press, 1995.

BÄRSCH, Claus-Ekkehard. *Die politische Religion des Nationalsozialismus.* München: Fink, 1998.

BAUMAN, Zygmunt. *Modernity and Holocaust.* Cambridge: Polity Press, 1989.

BELL, C. Carl; JENKINS, Esther J. Traumatic Stress and Children. *Journal of Health Care for the Poor and Underserved,* n. 2 (1/verão), 1991.

BENDKOWER, Jaron. *Psychoanalyse zwischen Politik und Religion.* Frankfurt a/M: Campus, 1991.

BERNARD, Viola W.; OTTENBERG, Percy; REDLICH, Fritz. Dehumanization: A Composite Psychological Defense in Relation to Modern War. In: N. SANFORD; C. COMSTOCK (eds.). *Sanctions for Evil:* Sources of Social Destructiveness. San Francisco: Jossey-Bass, 1973.

BHUTTO, Benazir. Commentary. *The Indian Express,* Mumbai, 19 set. 2002.

BIELEFELD, Ulrich. Die lange Dauer der Nation. In: BIELEFELD, U.; ENGEL, G. (eds.). *Bilder der Nation. Kulturelle und politische Konstruktionen des Nationalen am Beginn der europäischen Moderne.* Hamburg: Hamburger Ed., 1998.

BION, Wilfred R. *Experiences in Groups.* London: Tavistock Publications, 1961.

_____. *Learning from Experience.* London: Heinemann, 1962.

BLOS, Peter. *The Adolescent Passage.* New York: International Universities Press, 1979.

BLUMENFELD, Laura. *Revenge*: A Story of Hope. New York: Simon & Schuster, 2002.

BOHLEBER, Werner. Nationalismus, Fremdenhass und Antisemitismus. Psychoanalytische Überlegungen. *Psyche – Zeitschrift für Psychoanalyse und Ihre Anwendungen,* n. 46, 1992.

_____. Die Konstruktion imaginärer Gemeinschaften und das Bild von den Juden – unbewußte Determinanten des Antisemitismus in Deutschland. *Psyche – Zeitschrift für Psychoanalyse und Ihre Anwendungen,* n. 51, 1997.

_____. Die Entwicklung der Traumatheorie in der Psychoanalyse. *Psyche – Zeitschrift für Psychoanalyse und Ihre Anwendungen,* n. 54 (9/10), 2000.

_____. Gewalt in der Adoleszenz – Sackgassen in der Entwicklung. In: GERLACH, A.; SCHLÖSSER, A. M. (eds.). *Gewalt und Zivilisation. Erkärungsversuche und Deutungen.* Gießen: Psychosozial-Verlag, 2002.

_____. Kollektive Phantasmen, Destruktivität und Terrorismus (Fantasmas Coletivos, Destrutividade e Terrorismo). Artigo apresentado na Conferência da Federação Psicanalítica Européia, Praga, abr. 2002.

BOYER, Pascal. *The Naturalness of Religious Ideas*: A Cognitive Theory of Religion. Berkeley, CA: University of California Press, 1994.

_____ *Religion Explained*: The Evolutionary Origins of Religious Thought. New York: Basic Books, 2001.

BRENNER, Ira. Returning to the Fire: Surviving the Holocaust and "Going Back". *Journal of Applied Psychoanalytic Studies,* n.1, 1999.

BREUER, Stefan. *Anatomie der konservativen Revolution.* Darmstadt: Wiss. Buchgesell, 1993.

_____. *Ästhetischer Fundamentalismus:* Stefan George und der deutsche Antimodernismus. Darmstadt: Wiss. Buchgesell, 1995.

BROADWAY, Biel. Challenges of Waging a "Just War": Ethicists, Theologians Warn Against the Temptation to Fight Terror with Terror and Indiscriminately Destroy Human Life. *The Washington Post,* Washington, 13 out. 2001.

BROMBERG, Philip M. The Use of Detachment in Narcissistic and Borderline Conditions. *Journal of the American Academy of Psychoanalysis,* n. 7, 1979.

BROWNING, Cristopher B. *Ordinary Men.* New York: Harper Perennial, 1998.

BRUNER, Jerome. *Acts of Meaning.* Cambridge: Harvard University Press, 1990.

BURKERT, Walter. *Creation of a Sacred:* Tracks of Biology in Early Religions. Cambridge: Harvard University Press, 1996.

BUSS, David; DUNTLEY, Joshua D. Is the Mind Made for Murder? Artigo apresentado no encontro anual da Human Behavior and Evolution Society, Amherst, 8 jun. 2000.

CAIN, Albert C.; CAIN, Barbara S. On Replacing a Child. *Journal of the American Academy of Child Psychiatry,* n. 3, 1964.

ÇEVIK, Abdülkadir. Avrupadaki Ggöçmen Türklerde Kimlik Sorunlarinin Reaktivasyonu ve Bunun Kimlige Yansimasi: Yas Kimlik Sorunlaru ve Somatizasyin. *Türkiye Klinikleri Psikiyatri Dergisi,* n. 1 (1), 1999.

ÇEVIK, Abdülkadir; CEYHUN, Birsen. *Psikopolitik Yönden Kimlik Gelisimi ve Etnik Terorizm.* Politik Psikoloji Serisi Sayi 1. Ankara: Medikomat Basin Yayin, 1995.

CHAGNON, Napoleon A. Life Histories, Blood Revenge and Warfare in a Tribal Population. *Science,* n. 239, 1988.

CHANDLER, David P. *Pol Pot, Brother Number One:* A Political Biography. Denver: Westview Press, 1999.

_____. *Voices from S-21*. Berkeley, CA: University of California Press, 2000.
CHODOROW, Nancy J. [1978] *The Reproduction of Mothering*. 2. ed. Berkeley: University of California Press, 1999.
_____. *Feminism and Psychoanalytic Theory*. New Haven/Cambridge: Yale University Press/Polity Press, 1989.
_____. *Femininities, Masculinities, Sexualities*. Lexington/London: University Press of Kentucky/Free Association Books, 1994.
_____. The Enemy Outside: Thoughts on the Psychodynamics of Extreme Violence with Special Attention to Men and Masculinity. *Journal for the Psychoanalysis of Culture and Society*, n. 3 (1), 1998.
COLE, David. Enemy Aliens. *Stanford Law Review*, 11 jun. 2002.
CONRAD, Joseph. [1889]. *The Heart of Darkness*. R. Kimbrough (ed.). 3. ed. London: W. W. Norton, 1988. Edição brasileira: *O Coração das Trevas*. Tradução de Celso M. Paciornik. São Paulo, Iluminuras, 2002.
COOLEY-QUILLE, Michele R.; TURNER, Samuel M.; BEIDEL, Deborah C. Emotional Impact of Children's Exposure to Community Violence: A Preliminary Study. *Journal of the American Academy of Child and Adolescent Psychiatry*, n. 34, 10 out. 1995.
COUNCIL on Foreign Relations. Is there a definition of terrorism. Disponível em <http://www.terroristmanswers.com/terrorism/introduction.html>. Acesso em 2003.
DAVIS, W. Allison. *Deep South*: A Social Anthropological Study of Cast and Class. Chicago: University of Chicago Press, 1937.
DAVIS, W. Allison; DOLLARD, John. *Children of Bondage*. Washington: American Council on Education, 1940.
DAWKINS, Richard. The "Know-nothings", the "Know-alls" and the "No-contests". *The Nullifidian*, n.1 (8), 1994.
_____. Religion's Misguided Missiles. *The Guardian*, London, 19 set. 2001.
DENNETT, Daniel [1997]. Appraising Grace. *The Sciences* (jan./fev.). *Den Store Danske Encyclopedi*. København: Gyldendal, 2001.
DE YOUNG, Karen. U.S. and China ask U.N. to List Separatists as Terror Group. *The Washington Post*, Washington, 11 set. 2001.
DICKSON-GOMEZ, Julia. The Sound of Barking Dogs: Violence and Terror among Salvadoran Families in the Postwar. *Medical Anthropology Quarterly*, n. 16, 4 dez. 2002.
DINER, Dan. *Weltordnungen:* Über Geschichte und Wirkung von Recht und Macht. Frankfurt a/M: Fischer, 1993.
DOLLARD, John. *Caste and Class in a Southern Town*. New Haven: Yale University Press, 1941.
DOUGLAS, Mary. [1966]. *Reinheit und Gefährlung*: Eine Studie zu Vorstellungen von Verunreinigung und Tabu. Berlim: Reimer, 1985.
DURKHEIM, Emile. *The Division of Labor in Society*. New York: Free Press, 1964.
EISSLER, Kurt R. [1980]. *Todestrieb, Ambivalenz, Narziβmus*. Frankfurt a/M: Fischer, 1992.
ELIOT, T. S. [1942]. Little Gidding. In: _____. *Four Quartets*. New York: Harvest Books, 1974.
EMILY, Jennifer. Mom Locked Girl in Closet to Forget. *The Dallas Morning News*, Dallas, 7 nov. 2002.

ERICHSEN, Jon. *On Railway and Other Injuries of the Nervous System.* London: Walton & Maberly, 1866.

_____. *On Concussion of the Spine, Nervous Shock and Other Obscure Injuries to the Nervous System, in Their Clinical and Medico-Legal Aspects.* New York: William Wood, 1883.

ERIKSON, Erik H. Growth and Crisis in the Healthy Personality. In: _____. *Identity and Life Cycle.* New York: International Universities Press, 1950.

_____. *Young Man Luther.* New York: W. W. Norton, 1962.

_____. *Childhood and Society.* New York: W. W. Norton, 1963.

ERIKSON, Kai T. Loss of Communality at Buffalo Creek. *American Journal of Psychiatry,* n. 133, 1975.

_____. Notes on Trauma and Community. In: CARUTH, C. (ed.). *Trauma*: Explorations in Memory. Baltimore: Johns Hopkins University Press, 1995.

ERLICH, H. Shmuel. On Discourse with an Enemy. In: SHAPITO E. R. (ed.). *The Inner World in the Outer World.* New Haven, CT: Yale University Press, 1997.

_____. Adolescents' Reactions to Rabin's Assassination: A Case of Patricide? In: ESMAN, A. (ed.). *Adolescent Psychiatry*: Developmental and Clinical Studies. London: Analytic Press, 1998, v. 22.

_____. On Loneliness, Narcissism, and Intimacy. *American Journal of Psychoanalysis,* n.58, 1998.

ESPOSITO, John. *Unholy War*: Terror in the Name of Islam. Oxford: Oxford University Press, 2002.

EURIPIDES. *Medea* (n.d.) traduzido por E. P. Coleridge. Disponível em: <http://classics.mit.edu//Euripides/medea.html>. Acesso em: 26 mar. 2008

FAIRBAIRN, William R. D. [1935]. The Sociological Significance of Communism Considered in the Light of Psychoanalysis. In: _____. *Psychoanalytic Studies of the Personality.* London: Routledge & Kegan Paul, 1981.

FANON, Frantz. *The Wretched of the Earth.* Hammondsworth/New York: Penguin Books/ Grove Press, 1963.

_____. *Black Skin, White Masks.* New York: Grove Press, 1967.

FERENCZI, Sándor. Confusion of the Tongues Between the Adults and the Child (The Language of Tenderness and of Passion). *International Journal of Psycho-Analysis,* n. 30, 1949.

FONAGY, Peter; MORAN George S; TARGET, Mary. Aggression and the Psychological Self. *International Journal of Psycho-Analysis,* n. 74, 3 jun. 1993.

FONAGY, Peter; TARGET, Mary. Playing with Reality: I. Theory of Mind and the Normal Development of Psychic Reality. *International Journal of Psychoanalysis,* n. 77 (2), 1996.

FRAIBERG, Selma; ADELSON, Edna; SHAPIRO, Vivian. Ghosts in the Nursery: A Psychoanalytic Approach to the Problems of Impaired Infant-mother Relationships. *Journal of the American Academy of Child Psychiatry*, n. 14 (3/Summer), 1975.

FRANK, Anne. *The Diary of a Young Girl:* The Definitive Edition. FRANK, Otto; PRESSLER (eds.), Mirjan, traduzido por Susan Massotty; E. Cameron. Harmondsworth, Middlesex: Penguin Modern Classics, 1997.

FREUD, Anna (1936). The Ego and the Mechanics of Defense. In: _____. *The Writings of Anna Freud*. New York: International Universities Press, 1966, v. 2

FREUD, Anna; BURLINGHAM, Dorothy. *War and Children*. New York: International Universities Press, 1943.

FREUD, Sigmund; BREUER, Joseph. *Studies on Hysteria*. London: Penguin Books, 1895.

FREUD, Sigmund. *The Interpretation of Dreams. S.E**, 1900, v. 4-5.

_____. Psycho-analytic Notes on an Autobiographical Account of a Case of Paranoia (dementia paranoides). *S.E.,* 1911 [1910], v. 12.

_____. On the Universal Tendency to Debasement in the Sphere of Love. *S.E.,* 1912, v. 11.

_____. *Totem and Taboo. S.E.,* 1912-13, v. 13.

_____. On Narcissism: An Introduction. *S.E.,* 1914, v. 14.

_____. Mourning and Melancholia. *S.E.,* 1917 [1915], v. 14.

_____. *Beyond the Pleasure Principle. S.E.,* 1920, v. 18.

_____. *Group Psychology and the Analysis of the Ego, S.E.,* 1921, v. 18.

_____. *The Ego and the Id. S.E.,* 1923, v. 19.

_____. *The Future of an Illusion. S.E.,* 1927, v. 21.

_____. *Civilization and Its Discontents. S.E.,* 1930, v. 21.

_____. *New Introductory Lectures on Psychoanalysis. S.E.,* 1933, v. 22.

_____. *Why War? S.E.,* 1933 [1932], v. 22.

_____. Analysis Terminable and Interminable. *S.E.,* 1937, v. 23.

_____. A Project for a Scientific Psychology. *S.E.,* 1950 [1895], v. 1.

FRIEDMAN, Thomas. Under the Arab Street. *The New York Times,* New York, p. A23, 23 out. 2002.

FROMM, Erich. *Escape from Freedom*. New York: Holt, Rineheart & Winston, 1941.

_____. *The Fear of Freedom*. London: Routledge & Kegan Paul, 1961.

GAMPEL, Yolanda. Between the Background of Safety and the Background of the Uncanny in the Context of Social Violence. In: FONAGY, Peter; COOPER, Arnold; WALLERSTEIN, Robert S. (eds.). *Psychoanalysis on the Move*: The Work of Joseph Sandler. London/New York: Routledge, 1999.

GARZA-GUERRERO, A. Cesar. Culture Shock: Its Mourning and Vicissitudes of Identity. *Journal of the American Psychoanalytic Association,* n. 22, 1974.

GAY, Peter. *Freud*: A Life for Our Time. New York: W. W. Norton, 1988.

GRAND, Sue. *The Reproduction of Evil*: A Clinical and Cultural Perspective. Hillsdale, NJ: Analytic Press, 2000.

GREENACRE, Phyllis. Youth, Growth, and Violence. *Psychoanalytic Study of the Child,* n. 25, 1970.

GRINBERG, Leon; GRINBERG, Rebecca. *Psychoanalytic Perspectives on Migration and Exile,* tradução de N. Festiner. New Haven, CT: Yale University Press, 1989.

GROVES, Betsey M.; ZUCKERMAN, Barry; MARANS, Steven; COHEN, Donald J. Silent Victims: Children who Witness Violence. *Journal of the American Medical Association,* n. 269, 2-13 jan. 1993.

---

* *The Standard Edition of the Complete Psychanalytical Works of Sigmund Freud.* Tradução e edição de James Strachey. Edição brasileira: *Edição Standard Brasileira das Obras Psicológicas Completas de Sigmund Freud.* São Paulo: Imago, 2006. 24 v.

GRUNBERGER, Bela. *Narziss und Anubis*: Die Psychoanalyse jenseits der Triebtheorie. München/Viena: Verlag der Internationalen Psychoanalyse, 1988. v. 1.

GUTHRIE, Stewart E. *Faces in the Clouds*: A New Theory of Religion. New York: Oxford University Press, 1993.

HACKER, Frederick J. *Crusaders, Criminals, Crazies*: Terror and Terrorism in Our Time. New York: W. W. Norton, 1976.

HAFFEY, Neil. *The United Nations and International Efforts to Deal with Terrorism*. Washington, D.C.: Pew Case Studies in International Affairs, 1998.

HARTMANN, Heinz. [1939]. *Ego Psychology and the Problem of Adaptation*. Tradução de D. Rapport. New York: International Universities Press, 1958.

HARTUNG, John. Love thy Neighbor: The Evolution of In-group Morality. *Skeptic*, n. 3 (4), 1995.

HEINE, Peter. *Terror in Allahs Namen*: Extremistische Kräfte im Islam. Freiburg: Herder, 2001.

HENRY, Patrick [1775] Give Me Liberty or Give Me Death. Disponível em: < http://www.jmu.edu/madison/center/main_pages/madison_archives/revolution/antecedents/p_henry.htm>. Acesso em: 2002.

HERZINGER, Richard.; SCHUH, Hans; NIEUWENHUIZEN, A. Der heranwachsende Krieg: Entrevista com Gunnar Heinsohn. *Die Zeit*, Hamburg, n. 16, 2002.

HILLBERG, Raul. *Die Vernichtung der europäischen Juden*. 9. ed. Frankfurt a/M: Fischer Taschenbuch Verlag, 1961, v. 1-3.

HILTON, Isabel. The General in his Labyrinth: Where will Pervez Musharraf Lead his Country. *The New Yorker*, New York, 12 ago. 2002.

HIRSCH, Mathias [1996]. Two Forms of Identification with the Aggressor – According to Ferenczi and Anna Freud. *Praxis der Kinderpsychologie und Kinderpsychiatrie*, n. 45 (6), 1996.

HOFFMAN, Bruce. *Inside Terrorism*. London/New York: Victor Gollancz/Columbia University Press, 1998.

HORKHEIMER, Max. *Critical Theory*. New York: Herder & Herder, 1936.

HORKHEIMER, Max; ADORNO, Theodor W. *Dialectic of Enlightenment*. New York: Seabury Press, 1947.

HORNEY, Karen [1932]. The Dread of Women. In:_____. *Feminine Psychology*. New York: W. W. Norton, 1967.

HUMPHREY, Nicholas. *Leaps of Faith*: Science, Miracles, and the Search for Supernatural Consolation. New York: Copernicus, 1996.

HUNTINGTON, Samuel P. [1996]. *The Clash of Civilizations and the Remaking of World Order*. New York: Touchstone, 1996.

JACQUARD, Roland. *Die Akte Osama bin Laden*: Das geheime Dossier über den meitsgesuchten Terroristen der Welt. München: Lits, 2001.

JUERGENSMEYER, Mark. *Terror in the Mind of God*: Global Rise of Religious Violence. Berkeley/Los Angeles/London: University of California Press, 2000.

JULIUS, Demetrius A. Biculturalism and International Interdependence. *Mind and Human Interactions*, 1992. n.3.

KAKAR, Sudhir. *The Colors of Violence*. Chicago/London: University of Chicago Press, 1996.

_____. [1996]. *Die Gewalt der Frommen*: Zur Psychologie religiöser und ethnischer Konflikte. München: C. H. Beck, 1997.

KEELY, Lawrence H. *War Before Civilization:* The Myth of the Peaceful Savage. New York: Oxford University Press, 1996.

KEPEL, Gilles [1991]. *Die Rache Gottes:* Radikale Moslems, Christen und Juden auf dem Vormarsch. Zurique: Piper, 2001.

KERNBERG, Otto. Psychoanalytische Beiträge zur Verhinderung gesellschafftlich sanktionierter Gewalt. *Psyche – Zeitschrift für Psychoanalyse und Ihre Anwendungen,* 2001, n. 55 (9-10).

KERTÉSZ, Imre. *Fateless* [Sorstalanság]. Tradução de C. C. Wilson; K. M. Wilson. Evanston, IL: Northwestern University Press, 1992. Edição brasileira: *Sem Destino.* Tradução de Paulo Schiller. São Paulo: Planeta, 2003.

KESTENBERG, Judith S.; BRENNER, Ira. *The Last Witness*: The Child Survivor of the Holocaust. Washington: American Psychiatric Press, 1996.

KHADRA, Yasmina [1999]. *Wovon die Wölfe träumen.* Berlin: Aufbau, 2002.

KING Jr., Martin Luther. Eulogy for the Young Victims of the Sixteenth-Street Baptist Church Bombing. Pronunciado na Igreja Batista da Sexta Avenida, Birmingham, Alabama, em 18 set. 1963. Disponível em: <www.stanford.edu/group/King/publications/speeches/Eulogy_for_the_martyred_children.html>. Acesso em: 2002.

_____. Beyond Vietnam. *The Autobiography of Martin Luther King Jr.* Disponível em: <www.stanford.edu/group/King/publications/autobiography/chp_30.htm>. Acesso em: 2002.

_____. Where Do We Go From Here? Relatório Anual feito na Décima Primeira Convenção da Southern Christian Leadership Conference, Atlanta, Geórgia, em 16 ago. 1967. Disponível em: <www.stanford.edu/group/King/publications/speeches/Where_do_we_go_from_here.html>. Acesso em: 2002

KIRKPATRICK, Lee A. Towards an Evolutionary Psychology of Religion and Personality. *Journal of Personality,* n. 67, 1999.

KLEIN, Melanie [1940]. Mourning and its Relation to Manic-depressive States. In: _____. *Love, Guilt, and Reparation and Other Works 1921-1945.* London: Hogarth Press, 1975.

_____. [1946]. Notes on Some Schizoid Mechanisms. In: _____. *Envy and Gratitude & Other Works 1946-1963.* London: Hogarth, 1975.

KLINGER, Cornelia. Faschismus – der deutscher Fundamentalismus? *Merkur,* Stuttgart, n. 46, set./out. 1992.

KOGAN, Ilany. *The Cry of Mute Children*: A Psychoanalytic Perspective of the Second Generation of the Holocaust. London: Free Association Books, 1995.

KRAUSE, Rainer. Affektpsychologische Überlegungen zur menschlichen Destruktivität. *Psyche – Zeitschrift für Psychoanalyse und Ihre Anwendungen,* n. 55 (9-10), 2001.

KRIEGMAN, Daniel; KRIEGMAN, Orion. War and the Evolution of the Human Propensity to Form Nations, Cults, and Religions. Artigo apresentado na Association for Politics and the Life Sciences Annual Conference, Boston, Mass., 3 set. 1996.

KRISTOF, Nicholas D. Behind the Terrorists. *The New York Times,* New York, p. A33, 7 mai. 2002.

LAQUEUR, Walter. *Dawn of Armageddon.* New York: Oxford University Press, 1998.

_____. *Die globale Bedrohung:* Neue Gefahren des Terrorismus. München: Econ Taschenbuch, 2001.

LAUB, Dori; PODELL, Daniel. Art and Trauma. *International Journal of Psychoanalysis*, n. 76 (5), 1995.
LAVIK, Nils J.; CHRISTIE, H.; SOLBERG, O.; VARVIN, Sverre. A Refugee Protest Action in a Host Country: Possibilities and Limitations of an Intervention by a Mental Health Unit. *Journal of Refugee Studies*, n. 9 (1), 1996.
LEWIS, Bernard. *The Shaping of the Modern Middle East.* New York: Oxford University Press, 1994.
_____. *What Went Wrong:* Western Impact and Middle Eastern Response. Oxford/New York: Oxford University Press, 2002.
LICHTENSTEIN, Heinz. Identity and Sexuality: A Study of their Interrelationship in Man. *Journal of the American Psychoanalytic Association*, n. 9, 1961.
_____. The Dilemma of Human Identity: Notes on Self-transformation, Self-objectivation and Metamorphosis. *Journal of the American Psychoanalytic Association*, n. 11, 1963.
LIFTON, Robert J. *Destroying the World to Save It*: Aum Shinrikyo, Apocalyptic Violence, and the New Global Terrorism. New York: Holt, 2000.
LIFTON, Robert J.; OLSON, Eric. The Human Meaning of Total Disaster: The Buffalo Creek Experience. *Psychiatry*, n. 39, 1976.
LINDSAY, E. Dispatches. *The Observer,* London, 8 set. 2002.
LIPOWATZ, Thanos. *Politik der Psyche*: Eine Einführung in die Psychopathologie des Politischen. Viena: Turia & Kant, 1998.
LIPTON, Eric. In Cold Numbers, a Census of the Sept. 11 Victims. *The New York Times,* New York, p. A14, 19 abr. 2002.
LORENZER, Alfred. *Das Konzil der Buchhalter*: Die Zerstörung der Sinnlichkeit. Eine Religionskritik. Frankfurt a/M: Fischer, 1984.
LORION, Raymond P.; SALTZMAN, William. Children's Exposure to Community Violence: Following a Path from Concern to Research to Action. *Psychiatry*, n. 56, 1 fev. 1993.
LUND, Jørn (ed.). *Den Store Danske Encyclopedi* (A Grande Enciclopédia Dinamarquesa), v. 19. København: Gyldendal, 2001.
MAHLER, Margareth S. *On Humans Symbiosis and the Vicissitudes of Individuation.* New York: International Universities Press, 1968.
MAHLER, Margareth S.; PINE, Fred; BERGMAN, Anni. *The Psychological Birth of the Human Infant.* New York: Basic Books, 1975.
MAKIYA, Kanan; MNEIMNEH, Hassan. Manual for a "Raid". *New York Review of Books,* New York, 17 jan. 2002.
MAMDANI, Mahmood. Uganda Turn off your Tunnel Vision. *The Washington Post,* Washington, p. B03, 6 jan. 2002.
MARGALIT, Avishai; BURUMA, Ian. Occidentalism. *New York Review of Books.* New York, 17 jan. 2002.
MARTINEZ, Pedro; RICHTERS, John E. The NIMH Community Violence Project: II. Children's Distress Symptoms Associated with Violence Exposure. *Psychiatry,* n. 56, 1 fev. 1993.
MATTE-BLANCO, Ignacio. *Thinking, Feeling and Being.* London: Routledge, 1998.
MERNISSI, Fatima. *Islam and Democracy*: Fear of the Modern World. Boston, MA: Addison-Wesley, 1992.
MITCHELL, Stephen A. Aggression and the Endangered Self. *Psychoanalytic Quarterly,* n. 62, 1993.

MITCHERLICH, Alexander; MITCHERLICH, Margarete. *Die Unfähigkeit zu Trauern*: Grundlagen Kollektiven Verhaltens. München: Piper, 1967.

MODELL, Arnold H. *The Private Self*. Cambridge, MA: Harvard, University Press, 1993.

MONTVILLE, Joseph V. The Arrow and the Olive Branch: A Case for Track Two Diplomacy. In: MCDONALD Jr., John W.; BENDAHMANE, Diane B. (eds.). *Conflict Resolution:* Track Two Diplomacy. Washington, DC: U.S. Government Printing Office, 1987.

_____. Psychoanalytic Enlightenment and the Greening of Diplomacy. In: VOLKAN, Vamik D.; JULIUS, Demetrius A.; MONTVILLE, Joseph V. (eds.). *The Psychodynamics of International Relationships – Unofficial Diplomacy at Work*. Lexington, MA: Lexington Books, 1991, v. 2.

MOSES, Rafael. Projection, Identification, and Projective Identification: Their Relation to the Political Process. In: SANDLER, Joseph (ed.). *Projection, Identification, Projective Identification*. London: Karnac, 1987.

_____. On Dehumanizing the Enemy. In: VOLKAN, Vamik D.; JULIUS, Demetrius A.; MONTVILLE, Joseph V. (eds.). *The Psychodynamics of International Relationships*. Lexington, MA: Lexington Books, 1990, v. 1.

MOUSSALI, Ahmad. *Radical Islamic Fundamentalism*: The Ideological and Political Discourse of Sawid Qutb. Beirut, Lebanon: American University of Beirut, 1992.

MUSAPH, Herman. Psychodynamics in Itching States. *International Journal of Psycho-Analysis*, 1968. n. 49.

MUSAPH, Herman; PRAKKEN, J. R. *Itching and Scratching*. Basel: Karger, 1964.

NASH, Jay R. *Terrorism in the 20th Century*. New York: M. Evans, 1998.

NATIONAL Research Council. *Discouraging Terrorism*: Some Implication of 9/11. Washington, 2002.

NBC News. *Meet the Press,* transcrição de 21 jul. 2002.

NECHAIEV, Sergei [1869]. *Catechism of the Revolutionary*. Disponível em: http://www.marxists.org/subject/anarchism/nechayev/catechism.htm. Acesso em: 27 mar. 2008.

NESSE, Randolph M.; LLOYD, Alan T. The Evolution of Psychodynamic Mechanisms. In: BARKOW, Jerome; COSMIDES, Leda; TOOBY, John (eds.). *The Adapted Mind*. New York: Oxford University Press, 1992.

NEWTON, Michael. *Savage Girls and Wild Boys*. Philadelphia/London: Faber & Faber, 2002.

NIEDERLAND, William G. Clinical Observation on the "Survivor Syndrome". *International Journal of Psycho-Analysis*, n. 49, 1968.

OBEYESEKERE, Gananath. *The Work of Culture*: Symbolic Transformation in Psychoanalysis and Anthropology. Chicago/London: University of Chicago Press, 1990.

OFFE, Claus. Die Neudefinition der Sicherheit. Blätter deutsche und internat. *Politik*, n. 12, 2001.

O'FLAHERTY, Liam. *Famine*. Dublin: Wolfhound Press, 2000.

OMS/ACNUR. *Mental Health of Refugees*. Genebra: World Health Organization, 1996.

OSOFSKY, Howard J.; OSOFSKY, Joy D. Violent and Aggressive Behaviors in Youth: A Mental Health and Prevention Perspective. *Psychiatry*, n. 64 (4/Inverno), 2001.

OSOFSKY, Joy D. The Effects of Exposure to Violence on Young Children. *American Psychologist*, n. 50, 9 set. 1995.

_____. Infants and Violence: Prevention, Intervention and Treatment. In: OSOFSKY, Joy D.; FITZGERALD, H. E. (eds.). *WAIMH Infant Mental Health: Infant Mental Health Groups at High Risk*. New York: Jossey-Bass, 1999, v. 4.

OSOFSKY, Joy D.; COHEN, Geraldine; DRELL, Martin. The Effects of Trauma on Young Children: A Case of 2-year-old Twins. *International Journal of Psycho-Analysis*, n. 76, 3 jun. 1995.

OSOFSKY, Joy D.; WEWERS, S.; HANN, D. M.; FICK, A. C. Chronic Community Violence: What is Happening to our Children? *Psychiatry*, n. 56, fev. 1993.

OSTOW, Mortimer. The Psychodynamics of Apocalyptic: Discussion of Papers on Identifications and the Nazi Phenomenon. *International Journal of Psycho-Analysis*, n. 67, 1986.

_____. Myth and Madness: A Report of a Psychodynamic Study of Anti-Semitism. *International Journal of Psycho-Analysis*, n. 77, 1996.

PARRY, Albert. *Terrorism from Robespierre to Arafat*. New York: Vanguard, 1976.

PAYNE, Robert. *The Life and Death of Lenin*. New York: Simon & Schuster, 1964.

_____. *The Life and Death of Mahatma Gandhi*. New York: Dutton, 1969.

PINKER, Steven. *How the Mind Works*. New York: W. W. Norton, 1997.

_____. *The Blank Slate*: The Modern Denial of Human Nature. New York: Viking, 2002.

POZNANSKI, Elva O. The "Replacement Child": A Saga of Unresolved Parental Grief. *Behavioral Pediatrics*, n. 81, 1972.

QUTB, Muhammad. *Islam*: The Misunderstood Religion. Kuwait: Darul Bayan, 1964.

RABAN, Jonathan. My Holy War. *The New Yorker*, 4 fev. 2002.

RACY, John. Psychiatry in the Arab East. *Acta Psychiatrica Scandinavica*. København: Munksgaars, 1970. Suplemento 211.

RANGELL, Leo. Discussion of the Buffalo Creek Disaster: The Course of Psychic Trauma. *American Journal of Psychiatry*. n. 133, 1976.

RASHID, Ahmed. *Jihad*: The Rise of Militant Islam in Central Asia. A World Policy Institute Book. New Haven/London: Yale University Press, 2002.

RAVIV, Amiran; SADEH, Aviv; RAVIV, Alona; SILBERSTEIN, Ora; DIVER, Orna. Young Israelis' Reactions to National Trauma: The Rabin Assassination and Terror Attacks. *Political Psychology*, n. 21, 2000.

REICH, Walter. *Origins of Terrorism*: Psychologies, Ideologies, Theologies, States of Mind. Washington: Woodrow Wilson Center Press, 1990.

REIK, Theodor. [1923]. *Der eigene und der fremde Gott*: Zur Psychoanalyse der religiösen Entwicklung. Frankfurt a/M: Suhrkamp, 1975.

RENIK, Owen. Analytic Interaction: Conceptualizing Technique in Light of the Analyst's Irreducible Subjectivity. *Psychoanalytic Quarterly*, n. 62, 1993.

REUTERS/CNN. *U.N.*: Child Sex Trade "a Form of Terrorism". Transcrição. 17 set. 2001.

REY, Henry. *Universals of Psychoanalysis in the Treatment of Psychotic and Borderline States*. London: Free Association Books, 1994.

RICHTERS, John E.; MARTINEZ, Pedro. The NIMH Community Violence Project: I. Children as Victims of and Witnesses to Violence. *Psychiatry*, n. 56, 1 fev. 1993.

RIESEBRODT, Martin. *Fundamentalismus als patriarchalische Protestbewegung:* Amerikanische Protestanten (1910-28) und iranische Schiiten im Vergleich. Tübingen: Mohr, 1990.

_____. *Die Rückkehr der Religionen:* Fundamentalismus und der "Kampf der Kulturen". München: C. H. Beck, 2000.

RIZZUTO, Ana-Maria. Resenha de: Winnicott, Donald W. Deprivation and Delinquency. WINNICOTT, Clare, SHEPHERD, Ray and DAVIS, Madeleine (Eds). London: Tavistock, 1984. *Journal of the American Psychoanalytic Association*, n. 38, 1990.

ROBESPIERRE, Maximilien. (1794). *Justification of the Use of Terror.* Disponível em: <www.fordham.edu/halsall/mod/robespierre-terror.html.>. Acesso em: 2003.

ROMANO, Lois; CLAIBORNE, William. Facing Death, Mcveigh Unyielding: In Final Hours, Oklahoma City bomber Justifies Action, Attorney Says. *The Washington Post,* Washington, p. A01, 11 jun. 2001.

ROSENBAUM, Bent; VARVIN, Sverre. The Enunciation of Exiled and Traumatised Persons: A Model and its Application. In: VARVIN, Sverre; STEINER-POPOVIC, Tamara (eds.). *Upheaval*: Psychoanalytic Perspectives on Trauma. Belgrade: jan. 2000.

ROTHSTEIN, Arnold. *The Narcissistic Pursuit of Perfection.* New York: International Universities Press, 1984.

ROWLING, Joanne K. *Harry Potter and the Prisoner of Azkhaban.* London: Bloomsbury, 1999. Edição brasileira: *Harry Potter e o Prisioneiro de Azkaban.* Tradução de Lia Wyler. Rio de Janeiro: Rocco, 2000.

RUBIN, Gayle. The Traffic in Women: Notes on the "Political Economy" of Sex. In: REITER R. R. (ed.). *Toward and Anthropology of Women.* New York/London: Monthly Review Press, 1975.

RUDDICK, Sara. *Maternal Thinking*: Toward a Politics of Peace. New York: Ballantine, 1989.

SAATHOFF, Gregory B. Kuwait's Children: Identity in the Shadow of the Storm. *Mind and Human Interactions*, n. 7, 1996.

SACHS, Susan. Q & A – Punishing a Terrorist by Showing him his Victim's Humanity. Entrevista de Laura Blumenfeld. *The New York Times,* New York, p. B9, 6 abr. 2002. Disponível em: <http://query.nytimes.com/gst/fullpage.html?res=9E05E7D9173DF935A35757C0A9649C8B63>

SAID, Edward W. *Orientalism.* New York: Vintage Books, 1978.

SANDLER, Joseph. The Background of Safety. *International Journal of Psycho-Analysis*, n. 41, 1960.

_____. *From Safety to Superego.* London: Karnac, 1987.

SAS, Silvia A. Ambiguity as the Route to Shame. *International Journal of Psycho-Analysis*, n. 73,1993.

SCHMIDT, Susan; EGGEN, Dan. Suspected Planner of 9/11 Attacks Captured in Pakistan after Gunfight; Two Other Al Qaeda Members Killed, Several More Arrested. *The Washington Post,* Washington, p. A01, 14 set. 2002.

SCHORE, Allan N. Interdisciplinary Developmental Research as a Source of Clinical Models. In: MOSKOWITZ, Michael; MONK, Catherine; KAYE, Carol; ELLMAN, Steven (eds.). *The Neurobiological and Developmental Basis for a Psychotherapeutic Intervention.* Northvale/London: Jason Aronson, 1997.

SERAUKY, Eberhard. *Im Namen Allahs*: Der Terrorismus im Nahen Osten. Berlin: Karl Dietz Verlag, 2000.

SHARMA, Achala. *Kya Chahti Hai Shivani?* Rádioteatro transmitido pela BBC Worldwide Hindi Service, abr. 2000.

SHENGOLD, Leonard. *Soul Murder:* The Effects of Childhood Abuse and Deprivation. New Haven, CT: Yale University Press, 1989.

_____. Child Abuse and Deprivation: Soul Murder. *Journal of the American Psychoanalytical Association*, n. 27, 1979.

SILOVE, Derrick. Is Posttraumatic Stress Disorder an Overlearned Survival Response? An Evolutionary-learning Hypothesis. *Psychiatry*, n. 61 (2), 1998.

SINGH, Joseph A. L.; ZINGG, Robert M. *Wolf Children and Feral Man.* New York: Harper & Row, 1939.

SMELSER, Neil J. *The Social Edges of Psychoanalysis.* Berkeley/Los Angeles: University of California Press, 1998.

SPITZ, René A. [1965]. *Vom Säugling zum Kleinkind.* Stuttgart: Klett, 1972.

STEIN, Howard R. Adversary Symbiosis and Complementary Group Dissociation: An Analysis of the U.S./U.S.S.R. Conflict. *International Journal of Intercultural Relations*, n. 6, 1982.

STEIN, Ruth. Evil as Love and Liberation. *Psychoanalytic Dialogues*, n.12, 2002.

SULLIVAN, Harry S. *The Language of Schizophrenia*, KASANIN, J. S. (ed.). Los Angeles: University of California Press, 1944.

TAYLOR, Paul. Giscard Drops EU Bombshell on Turkey. Reuters, 8 nov. 2002. Disponível em 2002: <http://home.cogeco.ca/~konews/9-11-02-tky-bombsheld-by-discard.html>.

THEWELEIT, Klaus. *Männerphantasien*, v. 2. Frankfurt a/M: Roter Stern, 1978.

TIBI, Bassam. *Islamischer Fundamentalismus, moderne Wissenschaft und Technologie.* Frankfurt a/M: Suhrkamp, 1992.

_____. [1993]. *Die Vershwörung*: Das Trauma arabischer Politik. Hamburg: Hoffman und Campe, 1994.

_____. *Fundamentalismus im Islam*: Eine Gefahr für den Weltfrieden? Darmstadt: Wissenschaftliche Buchgesellschaft, 2000.

TICHO, Gertrude. Cultural Aspects of Transference and Countertransference. *Bulletin of the Menninger Clinic*, n. 35,1971.

U.S. DEPARTMENT of State. *Patterns of Global Terrorism.* Washington, 1994.

VALÉRY, Paul [1924]. *Variété I et II.* Paris: Galimard, 1998.

VAN DER KOLK, Bessel A. The Psychobiology of Posttraumatic Stress Disorder. *Journal of Clinical Psychiatry*, n. 58 (Suplemento 9), 1997.

VARVIN, Sverre. Genocide and Ethnic Cleansing: Psychoanalytic and Social-psychological Viewpoints. *Scandinavian Psychoanalytic Review*, n. 18 (2), 1995.

_____. Etnisk renselse og folkemord. Psykoanalytiske synspunkter. *Sosiologi i dag*., n. 2, 1997.

_____. Die gegenwärtige Vergangenheit: Extreme Traumatisierung und Psychotherapie. *Psyche – Zeitschrift für Psychoanalyse und Ihre Anwendungen*, n. 59 (9-10), 2000.

_____.Auswirkungen extremer Traumatisierungen auf Körper, Seele und Soziales Unfeld. Artigo apresentado na conferência Trauma, Beziehung und soziale Realität, *Kassel,* 26-27 out. 2001.

_____. Body, Mind and the Other: Symbolisation and Mentalisation of Extreme Trauma. In: VARVIN, Sverre; STAJNER-POPOVIC, Tamara (eds.). *Upheaval*: Psychoanalytic Perspectives on Trauma. Belgrado: IAN, 2002.

_____. *Mental Survival Strategies after Extreme Traumatisation*. Tese de doutorado defendida na Faculdade de Medicina da Universidade de Oslo, Oslo, 2002.

VEDANTAM, Shankar. Fear on the 86th Floor: James Gartenberg Called Friends, Family for Help – and then Silence. *The Washington Post*, Washington, p. A01, 15 set. 2001.

VOLKAN, Vamik D. *Cyprus – War and Adaptation:* A Psychoanalytic History of Two Ethnic Groups in Conflict. Charlottesville: University Press of Virginia, 1979.

_____. *Six Steps in the Treatment of Borderline Personality Organization*. Northvale: Jason Aronson, 1987.

_____. *The Need to Have Enemies and Allies*: From Clinical Practice to International Relationships. Northvale: Jason Aronson, 1988.

_____. On "Chosen Trauma". *Mind and Human Interaction*, n. 3, 1991.

_____. Immigrants and Refugees: A Psychodynamic Perspective. *Mind and Human Interaction*, n. 4, 1993.

_____. Bosnia-Herzegovina: Ancient Fuel of a Modern Inferno. *Mind and Human Interaction*, n. 7 (3), 1996.

_____. *Bloodlines:* From Ethnic Pride to Ethnic Terrorism. New York: Farrar, Straus & Giroux, 1997.

_____. *Das Versagen der Diplomatie:* Zur Psychoanalyse nationaler, etnischer und religiöser Konflikte. Giessen: Psycho-sozial Verlag, 1999.

_____. Psychoanalysis and Diplomacy, Part I: Individual and Large-group Identity. *Journal of Applied Psychoanalytic Studies*, n.1, 1999.

_____. The Tree Model: A Comprehensive Psychopolitical Approach to Unofficial Diplomacy and the Reduction of Ethnic Tension. *Mind and Human Interaction*, n. 10, 1999.

_____. September 11 and Societal Regression. *Mind and Human Interaction*, n. 12, 2001.

_____. Large-group Identity: Border Psychology and Related Processes. *Mind and Human Interaction*, n. 13, 2002.

VOLKAN, Vamik D.; AST, Gabriele; GREER JR, William. *The Third Reich in the Unconscious*: Transgenerational Transmission and Its Consequences. New York: Brunner Routledge, 2002.

VOLKAN, Vamik D.; MAKHASHVILI, Nino; SARJVELADZE, Nodar; VAHIP, Isil. *Gender Issues and Family Violence*: Public Awareness and Services to Victims. Final report for the IREX Black and Caspian Sea Collaborative Research Program. Charlottesville: Center for the Study of Mind and Human Interaction, 2002.

VOLKAN, Vamik D.; MONTVILLE, Joseph V.; JULIUS, Demetrius A. (eds.). *The Psychodynamics of International Relationships* – Unofficial Diplomacy at Work. Lexington: Lexington Books, 1991, v. 2.

VON FEUERBACH, Paul Johan Anselm [1832]. *Kaspar Hauser*: Beispiel eines Verbrechens am Seelenleben des Menschen. Berlim: Anspach.

WALDMANN, Peter. Terrorismus als weltweites Phänomen: Eine Einführung. In: FRANK, Hans; HIRSCHMAN, Kai (eds.). *Die weltweite Gefahr:* Terror-

ismus als internationale Herausforderung. Berlim: Berlin Verlag, Arno Spitz, 2002.
WILLIAMS, Christine L. *Gender Differences at Work:* Women and Men in Nontraditional Occupations. Berkeley: University of California Press, 1989.
WILLIAMS, R. M.; PARKES, Colin Murray. Psychosocial Effects of Disaster: Birth Rate in Aberfan. *British Medical Journal*, n. 2, 1975.
WILSON, S. Brazil's President-elect Pledges to Fight Poverty but Pay Debts. *The Washington Post,* Washington, p. A13, 29 out. 2002.
WINNICOTT, Donald W. Ego Distortion in Terms of True and False Self. In: _____. *The Maturational Processes and the Facilitating Environment.* New York: International Universities Press, 1960.
_____. The Theory of the Parent-infant Relationship. In: _____. *The Maturational Processes and the Facilitating Environment.* New York: International Universities Press, 1960.
_____. The Development of the Capacity for Concern. In: _____. *The Maturational Processes and the Facilitating Environment.* New York: International Universities Press, 1963.
WOLFENSTEIN, Martha; KLIMAN, Gilbert (eds.). *Children and the Death of a President:* Multi-disciplinary Studies. Garden City: Doubleday, 1965.
WRANGHAM, Richard W. Evolution of Coalitionary Killing. *Yearbook of Physical Anthropology*, n. 42, 1999.
WRANGHAM, Richard W.; Peterson, Dalle. *Demonic Males*: Apes and the Origins of Human Violence. Boston: Houghton Mifflin, 1996. Edição brasileira: *O Macho Demoníaco*: As Origens da Agressividade Humana. Tradução de M. H. C. Côrtes. Rio de Janeiro: Objetiva, 1998.

Organizadores e Ensaístas

SALMAN AKHTAR: Doutor em medicina, nasceu em Lucknow, Índia. Reside nos Estados Unidos há trinta anos, e é professor de psiquiatria na Jefferson Medical College, conferencista em psiquiatria da Escola de Medicina de Harvard, e analista didata e supervisor do Centro Psicanalítico da Filadélfia. Editor de resenhas de livros do *Journal of Applied Psychoanalytical Studies*, participou dos Comitês Editoriais do *Journal of the American Psychoanalytic Association* e do *International Journal of Psycho-Analysis*. Suas mais de duzentas publicações incluem cinco livros – *Broken Structures, Quest for Answers, Inner Torment, Immigration and Identity*, e *New Clinical Realms* – assim como outros dezenove livros, como editor ou co-editor, sobre psiquiatria e psicanálise, além de seis volumes de poesia.

JOHN, LORD ALDERDICE: FRCPsych, MLA*, nasceu na Irlanda do Norte e estudou medicina na Universidade de Queens, em Belfast; foi Conferencista Honorário (subseqüentemente Conferencista Sênior) na Faculdade de Medicina The Queen's University of Belfast e Professor Honorário da Faculdade de Medicina da Universidade de São Marcos, em Lima. Foi o primeiro Diretor do Instituto de Relações Humanas da Irlanda do Norte. Tendo sido alçado à nobreza com o título de Barão Alderdice, em outubro de 1996, é Presidente Eleito da Liberal Internacional e Presidente da Assembléia Legislativa da Irlanda do Norte. Sua contribuição para a paz tem sido reconhecida através de numerosas honrarias internacionais.

GEORGE A. AWAD: Doutor em Medicina, nasceu em Acre, Palestina; aos seis anos de idade foi como refugiado para o Líbano, onde viveu por vinte anos e estudou medicina. Estudou psiquiatria nos Estados Unidos e psicanálise em Toronto, no Canadá, onde vive e clinica, em psicanálise e psiquiatria infantil, há trinta anos. É analista didata do

---

* FRCPsych se refere ao título de *Fellow of the Royal College of Psychiatrists;* MLA se refere ao título de *Medical laboratory assistant*. (N. da T.)

Instituto de Psicanálise de Toronto e professor associado de psiquiatria da Universidade de Toronto. Autor de mais de cinqüenta artigos e capítulos de revistas e livros sobre psiquiatria e psicanálise, em meados dos anos de 1990, durante cinco anos, passava duas semanas por ano no Líbano, lecionando abordagens psicodinâmicas, para o trabalho com crianças e famílias traumatizadas, a profissionais de saúde mental da linha de frente.

WERNER BOHLEBER: PhD, nasceu no sul da Alemanha, atualmente vive em Frankfurt, onde exerce psicanálise em clínica privada e é analista didata e supervisor. É vice-presidente da Associação Psicanalítica da Alemanha (DPV), e editor do jornal *Psyche: Zeitschrift für Psychoanalyse und ihre Anwendungen*. Seus principais temas de pesquisa são: trauma, investigação psicanalítica do Nacional Socialismo, adolescência e identidade, xenofobia e anti-semitismo. Suas principais publicações incluem, entre outras: *Adoleszenz und Identität*, *Spätadoleszente Konflikte* (co-editado com E. Krejci), "*Gift, das du unbewusst eintrinkst...*": *Der Nationalsozialismus und die deutsche Sprache* (co-editado com J. Drews); *Antisemitismus* (co-editado com J. Kafka); e *Die Gegenwart der Psychoanalyse: Die Psychoanalyse der Gegenwart* (co-editado com S. Drews).

ABDÜLKADIR, ÇEVIK: Doutor em Medicina, nasceu em Mardin, no sudeste da Turquia. É professor de psiquiatria na Escola de Medicina da Universidade de Ancara, Turquia. Trabalhou principalmente sobre doenças psicossomáticas, e estudou questões psicopolíticas. Autor de mais de cem artigos científicos, seus livros (todos em turco) incluem *Medicina Psicossomática*; *Identidade de um Ponto de Vista Psicopolítico* e também *Terrorismo Étnico*.

NANCY J. CHODOROW: PhD, nasceu em Nova York, mas mora e trabalha em Berkeley, na Califórnia, onde é psicanalista em clínica particular e professora do Instituto de Psicanálise de São Francisco; é também professora de sociologia e de psicologia clínica na Universidade da Califórnia. Autora de *The Reproduction of Mothering*, *Feminism and Psychoanalytic Theory*, *Feminities, Masculinities, Sexualities*, *The Power of Feelings*, e de muitos outros artigos. É editora de resenhas de livros do *International Journal of Psycho-Analysis* e editora associada do *Studies in Gender and Sexuality*.

H. SHMUEL ERLICH: PhD, nasceu em Frankfurt do Meno, Alemanha, cresceu em Tel Aviv, Israel, obteve o diploma superior e teve as primeiras experiências de trabalho nos Estados Unidos. Desde 1971 vive e trabalha em Jerusalém, Israel, onde clinica. Professor de psicanálise com o título Sigmund Freud e diretor do Centro Sigmund Freud de Estudo e Pesquisa Psicanalíticos na Universidade Hebraica de Jerusalém. Analista didata, supervisor, e ex-presidente da Sociedade Psicanalítica de Israel, e membro fundador da OFEK: Associação Israelense para o Estudo de Processos Organizacionais e de Grupo. Já publicou sobre desenvolvimento na adolescência, distúrbios e tratamentos; dimensões experimentais de relações objetais; e também sobre psicodinâmica organizacional e de grupo.

ABIGAIL GOLOMB: Doutora em medicina, nasceu em Cleveland, Ohio, nos Estados Unidos. Psiquiatra e diretora de uma unidade de psiquiatria infantil na Unidade de Avaliação Forense para Crianças e Famílias no Centro de Saúde Mental de Tel Aviv. Seus principais interesses incluem prevenção e saúde mental individual, familiar e social, além de interações entre a constituição e educação no desenvolvimento. É analista didata, ex-presidente da Sociedade Psicanalítica de Israel, e ex-diretora da Casa de Representantes da IPA; também membro do comitê de ética da Sociedade Psicanalítica de Israel, do grupo de desenvolvimento da psicanálise da infância de Israel, do grupo de trauma EPF, e do grupo de terror e terrorismo da IPA. Seus ensaios recentes sobre o assunto incluem: Society under Threat: Flexibility and Rigidity of Diadic Boundaries (em *Upheavel: Psychoanalytical Perspectives on Trauma*) e Children's Experiences of Trauma and Retrauma (em *Between Sessions & Beyound the Couch*, editado por Joan Raphael-Leff).

LEOPOLD NOSEK: Doutor em medicina, nasceu em 1947 em Bialystok, na Polônia; em 1951 emigrou para o Brasil, onde foi prisioneiro político por dez meses em 1971, durante a ditadura militar brasileira. Mora e trabalha em São Paulo, onde atua como psicanalista de crianças e de adultos. Foi presidente da Sociedade Brasileira de Psicanálise de São Paulo e da Associação Brasileira de Psicanálise. Membro ativo da IPA, também foi membro da Casa de Representantes; foi editor do *IPA Newsletter*, da revista *IDE* da Sociedade Brasileira de Psicanálise de São Paulo, e de publicações da Fepal. Seus artigos foram publicados em livros e jornais em português, inglês e em espanhol. Também organizou a exposição "Freud: Conflito e Cultura" em São Paulo e no Rio de Janeiro, e foi curador das exposições "Psicanálise e Modernismo no Brasil" e "Freud e o Judaísmo" nessas duas cidades.

J. ANDERSON THOMSON JR.: Doutor em medicina, nasceu em Washington, D.C. Atualmente trabalha em Charlottesville, Virginia, como psiquiatra e como diretor-assistente do Centro para o Estudo da Mente e Interação Humana, da Escola de Medicina da Universidade de Virginia. Também é analista didata no Instituto de Psicanálise de Toronto e professor associado de psiquiatria na Universidade de Toronto. Seus interesses incluem campos emergentes da psicologia evolucionária e psiquiatria darwinista.

SVERRE VARVIN: Doutor em medicina, PhD, nasceu em Oslo, Noruega, onde trabalha em clínica particular e é consultor sênior em psiquiatria do Centro Psicossocial para Refugiados da Universidade de Oslo. Membro da Sociedade Psicanalítica Norueguesa, é analista didata e vice-presidente da Associação Psicanalítica Internacional, presidindo o Grupo de Trabalho sobre Terror e Terrorismo. Seus interesses de pesquisa incluem traumatização, psicoterapia com pacientes traumatizados, pesquisa de resultados do processo de psicanálise e em pesquisa qualitativa; entre suas publicações estão *Mental Survival Strategies after Extreme Traumatisation* e *Upheavel: Psychoanalytical Perspectives on Trauma* (co-editado com Tamara Stajner-Popovic), assim como mais de setenta artigos sobre psicanálise, esquizofrenia, trauma grave etc. Presidiu por muitos anos o Comitê de Direitos Humanos na Associação Médica Norueguesa e, nesse contexto, trabalhou em projetos na Turquia e nos Bálcãs, entre outros.

SHANKAR VEDANTAM: MA, nasceu na Índia, teve sua formação tanto lá quanto na Universidade de Stanford. Mora atualmente em Washington, D.C., onde escreve no caderno de assuntos nacionais do *The Washington Post*. Trabalhou antes no *Philadelphia Inquirer*, no Knight-Ridder's Washington Bureau e no *New York Newsday*. Vencedor de vários prêmios de jornalismo. Tem também um romance, uma peça e uma coletânea de contos publicados.

VAMIK D. VOLKAN: Doutor em medicina, filho de pais turcos, nasceu em Chipre. Estudou na Escola de Medicina da Universidade de Ancara e migrou para os Estados Unidos no fim dos anos de 1950, onde teve formação psiquiátrica e psicanalítica. Cidadão americano, mora em Charlottesville, Virginia, onde é professor emérito de psiquiatria e fundador do Centro para o Estudo da Mente e Interação Humana (CSMHI) na Escola de Medicina da Universidade de Virginia. É analista didata e supervisor do Instituto Psicanalítico de Washington. Também passa alguns meses por ano na Turquia como professor-visitante de psiquiatria na Universidade Ege, em Esmirna. Ex-presidente da Sociedade Internacional de Psicologia Política, ele recebeu o título Erik Erikson Scholar do Centro Austen Riggs em Massachusetts, em setembro de 2003. Autor e co-autor de 26 livros, incluindo *The Need to Have Enemies and Allies*, *Bloodlines: From Ethnic Pride to Ethnic Terrorism*, e *The Third Reich in the Unconscious*.

GENEVIÈVE WELSH-JOUVE: Doutora em medicina, nasceu em Argel, capital da Argélia. Viveu em seu país, na França e na Inglaterra. Hoje vive em Paris, onde é consultora sênior em psiquiatria da Associação de Saúde Mental da Sorbonne, e psicanalista da Sociedade Psicanalítica de Paris, IPA. Trabalha tanto em clínica particular como em serviço público. Desde 1980 preside uma equipe que trabalha com refugiados do sudeste da Ásia. Tem ensaios publicados em jornais franceses e em livros a respeito de perspectivas psicanalíticas sobre drogas psicotrópicas, dor, esquizofrenias e casos limítrofes, e sobre conseqüências de traumas coletivos.

DANIEL H. WIDLÖCHER: Doutor em medicina, PhD, nasceu e sempre viveu e trabalhou em Paris. É presidente da IPA, ex-professor de psiquiatria da Universidade Pierre e Marie Curie, e chefe do Departamento de Psiquiatria do Hospital Salpêtrière, onde chefia o centro de formação psicanalítica e psicoterápica. Foi também diretor de uma unidade de pesquisa em farmacologia e psicopatologia no Instituto Nacional de Pesquisa Médica. Fez formação na Sociedade Psicanalítica Francesa e exerceu psicanálise em clínica privada. Rompeu com Lacan no início dos anos de 1960 e fundou com Lavie e Laplanche a Associação e o Instituto Psicanalítico Francês, onde tem papel ativo como membro efetivo e analista didata. Suas publicações incluem: *Le Psychodrame chez l'enfant*, *L'Interprétation des dessins d'enfants*, *Freud et le problème du changement*, *Psychoanalysis in France* (co-editado com Serge Lebovici), *The Identity of the Psychoanalyst* (co-editado com Edward D. Joseph), *Les Logiques de la dépression*, *Métapsychologie du sens*, *Les Nouvelles cartes de la psychanalyse*, e *La Psyché carrefour*.

Índice Remissivo

A
Aberfan, desastre na escola do vilarejo, conseqüências do – 212, 213
Abu-Rabi, I. M. – 151n
Acordo Sykes-Picot – 155
Adelson, E. – 197n
Adorno, T. W. – 36, 98n, 114, 176
Afeganistão – 94, 118, 167
  ocupação soviética do – 48
  punição da homossexualidade – 98
  regime Talebã no – 16, 57, 89, 90
África do Sul:
  CNA – 18
  luta contra o *apartheid* – 7, 156
  paz e reconciliação – 174
agressão como mecanismo de defesa – 191, 192, 195, 196
Akhtar, S. – XV, XVI, XIX, 80n, 123-137, 148n, 232, 234
Al-Banna, H. – 150
Albright, M. – 165
Alcebíades – 173
Alderdice, J., Lord – XIII
Alemanha – 57, 63, 88, 110, 140, 155, 166, 193
  bombardeio de Dresden – 36
  gangue Baader-Meinhof – 17
Alexander, R. – 74n
Alexandre II, tsar – 9, 10
Ali, T. – 147n, 165n
Al Jazira Televisão – 5
Aljazira – 154, 155, 156, 158, 159
Al-Qaeda – 51, 63, 67, 108, 118, 119, 210, 212
altruísmo, recíproco – 73
"amafufanyane" – 128
ambiente:
  "geladeira" – 127
  "previsível comum" – 81, 124, 125
Anderson, B. – 111
"Angkhar" – 180
anomia – 41-46
anorexia – 44
ansiedade básica – 211
ansiedade persecutória – 92
Antelme, R. – 176
Antígona – 182
anti-semitismo – 94, 112, 113, 114n
Antístenes – 173
Apprey, M. – 223n, 226n
Arábia Saudita – 5, 77, 86, 154
  mulheres na – 91

Arbuthnot, J. – 126
Argélia – 172, 173
　Frente de Libertação Nacional (FLN) – 7, 15, 18
　Grupo Islâmico Armado (GIA) – 119
　luta contra os franceses – 6, 7, 18
Árabe:
　guerra contra Israel (1948) – 162
　identidade – 151
　mundo islâmico, democracia no – 160, 161
　Revolta (1936-1939) – 162
Argentina, Guerra Suja – 51
Aristóteles – 30
Aron, L. – 159n
Ásia Central, militante islâmico na – 64
"assassinato da alma" – 129
assassinatos – 133, 134. *Ver também* Gandhi, I.; Gandhi, R; Kennedy, J. F.; McKinley, W.; Rabin, Y.; Sadat, A.
assassinatos em massa – 13, 20, 88, 89, 105
assassinatos seriais – 133, 134
　vs. terrorismo – 130-131
assassinos (ismaelitas nizari) – 47
assassinos seriais – 135
　desumanização por identificação –129-130
Ast, G. – 222n
ataques de 11 de setembro (*passim*): como obra de arte – 37. *Ver também* World Trade Center
ativistas do Hamás – 144
Atta, M. – 3-30, 105, 118, 130
　ataques de 11 de setembro – 5-6
atuação – 144
Auschwitz – 36, 176
Aust, S. – 104n, 105n
Áustria, terroristas árabes na – 141
autismo – 134
　infantil (desumanização por falha) – 127
auto-idealização – 203
Awad, G. A. – XV, XVI, 147-168, 233
Al-Zawahiri, A. – 108

B
Bahaji, S. – 118
Baker, P. – 19n

Balier, C. – 183n
Banks, R. – 156, 157n
Barber, B. – 158n
Baron-Cohen, S. – 73n
Bärsch, C.-E. – 111n
Batalhão 101, massacre pelo – 232, 233
Bauman, Z. – 63
Begin, M. – 13, 18, 164
Beidel, D.C. – 196n
Belarus, usina nuclear Chernobil, explosão na – 209, 213
Bélgica, imigrantes turcos na – 82-83
Bell, C. C. – 195n
Bellamy, C. – 19
Bendkower, J. – 112n
Bergman, A. – 125n, 188n
Bernard, V. – 214n
Bhutto, B. – 21
Bielefeld, U. – 111
Bin Laden, O. – XVI, XIX, 48, 75, 86, 108, 110, 116, 137, 159
Bion, W. R. – 34n, 44, 45, 145
bioterrorismo – 17
Blos, P. – 81n, 220n
Blumenfeld, L. – 131
Bohleber, W. – XIX, 103-121, 143n, 193n, 203n, 234
Bolsa de Valores de Nova York – 19
Bósnia – 233
　genocídio na – 224
Boyer, P. – 70n, 71n, 74n
Brainsky, S. – XIX
Brando, M. – 37
Brasil, problemas no – 43
Brenner, I. – 222n, 223n
Breuer, S. – 110n
Breytenbach – 156
Brigadas Vermelhas (Itália) – 17
Broadway, B. – 12n
Bromberg, P. M. – 165
Brown, J. – 128n
Brown, John (revolta de Harper Ferry) – 6, 7
Browning, C. B. – 232
Bruner, J. – 204n
bulimia – 44
Bunche, R. J. – 137
Burkett, W. – 70n
Burlingham, D. – 222

Buruma, I. – 110n, 116n
Bush, G. W. – 14, 137
   administração – 19, 93
Buss, D. – 68n

C

Cain, A. – 222n
Cain, B. S. – 222n
Califas, primeiros quatro, e idealização do passado – 152
Camboja:
   genocídio no – 181, 183, 233
   Khmer Vermelho, membros do – 174, 177. *Ver também* Pol Pot
   refugiados do, em Paris – 177-179
Canadá, separatistas em Quebec – 17
catatonia – 128
Caxemira:
   conflito indo-paquistanês em – 93
   terrorismo em – 17, 19
Cazaquistão, movimentos terroristas no – 64
Celan, P. – 176
Centro Contraterrorismo da CIA – 15
Centro de Estudos da Mente e Interação Humana (CEMIH) – 218, 221, 225, 226
Çevik, A. –79-86, 234
Ceyhun, B. – 86n
Chagnon, N. A. – 70n
Chandler, D. P. – 180n, 183n
Chechênia, separatistas na – 18, 19
Cherry, B. F. – 24, 25
China – 75, 180
   separatistas de Uighur na – 18, 19
   terror de Estado na – 51
Chipre:
   divisão turco-grega em – 84, 212, 216-221
   fenômeno de coceira em – 217-218
Chodorow, N. J. – xv, 60n, 87-99, 232, 236
choque de culturas – 81
Cidade de Oklahoma. bombardeio do Alfred P. Murrah Federal Building – 12, 21, 133
cisão – 54, 92-95, 161, 184
cisão esquizoparanóide – 92, 95
Claiborne, W. – 12n

Clinton, W. – 165
cognição desarticulada – 71
Cohen, D. J. – 194n
Cohen, G. – 194n
"colapso do tempo" – 204
Cole, D. – 21
Cole, USS (destróier) – 116
Collins, A. M. – 24
"Comunidade Islâmica" – 108
conceito de trauma – 36, 200
Conferência sobre terrorismo de Harvard – 87
confiança básica – 211
Congresso Nacional Africano (CNA) – 18, 21
Conrad, J. – 35, 45, 236
   O Coração das Trevas – 27, 38-41
Conselho de Relações Internacionais – 15
Conselho Nacional de Pesquisa – 11n, 15n, 22n, 23n
contratransferência – 167
Convenção pelo Futuro da Europa – 85, 86
Cooley-Quille, R. – 196n
Coppola, F. F. – 38
   Apocalypse Now! – 37, 236
costa turca do Egeu – 211
crença religiosa – 49, 71-74, 142
   ação simbólica – 71
Crescente Vermelho – 224
criança autista – 135
criança(s) selvagens – 127
   (desumanização por deficiência) – 125-126
Crítias – 173
Cruz Vermelha – 224
cuidados maternos, natureza essencial dos – 125-126

D

dar al-herab ("Casa da Guerra") – 111
dar al-Islam ("Casa da Paz") – 111
Davis, A. – 98n
Dawkins, R. – 70n, 77n
decência da espécie, abandono da – 163
Declaração Balfour – 155
defeito – 133
deficiência – 132, 133

Dennett, D. – 75n
desamparo – 60, 167, 195, 199, 200, 203, 206, 215, 221
desastre de Buffalo Creek, Montanhas da Virgínia Ocidental – 216
desenvolvimento cognitivo-emocional, dimensões do – 52-57
deslocamento, como mecanismo de defesa – 191-192
desumanização – 123-137
  e reumanização – 135-137
  métodos de – 181-182
  refugiados cambojanos em Paris – 177, 178
desumanização por deficiência) – 125
  (crianças selvagens) – 125-126
desumanização por falha – 125
  (autismo infantil, síndrome de Asperger) – 127
De Young, K. – 19n
Dickson-Gomez, J. – 193n
dinâmica de grandes grupos – 133
Diner, D. – 107n, 111n
dissociação – 49, 56
  como mecanismo de defesa – 191, 194
distúrbio de estresse pós-traumático (DEPT) – 172, 200, 209, 219, 227
Dollard, J. – 98
Douch – 183
Douglas, M. – 113
Drell, M. – 194n
DSM-IV – 127n
Duntley, J. D. – 68n
Durkheim, E. – 42
Duvalier, Papa Doc (Haiti) – 16

E
Édipo – 35
  Complexo – 112
efeito Rashomon – 18, 19
Eggen, D. – 5n
Egito – 153, 166
  antecedente histórico – 155-156
  Irmandade Muçulmana – 150, 151
  organização terrorista no – 108-110, 117, 150
  Sadat, assassinato de – 17, 133
ego-ideal – 183, 142, 143, 148, 181
  comunal – 115
Einstein, A. – XI, XII, 36, 236
Eissler, K. R. – 116
El Salvador, trauma entre campesinos – 193
Eliot, T. S. – 38, 45, 46
  The Hollow Men – 35, 38, 44
Emily, J. – 126n
empatia – 131
encapsulamento – 191
Erichsen, J. – 200n
Erikson, E. H. – 148, 211n, 214
Erikson, K. T. – 203, 212, 216n
Erlich, H. S. – XV, XVI, 139, 210n, 233
Eros *vs.* Tânatos – 183, 184
Espanha:
  ETA – 64
  presença islâmica na – 152
Esposito, J. – 147n
esquizofrenia – 134, 135
  desumanização por regressão – 127-129
Estado-nação – 107
  formas de – 111
estados psicóticos, desumanização por regressão – 127-129
Estados Unidos – 7, 10, 12, 13, 19, 48, 86, 87, 91, 93, 95, 97, 159, 160, 210, 235
  Academia Nacional de Ciências – 15
  acordo com a Arábia Saudita – 158
  ataques terroristas contra os (*passim*)
  Departamento de Estado dos – 21
  estudos sobre trauma nos – 216
  Movimento dos Direitos Civis nos – 25
  ódio do mundo árabe-islâmico em relação aos – 109, 150, 157, 158, 159, 162-163, 164-165
  -União Soviética, Guerra Fria – 23
estratégia – 133
  desumanização por – 125
  terrorismo – 130-132
"estrutura de segurança" – 135
estupro – 5, 95, 219, 224
  gangue – 91
  em massa – 89, 93, 96, 97
  étnico – 89
etnocídio – 94

Eurípides – 31n
Medéia – 29-31, 35, 41
evasão, como mecanismo de defesa – 192
exílio, psicodinâmica do – 57-63, 80-81, 148, 206
extremistas judeus – 141

F

Fairbairn, W. R. D. – 148
Fanon, F. – 6, 7, 13, 21, 98, 148, 157
fantasias coletivas, conscientes – 94
fantasias de cuidado – 112-116
Fawkes, G. – 35
Federn, E. – 45
Ferenczi, S. – 140
"filho substituto" – 212-213, 222
Finlândia, uso da sauna na – 84
Flaubert, G. – 28
Fonagy, P. – 163, 192n, 196, 202n
Força Delta (Estados Unidos) – 88
formação de símbolos – 204
Fraiberg, S. – 197n
França:
 Revolução Francesa – 8, 47. *Ver também* Argélia
Frank, A., *O Diário de Anne Frank* – 188
Freud, A. – 220n, 222n
Freud, S. – 44, 74, 90, 91, 113, 139, 211n
 caso Schreber – 34
 crenças religiosas – 70n
 energia livre e ligada – 32
 fenômenos grupais – XI, XII, 115, 142, 148, 175
 guerra – XI, 36
 id – 134
 luto – 80
 masculinidade – 96
 metapsicologia de – 31-35
 modelo da mente:
  estrutural – 33
  topográfico – 32, 33
 patricídio – 105, 184
 paz de tipo *Pax Romana* – 236
 pulsões de vida e de morte – 34, 36-37
 trauma – 200-201, 203
 violência – 90
Friedman, R. – 23
Fromm, E. – 148
função mente-cérero, distúrbio na – 201, 202, 203, 208
Fundação para o Desenvolvimento de Recursos Humanos (Tbilisi) – 225
fundamentalismo – 43, 65, 235, 236
 do amor – 40
 do lucro – 40, 42
 estado mental do – 49, 55, 56
 hindu – 16
 islâmico – XIX, 88, 93, 96, 105, 106, 107, 110, 121, 147, 150, 166
 "Jihad Islâmica" – 108
 muçulmano xiita – 80
 nacional-étnico – 99
 religioso – 99, 105, 119, 143n
  dimensão intrapsíquica do – 111-116
 treinamento pelo – 120-121
 visão de mundo e mentalidade do – 106-113
fusão e unidade, fantasias de – 115-116

G

Gandhi, I., assassinato de – 17, 133
Gandhi, M. – 9, 24
Gandhi, R., assassinato de – 133
Gartenberg, J. – 3, 4, 5, 25
Garza-Guerrero, A. C. – 81
Gay, P. – 74n
gênero, papel do, na violência – 87-99
genocídio – XII, XIII, 61-64, 88-89, 97, 171, 182, 183
 cambojano – 177
 de almas, e anomia – 41-46
 em Ruanda – 179, 194, 210, 233
 estudo psicanalítico do – 171-172
 Geórgia – 225, 226
 guerra de 1991-92 – 225
 na antiga Iugoslávia – 210
 nazista – 22, 63
 separatistas da Chechênia – 18, 19
 trabalho do trauma em – 225-227
Giscard d'Estaing, V. – 85, 86
globalização – XXI, 63, 107, 158, 234, 235
 e identidade – 79-86

psicodinâmica da – 82-83
Goethe, J. W. von – 40
Goldstein, B. – 133
Golomb, A. – XIX, 187-197, 234
Goodall, J. – 69
Grand, S. – 129
Grande Terror (1793-94) – 8, 9, 10
Grasso, D. – 19
Grécia – 32, 210
Green, A. – 45
Greenacre, P. – 141, 143
Greer, W. – 222n
Grinberg, L. – 80n, 81n, 148n
Grinberg, R. – 80n, 81n, 148n
Groves, B. M. – 194n
Grunberger, B. – 106
grupo:
  identidade:
    grande – 83-86, 214, 215, 223, 224, 233, 234
    e identificação narcísica – 115
  psicossocial – 93
Guerra da Argélia – 173
Guerra do Peloponeso – 173
Guerra do Vietnã – 17, 37, 38, 133
Guerra dos Seis Dias (1967) – 107, 156, 162
Guerra Fria, Estados Unidos-União Soviética – 23
Guerras, estudo psicanalítico das – 171
Gueto de Varsóvia, resistência – 6
Gulags siberianos – 36
Guthrie, S. G. – 70n

H

Hacker, F. J. – 141
Haffey, N. – 20n
Hartmann, H. – 81n, 124
Hartung, J. – 76n, 77n
Hauser, K. – 126
Hegel, G. W. F. – 173
Heine, P. – 107n
Heinsohn, G. – 64
Henrique IV da França – 173
Henry, P. – 7
heróis traumatizados, filhos de – 193
Herzinger, R. – 64n
Hijaz, tribos de – 158
Hilton, I. – 17n

Hiroshima, bombardeio de – 36, 165
Hirsch, M. – 192n
Hitler, A. – 12, 15, 16, 18, 49, 133, 173
Hoffman, B. – 9, 11, 13, 15, 17, 18, 106n
Holocausto – 39
  e masculinidade – 97
  e transmissão transgeracional do trauma – 193, 222, 223
homofobia – 91, 97
Horkheimer, M. – 98n
Horney, K. – 96
humilhação – 30, 219, 220, 221, 223
  como justificativa para violência – 61, 62, 87-99, 215
  dinâmica destrutiva da – 23, 58, 59, 61, 62, 65, 87-99, 233-236
  e vergonha – 167
  étnica – 132
Humphrey, N. – 70n, 72n
Hussein, S. – 157, 159, 191, 220, 235
Hutington, S. – 147

I

ianomâmis (América do Sul) – 70
identidade:
  abandono da – 134
  gênese da – 134
  núcleo da – 214
identificação – 30, 36, 97, 133, 222
  com a mãe – 98
  com ideal coletivo – 183, 192
  com o agressor – 60, 94, 140, 220, 232
  com o pai – 220
  com os pais – 84
  cuidador malévolo – 133
  desumanização baseada em – 125
    (assassinos seriais) – 129-130
  grupo – 120, 233
    narcísica – 113, 115
  ideológica – 142
identificação projetiva – 56, 92, 139, 164-166, 168
ideologia(s) – 22, 23, 63, 98, 106, 110, 117, 142, 144, 145, 166
  papel da – 142-143
  política – 50, 104, 106, 150, 151
  radical – 118

religiosa – 50, 104, 106
igualdade de gênero – 168
    questões de – 161-162
"imagens depositantes" nas transmissões transgeracionais do trauma – 222
imigração, psicodinâmica da – 81, 82-83, 148
imigrantes turcos na Bélgica – 82-83
Império Otomano – 85, 111, 150, 154
incesto – 231
    barreiras contra – 124
Índia – 4, 10, 19, 95
    assassinato de Indira Gandhi – 17, 133
    assassinato de Rajiv Gandhi – 133
    conflito indo-paquistanês na Caxemira – 19, 93, 131
    e Paquistão – 90
    levantes muçulmano-hindus – 133
    luta pela independência – 25
    nacionalistas hindus – 10, 16
    separação em Índia e Paquistão – 133
    reinado britânico, ruptura do – 93-94
individuação – 81, 115, 188, 194
    segunda – 220
    terceira – 81
individualização, e terror – 188-189
Indonésia, molucanos do sul (amboneses) separatistas na – 83
infância:
    terror – 187-197
    traumatogênico – 140
Irã, fundamentalistas muçulmanos xiitas no – 80
Iraque – 12, 19, 86, 153, 157, 159, 165, 167, 218-220
    Guerra do Golfo (1991) – 190
    Guerra do, (2003) – 235
    status das mulheres no – 162
Irlanda do Norte – 74
    Domingo Sangrento – 173
    IRA – 17, 64
islâmicos, militantes – 17
ismaelitas nizari – 47
Israel – 89, 95, 166, 194, 195, 210
    atletas mortos em Munique 1972 – 20
    colonos ultranacionalistas da Cisjordânia – 164

crise palestina – 5, 90, 93
Guerra dos Seis Dias – 107, 156, 162
homens-bombas suicidas palestinos em – 17, 18, 20, 94, 195
Irgun Tzvai Leumi (Organização Militar Nacional) – 13
máscaras de gás durante a Guerra do Golfo – 190
ódio do mundo árabe-islâmico por – 109, 150, 152, 154, 162-163
política nos Territórios Ocupados – 90, 94, 156, 164, 165, 166-167
Rabin, assassinato de – 17, 133, 210
raízes revolucionária violentas de – 10
Itália, Brigadas Vermelhas – 17
Itard, J.-M.-G. – 126
Iugoslávia, antiga:
    genocídio na – 210
    ruptura da – 93
    violência na – 194

J

Jacquard, R. – 120n
Jahelia – 152
Japão – 166
    Aum Shinrikyo (Verdade Suprema) – 50, 56, 62, 110, 119
    Exército Vermelho Unido – 120
    Hiroshima – 36
Jefferson, T. – 67, 70, 504
Jenkins, B. – 69
Jenkins, E. J. – 195n
jihad (muçulmana) – 21, 22, 48, 52, 111, 119
Joffé, R., *Gritos do Silêncio* – 177
Jones, J. – 75
Julius, D. A. – 81, 136n, 137n
Jünger, E. – 116

K

Kakar, S. – 52, 55, 111
Kant, I. – XIII
Keely, L. H. – 68n, 69n
Kennedy, J. F., assassinato de – 17, 210
Kepel, G. – 107n
Kernberg, O. – 62n

Kertész, I. – 176, 181, 184
Kestenberg, J. – 222n
Khadra, Y. (M. Moulesschoul) – 119
Khmer Vermelho (Camboja) – 174, 177, 178, 182
Khomeini, Aiatolá – 80
Kierkegaard, S. – 139
King Jr., M. L. – 9, 17, 24, 25
Kirkpatrick, L. A. – 73n
Klein, M. – 92, 134, 161n
Kliman, G. – 210n
Klinger, C. – 107n
Kogan, I. – 222n
kokoreç – 85
Koresh, D. – 75
Körner, T. – 116
Kosovo:
 albaneses em – 224
 Batalha de – 224
 derrota sérvia no século XIII – 94
Krause, R. – 60n
Kriegman, D. – 70n, 76n
Kriegman, O. – 70n, 76n, 539
Kristof, N. – 87
Ku Klux Klan (KKK) – 16, 24
Kurosawa, A. – 18n
Kuwait – XX, 157, 226
 efeitos da invasão iraquiana do – 218-221

L
Langemarck, culto à morte da (Alemanha) – 116
Laplanche, J. – 45
Laqueur, W. – 47n, 63n, 64, 104
latah – 128
Laub, D. – 203n
Lazar, príncipe – 224
lealdade pan-árabe –153
Lênin, V. – 10
levantes muçulmano-hindus (Índia) – 52, 133
Levi, P. – 176
Lewis, B. – 107n, 162n
libidinização do mundo interno – 207
licantropia (desumanização por regressão) – 127, 128
Lichtenstein, H. – 134
Lifton, R. J. – 50n, 56n, 61n, 62n, 119n, 120n, 215n
limpeza étnica – 56, 61, 88, 89, 93, 97
Lindsay, E. – 24n
Lineu – 126
Lipowatz, T. – 106n
Lipton, E. – 4n
Lloyd, A. – 72n
Lorenzer, A. – 106n
Lorion, R. P. – 194n
Luís XVI da França – 8
Lula da Silva, L. I. – 19
Lund, J. – 47n, 48n
luto – 41, 80, 81, 82, 141, 177, 182, 200, 202, 205, 206, 207, 208, 212, 215, 221, 223

M
Mahler, M. S. – 81n, 125, 188n
Makiya, K. – 104n
Malvo, L. B. – 133
Mandela, N. – 7, 18, 21
Mao Tse Tung – 49
Marans, S. – 194n
Margalit, A. – 110n, 116n
Maria Antonieta, rainha – 8
maronitas – 151
Martinez, P. – 194n
martírio – 10, 77, 104, 109, 115-116, 134, 142, 143, 168
masculinidade:
 fragilidade da – 90-95
 ódio, humilhação – 94-99
 traços psíquicos falhos – 95-98
Massu, J. – 173
matricídio – 182, 183
Matte-Blanco, I. – 204n
Mazini, O. – 144
McAuliffe, C. – 210
McKinley, W., assassinato de – 17
McNair, D. – 24
McVeigh, T. – 12, 133
"mentalidade de pogrom" – 114
mentalidade esquizoparanóide – 161
mentalidades antidemocráticas – 160-162
mentalização – 202
Mernissi, F. – 160n
mídia:
 efeito da – 11

papel da, no terrorismo – 11-12
migração – 80, 85, 86
  problemas – 82-83
  psicologia da – 81-82
Milne, A. A. – 190
Milosevic, A. – 94, 224
Mitchell, S. A. – 92
Mneimneh, H. – 104n
Modell, A. H. – 145
módulos de teoria-da-mente – 73
módulos de tipos naturais – 73
Mohammed, J. A. – 133
molucanos do Sul (amboneses) na Holanda, estranhamento – 83
Montville, J. V. – 136, 137n
Moran, G. S. – 192n, 196
morte:
  -desejo – 115-116
  instinto – 34, 36-37, 44
Moses, R. – 164, 214n
Moulesschoul, M. (Yassima Khadra) – 119
Movimento de Direitos Civis nos EUA – 25
Movimento Não-Alinhado – 20
muçulmanos otomanos – 224
muçulmanos sunitas – 155
mulheres:
  outorga de poder às – 135
  status das:
    no Iraque – 162
    na Arábia Saudita – 91
  tratamento das, pelo Talebã – 91, 95-96
Musaph, H. – 217n
Museu Judaico (Berlim) – 179

N
Nações Unidas – 6, 20, 159
  Alto Comissariado das Nações Unidas para os Refugiados (ACNUR) – 224
  bombardeios de Londres, efeitos posteriores dos – 222
  campos de extermínio – 12, 173
  Conselho de Segurança das – 20
  Convenção dos Direitos da Criança – 187
  Fundo das, para a Infância (Unicef) – 19

filosofia – 12
genocídio – 22
ideologia, e mentalidade terrorista – 234
nazista – 6, 12, 57, 90, 94, 181, 182, 193
preservação da pureza – 63
SS – 16
Sturmabteilung (SA) – 15
Nagasaki, bombardeio de – 36
Napoleão Bonaparte – 9
narcisismo:
  e ódio religioso – 106
  fálico – 96, 181
  maligno v 130
Narodnaia Volia (Rússia) – 10, 47
Nash, J. R. – 16n
Nasser, G. A. – 151, 156
Nechaiev, S. – 9, 10, 22
negação, como mecanismo de defesa – 191-192, 194, 195
Nesse, R. – 72n
Netanyahu, B. – 11
neurose – 33
neurose de angústia – 33
neurose traumática – 29, 33, 36
New Haven (Estados Unidos), violência em – 194
Newton, M. – 126n
Niederland, W. – 212n
Nieuwenhuizen, A. – 64n
Nosek, L. – XV, XVIII, XIX, 27-46, 231, 235
núcleo da identidade – 214

O
Obeyesekere, G. – 57
Offe, C. – 104
O'Flaherty, L., *Famine* – 184
Olimpíadas de Munique, seqüestro dos atletas israelenses na (1972) – 20
Olson, E. – 215n
Omar, mulá – XIX
ônibus espacial Challenger, explosão – 210
onipotência infantil – 124, 130
onipotência narcísica,
Organização Mundial de Saúde (OMS) – 224, 225

Oriente Médio – 57, 89, 150, 233
  mentalidade do – 147-168
Osofsky, J. D. – 194n, 195n, 196n
Ossétia do Sul – 225, 226
  degeneração biosocial – 213,
Ostow, M. – 114, 141
Ottenberg, P. – 214n

P

Palestina – 18, 155, 162, 165, 166
  crianças – 194
  e Israel (*passim*)
  Estado judeu na – 1555
  extremismo – 141
  homens-bombas – 17, 18, 20, 64, 89, 94, 119, 130, 195
  movimento de resistência na – 155
Panteras Negras (Estados Unidos) – 7
Paquistão – 19, 21, 90, 95, 118, 119
  conflito indo-paquistanês na Caxemira – 19, 93
  e Índia – 90, 133
Parlamento Internacional de Escritores (PIE) – 156
Parry, A. – 7n
Partido Baath – 153
Partido Revolucionário Social (Rússia) – 47
patricídio – 184
Payne, R. – 9n, 10n
Pentágono – 4, 5
perda, luto por – 206-207
período omíada – 152
perpetradores, silêncio dos – 179, 180
Peterson, D. – 68n, 69n
"piblokto" (histeria ártica) – 128
Pillar, P. – 15
Pine, F. – 188n, 125n
Pinel, P. – 126
Pinker, S. – 70n, 73n, 76n
Podell, D. – 203n
Pol Pot – 177-180. *Ver também* Camboja
posição depressiva – 166
posição esquizoparanóide – 92
Poznanski, E. O. – 222n
Prakken, J. R. – 217n
prisão Tuol Sleng (Camboja) – 180
processo pós-traumático – 203
Profeta, período do – 152

projeção – 98, 145, 168, 202, 214
  caso Schreber de Freud – 34
  de elementos violentos do superego – 60
  de ódio e agressão – 93
    em sociedade não democrática – 161
  de partes não desejadas do *self*, – 54-56, 60, 61, 117, 144-145, 233
  descarga – 35
    da feminilidade – 98
    de impulsos instintivos proibidos – 113
    inimigos como receptáculos de, – 84, 109, 214- 215
    necessidade de destruir – 92, 93, 117, 120
  destruição de receptáculos da – 62
  estratégia defensiva – 56
  estudo de caso – 60
  grupo, entre – 117, 175
  na desumanização – 124, 129, 232
  nos descrentes – 106, 115, 116
psicologia de grandes grupos – 84
psicopatologia – 41, 51, 132, 142, 172
pureza – 144
  do *self* – 144
  fantasias de, e identidade de *self* no Islã – 113-114
  ritual – 113-114

Q

Quirguistão, movimentos terroristas no – 64
Qutb, M. – 108n, 109n
Qutb, S. – 151, 153

R

Raban, J. – 114n
Rabin, assassinato de – 17, 133, 210
Racy, J. – 167n
Rangel, L. – 211, 216n
Rashid, A. – 61n, 64
Raviv, A. – 210n
Redlich, F. – 214n
  "regeneração biossocial" – 212
regimes islâmicos, extremistas, terrorismo sexual masculino em – 96
regressão – 133, 184
  desumanização por (esquizofrenia, li-

cantropia, estados psicóticos) – 125, 127-129
  em grupo – 115
  esquizofrênica – 128
  grupo – 62, 233
    grandes grupos – 211
  psicótica – 143
  social – 211
Reich, W. – 149n
Reid, R. ("homem do sapato-bomba") – 118-119
Reik, T. – 105
relações objetais, primária, traumatogênica – 140
religião(ões) – 70-71, 142
  como ameaça aos homens – 96
  como cultura – 205
  e atualização do self – 142
  e fundamentalismo – 105, 119, 143
  e globalização – 86
  e pureza, papel da – 144
  Islã – 152, 160-161, 162
    fundamentalismo – XIX, 88, 93, 105-115, 147
  papel do, em terrorismo – 22
  suicídio proibido por – 143-144
  uso grupal da – 74-76, 143-144, 183
  violência em nome da – 29, 51-52, 67-77, 103-106
remorso – 131
Renik, O. – 159n
retraimento, como mecanismo de defesa – 206
reumanização – 135-137
  pelo silêncio – 179
  possibilidade de – 184-185
Revolução Americana – 7, 9
Revolução Francesa – 8, 9, 47
Revolução Islâmica (Irã) – 48
Rey, H. – 203n
Richters, J. E. – 194n
Riesebrodt, M. – 106n, 107, 114n
rivalidade fraterna – 112-116
Rizzuto, A. – 140
Robertson, C. – 24
Robespierre, M. – 8, 9, 10, 11, 12, 13, 22, 47
  Grande Terror (1793-94) – 8, 9, 10
Romano, L. – 12n
Rosenbaum, B. – 52n, 204n

Rothstein, A. – 94
Rowling, J. K., série *Harry Potter* – 188, 189n
Ruanda, genocídio em – 179, 194, 210, 233
Ruddick, S. – 89n
Rum (romanos orientais) – 151
Rússia:
  monarquia na – 9
  Narodnaia Volia – 10, 47
  Partido Revolucionário Social – 47

S
Saathoff, G. B. – 220n
Sachs, S. – 131n
Sadat, A., assassinato de – 17, 137
sadismo – 129
sadomasoquismo – 130
sadonarcisismo – 94
Said, E. W. – 168n
Saladino – 152
Saltzman, W. – 194n
Sandler, J. – 135
Sas, S. A. – 204n
Savarkar, V. D. – 10
Schmidt, S. – 5n
Schnibben, C. – 104n, 105n
Schore, A. N. – 196
Schuh, H. – 64n
segurança e terror – 189-191
seleção natural, favorecendo a violência – 68
Semprún, J. – 176
Serauky, D. – 61n, 108, 116
Sérvia – 14
  massacre de albaneses e kosovares – 133
Shapiro, V. – 197n
Sharma, A. – 131
Shengold, L. – 43, 129n
silêncio:
  pós-terror – 171-185
  refugiados cambojanos em Paris – 177-179
Silove, D. – 201n
simbolização – 204
  falta de – 44, 124
Síndrome de Asperger (desumanização por dcfeito) – 127
Singh, J. A. L. – 126n

Síria – 47, 151, 153, 156, 166
sistema de apego – 72
sistemas de arquivos pessoais – 73
sistemas de sentimentos morais – 74
Smelser, N. J. – 22, 23, 94n
sociedades traumatizadas – 209-227
Sócrates – 173
Sófocles, *Édipo* – 29
"solidão catastrófica" – 129
sonho(s) – 34, 35
Soyinka – 156
Speer, A. – 165
Spitz, R. – 114
Sri Lanka:
  homens-bombas – 64
  Tigres de Libertação de Tâmil Eelam (TLTE) – 13-14, 16
Stajalh, L. – 165
Stalin, J. – 12, 49
Stein, H. R. – 84
Stein, R. – 98
Stern, J. – 87, 89
Stewart, P. – 6
Stockhausen, K. – 37
Strachey, J. – 134
Sudão – 154
suicidas, homens-bombas, bombardeios – 14, 89, 164, 168, 190, 192, 193
  Aljazira – 159
  islâmicos – 150
  motivação – 132
  palestinos – 17, 18, 64, 89
    desumanização de – 130-131
    identificação com – 195
    motivação de – 20, 141-144
    gênero – 89
  Sri Lanka – 64
suicídio – 132, 142, 143, 144
superego – 33, 61, 117, 148, 175, 204

T
Tadjiquistão, movimentos terroristas em – 64
Talebã (Afeganistão) – 16, 19, 57, 89, 90, 116
  punição pela homossexualidade – 98
  tratamento às mulheres pelo – 91, 96
tanatofilia – 124
Target, M. – 192n, 196, 202n

"tecido da comunidade" – 212
territórios palestinos – 156, 163, 194
terror (*passim*):
  ato, individual (exemplo clínico) – 57-63
  conseqüências do – 171-185
  crianças vivendo com – 194-197
  infância – 187-197
  estado de – 51
  promovido pelo Estado – 51, 199, 208
  vs. terrorismo – 49-50
terrorismo (*passim*):
  como desumanização por estratégia – 130-132
  como estratégia de comunicação – 50, 51
  como teatro – 6, 9, 14, 17
  definições de – 18-21, 47, 48
  dinâmica de grandes grupos – 48
  "do sofrimento" – 140
  e fantasmas coletivos e destrutividade – 103-121
  e o papel da psicanálise – 148-168
  estado – 51, 194
  fatores psicodinâmicos – 47-64
  guerra de baixa intensidade – 50
  história do – 6-18, 47-51
  motivos para – 103-106
  objetivos do – 6-18
  religiosos – 103-106
  respostas ao – 21-25
  sexual masculino – 96, 97
  significados do – 28-29, 163
  vigilante – 50
  vs. assassinatos em série – 130-131
  vs. guerrilha – 51
  vs. terror – 49-50
terrorista(s) (*passim*):
  grupos, tipos de – 49
  formação da identidade do – 116-121
  mentalidade – 61, 233, 234
    e dinâmica de grandes-grupos – 51
    herança do – 233
    reflexões psicanalíticas sobre – 139-145
Theweleit, K. – 116n
Thomson Jr., J. A. – 67-77, 232
Tibi, B. – 115n, 170n

Ticho, G. – 81n
Tonton Macoute – 16
tortura – 15, 16, 57, 88-90, 93, 95, 97, 98, 180, 219
   estudo psicanalítico da – 172
   física – 130
   política – 89
   sexual – 89, 97-98
"totalitarismo psíquico" – 114
transferência – 72, 94
trauma (*passim*):
   coletivo – 103, 172-176, 182
   efeitos do – 204-205
   escolhido – 192n, 224
   grave (exemplo clínico) – 206-208
   massivo, tipos de – 209-211
   não resolvido – 202
   psíquico, definição de – 200-205
   transmissão transgeracional do – 192-194, 221-224
traumatização:
   psíquica, efeitos posteriores de – 199-208
   sintomas posteriores – 206-208
Trepow, F. F. – 47
Turner, S. M. – 196n
Turquia – 85, 86, 216
   relações com a União Européia – 85-86
   terremoto de agosto de 1999 na – 210-211

U

Unabomber (T. Kaczynski) – 21, 133
União Soviética:
   Guerra Fria – 23
   Gulags – 36
   ruptura da – 93-94
   terror de Estado – 51
unidade e fusão, fantasias de – 115-116
Uzbequistão, movimentos terroristas no – 64

V

Valéry, P. – 184n
van der Kolk, B. A. – 201n
Varvin, S. – xix, 47-65, 199-208, 231-236

Vedantam, S. – xv, xvi, 3-25, 234
vergonha – 167
   raiva induzida pela – 65
violência (*passim*):
   coletiva – xii, 94
   em nível esquizoparanóide – 93
   grupal masculina – 67-77
   na cidade, crianças vivendo com – 194-197
   níveis de disfunção da – 51-57
Volkan, V. D. – xix, xxi, 59n, 61n, 74n, 80n, 84, 103, 119, 136n, 137n, 192n, 204n, 207, 209-227, 233, 234
Von Feuerbach, A. – 126n

W

Wahabismo – 77
Waldmann, P. – 49, 50, 51, 63
Welsh-Jouve, G. – xix, 171-185, 235
Wesley, C. – 24
Widlöcher, D. – xi-xiv
Williams, C. L. – 89n
Williams, R. M. – 212
Wilson, S. – 19n
Winnicott, D. W. – 45, 125, 132, 134, 140, 145, 191
Wolfenstein, M. – 210n
World Trade Center, ataque ao (11 de setembro de 2001) – 3-25, 51, 103-105, 171-172, 182, 211
   considerações psicanalíticas – 98, 116-121, 139-140, 233
   e desumanização – 130-131
   e gênero – 88-90
   identificação com participantes – 36
   terror como sintoma – 41
Wrangham, R. W. – 68n, 69n

X

Xinjiang, separatistas de Uighur em – 19

Y

Young, B. – 75

Z

Zingg, R. M. – 126n
zoofilia – 128
Zuckerman, B. – 194n

PSICOLOGIA E PSICANÁLISE NA PERSPECTIVA

Distúrbios Emocionais e Anti-semitismo – N. W. Ackerman e M. Jahoda (D010)
LSD – John Cashman (D023)
Psiquiatria e Antipsiquiatria – David Cooper (D076)
Manicômios, Prisões e Conventos – Erving Goffman (D091)
Psicanalisar – Serge Leclaire (D125)
Escritos – Jacques Lacan (D132)
Lacan: Operadores da Leitura – Américo Vallejo e Ligia C. Magalhães (D169)
A Criança e a Febem – Marlene Guirado (D172)
O Pensamento Psicológico – Anatol Rosenfeld (D184)
Comportamento – Donald Broadbent (E007)
A Inteligência Humana – H. J. Butcher (E010)
Estampagem e Aprendizagem Inicial – W. Sluckin (E017)
Percepção e Experiência – M. D. Vernon (E028)
A Estrutura da Teoria Psicanalítica – David Rapaport (E075)
Freud: A Trama dos Conceitos – Renato Mezan (E081)
O Livro dIsso – Georg Groddeck (E083)
Melanie Klein I – Jean-Michel Petot (E095)
Melanie Klein II – Jean-Michel Petot (E096)
O Homem e seu Isso – Georg Groddeck (E099)
Um Outro Mundo: A Infância – Marie-José Chombart de Lauwe (E105)
A Imagem Inconsciente do Corpo – Françoise Dolto (E109)
A Revolução Psicanalítica – Marthe Robert (E116)
Estudos Psicanalíticos sobre Psicossomática – Georg Groddeck (E120)
Psicanálise, Estética e Ética do Desejo – Maria Inês França (E153)
O Freudismo – Mikhail Bakhtin (E169)
Psicanálise em Nova Chave – Isaias Melsohn (E174)
Freud e Édipo – Peter L. Rudnytsky (E178)
Violência ou Diálogo? – Sverre Varvin e Vamik D. Volkan (orgs.) (E255)
A "Batedora" de Lacan – Maria Pierrakos (EL56)

Este livro foi impresso na cidade de São Paulo,
nas oficinas da Gráfica Palas Athena, em julho de 2008,
para a Editora Perspectiva S.A.